VORWORT

Mit der kompletten Umgestaltung der Dresdner Eisenbahnanlagen um die Jahrhundertwende entstanden auch drei Bahnbetriebswerke, die für Jahrzehnte speziellen Bespannungsaufgaben dienen sollten:
Das Bw Dresden-Altstadt als Bahnbetriebswerk für Reisezuglokomotiven, das Bw Dresden-Friedrichstadt als Betriebswerk für Güterzuglokomotiven und das Bw Dresden-Pieschen, bis 1933 zuständig für den Vorortverkehr, danach für den Einsatz von Triebwagen, Kraftfahrzeugen und Diesellokomotiven umstrukturiert.
Diese drei selbständigen Bahnbetriebswerke im großen und bedeutenden Bahnknoten Dresden bestanden unverändert bis 1965/66.
Nach Auflösung des Bahnbetriebswerkes Dresden-Pieschen zum Jahreswechsel 1965/66 verloren dann auch am 1. Januar 1967 die bis dahin noch selbständigen Betriebswerke Dresden-Altstadt und Dresden-Friedrichstadt ihre Selbständigkeit, in deren Folge das Bahnbetriebswerk Dresden gebildet wurde.

Die überaus positive Resonanz, die durch die beiden Veröffentlichungen zur Geschichte des Bw Dresden-Altstadt im EK 5 und 6/1992 und den Bericht über das Bw Dresden in den EK-Themen 9 „Die Deutsche Reichsbahn 1967" hervorgerufen wurde, war für den EK-Verlag Anlaß, sich nun auch der Geschichtsschreibung aller übrigen Dresdner Bahnbetriebswerke zu widmen und eine geschlossene Darstellung vorzulegen.
Jahrzehntelang standen die Bw Dresden-Friedrichstadt und Dresden-Pieschen im Schatten des traditionsreichen Bw Dresden-Altstadt. Eigentlich verständlich, denn fast alle dort stationierten Lokomotiven, darunter die unvergessenen Schnellzugloks der Baureihen 18 und 19, die Windberglok der Baureihe 98 oder auch die beiden Stromlinienloks 61 001 und 61 002 für den Henschel-Wegmann-Zug haben vordergründig das Bw Dresden-Altstadt weit über die Grenzen der sächsischen Reichsbahndirektion bekannt gemacht.
Weit weniger bekannt dagegen blieb die Geschichte der Bahnbetriebswerke Dresden-Friedrichstadt und Dresden-Pieschen. Eine Ursache war die Unkenntnis der Zusammenhänge bei der Stationierung der Güterzuglokomotiven. Die kaum vorstellbare Vielzahl der einst in Friedrichstadt beheimateten Lokomotiven aller Gattungen tat ein übriges. Und wenn man heute nach einer charakteristischen Lok für dieses Bahnbetriebswerk sucht, so kommt wohl nur die G 12 in Frage. Mit bis zu 80 gleichzeitig stationierten Lokomotiven der BR 58 war Dresden-Friedrichstadt eines der größten und bedeutendsten G 12-Bahnbetriebswerke der Deutschen Reichsbahn überhaupt.

Ähnliche unbekannt waren auch die Triebwagen des Bahnbetriebswerkes Dresden-Pieschen. Die damals hochmodernen 410-PS-Triebwagen der BR VT 137 standen mit ihren Einsätzen im Vorortverkehr und Eilzugdienst im Schatten der legendären Schnelltriebwagen der Bauarten „Hamburg", „Leipzig" und „Köln", die ab Mitte der dreißiger Jahre das Aushängeschild der DRG waren.
Eines hatten alle drei Dresdener Bahnbetriebswerke jedoch gemeinsam. Sie stehen als Symbol für die unsinnige Zerstörung Dresdens im Februar und April 1945, die nicht nur Tausenden das Leben kostete, sondern auch die Eisenbahnanlagen in Schutt und Asche legte.

Keines der drei Bahnbetriebswerke wurde nach 1945 in seiner Größe wieder aufgebaut. Das heutige Bw Dresden, mit Sitz im Betriebsteil Hamburger Straße, hat sich ab 1976 bedingt durch den Traktionswandel zu einem der größten und bedeutendsten Bahnbetriebswerke der DR entwickelt. Moderne Diesel- und Elektroloks sind traditionell im Bw Dresden beheimatet und befahren nahezu alle Hauptstrecken des DR-Netzes. Die Zahl der im Bw Dresden stationierten Lokomotiven liegt ständig über 200 Stück.
Begünstigt durch das Verkehrsmuseum Dresden übernahm das Bw Dresden 1977 die Betreuung von zahlreichen Museums- und Traditionsloks der DR, die im Lokschuppen 1 des Betriebsteils Altstadt an der Zwickauer Straße hinterstellt sind, und wo seit 1992 alljährlich im Mai das große Dresdener Dampflokfest stattfindet.
Auf Anweisung der politischen Führung der Deutschen Reichsbahn bestand vor Jahren auch für das Bw Dresden die Pflicht, die Betriebsgeschichte aufzuarbeiten. Im Bw Dresden wurde diese Aufgabe – ungeachtet der damals üblichen ideologischen Vorgaben und Erwartungen – in vorbildlicher Weise durchgeführt. Nur durch Sichtung des zusammengetragenen umfangreichen Archivmaterials war es dem Autor möglich, die interessante Geschichte der Dresdener Bahnbetriebswerke in den wesentlichen Details nachzuvollziehen.

Für die verständnisvolle Zusammenarbeit und Unterstützung bei der Bearbeitung dieses Themas sei an dieser Stelle dem Leiter des Bw Dresden, Herrn Fischer, ausdrücklich gedankt. Dank gilt ebenso Herrn Günther Dietz aus Flöha, der ganz wesentlich an der Erarbeitung des Kapitels über das Bw Dresden-Pieschen mitwirkte.

Steinpleis/Sachsen im Juli 1993   Rainer Heinrich

Anläßlich des zweiten Dresdner Dampflokfestes gab es noch einmal dampfbespannte Güterzüge auf der Elbtalstrecke. Am 1. Mai 1993 wurde 50 3661 wie in „alten Zeiten" vor der Kulisse des Elbsandsteingebirges bei Rathen aufgenommen.
Aufnahme: Rainer Heinrich

INHALT UND IMPRESSUM

IMPRESSUM

„Eisenbahn-Kurier THEMEN" erscheint vierteljährlich bei der

EK-Verlag GmbH

Verlag und Redaktion:
Postfach 5560 • 79022 Freiburg
Mercystraße 15 • 79100 Freiburg
Tel. (0761) 70 310-0
Fax (0761) 70 310-50

Chefredakteurin:
Dr. Eva Kunow (verantwortlich)
Autor: Rainer Heinrich
Redaktion und Layout:
Thomas Frister
Mitarbeiter dieser Ausgabe: Deutsche Reichsbahn/Bw Dresden, Günther Dietz, Helmut Griebl, Dr. Winfried König, Michael Malke, Günter Meyer, Dieter Wünschmann
Anzeigenleitung: Jochen Neu
Zur Zeit gilt Anzeigenpreisliste Nr. 19 vom 1. Februar 1994
Bankverbindung:
Postbank Karlsruhe 24 39 33-752
(BLZ 660 100 75)
Druck: Vogel Druck, Würzburg
Einzelpreis: DM 19,80

Die in dieser Zeitschrift veröffentlichten Beiträge sind urheberrechtlich geschützt. Jede im Bereich eines gewerblichen Unternehmens hergestellte oder benutzte Kopie dient gewerblichen Zwecken gemäß § 54 (2) UrhG und verpflichtet zur Gebührenzahlung an die VG WORT, Abt. Wissenschaft, Goethestr. 49, 80336 München, von der die Zahlungsmodalitäten zu erfragen sind.
„Eisenbahn-Kurier" ist Mitglied der ferpress (Internationale Eisenbahn-Presse-Vereinigung)

Titelbild:
Das Bw Dresden Altstadt ist seit Jahren das Domizil vieler betriebsfähiger DR-Museumsloks. Seit 1992 wird dort das nun schon traditionelle Dresdner Dampflokfest veranstaltet, bei dem diese herrliche Lokparade am 1. Mai 1993 aufgenommen wurde. *Aufnahme: Dieter Wünschmann*

Rücktitel:
Das Bw Dresden ist heute Heimatdienststelle aller 20 Zweisystemloks der Baureihe 180, die im grenzüberschreitenden Verkehr nach Tschechien und Polen im Einsatz stehen. Im Frühjahr 1993 war 180 003 mit einem Intercity im Elbtal bei Königstein unterwegs.
Aufnahme: Rainer Heinrich

Inhalt

Dresden und sein Eisenbahnnetz — 6
Die Entwicklung zum großen sächsischen Eisenbahnknoten

Das Bahnbetriebswerk Dresden-Altstadt — 12
Die legendäre Heimstatt der großen sächsischen Schnellzuglokomotiven und der Schnellzugtenderloks der Baureihe 61

Das Bahnbetriebswerk Dresden-Friedrichstadt — 38
Eine Hochburg preußischer Loks in Sachsen

Bahnbetriebswerk Dresden ab 1967 — 74
Die Bildung des „Groß-Bw Dresden" und der letzte Einsatz der Dampfloks

Diesel- und Ellokeinsatz ab 1967 — 88
Der Traktionswechsel in Dresden

Das Bahnbetriebswerk Dresden-Pieschen — 96
Das berühmte Triebwagen-Betriebswerk in Sachsen

Nach 1967 wurde das Bw Dresden durch seine Schnellzuglokomotiven der Baureihe 01 – und nach deren Ausscheiden aus dem Betriebsdienst im Jahre 1977 – wegen seiner betriebsfähigen Museumsdampfloks bekannt. Seit 1977 sind die Dresdner „Renner" immer wieder Anziehungsobjekte von Dampflokfreunden aus aller Herren Länder. Auf der Aufnahme rechts (von Rainer Heinrich) ist die Dresdner Traditionslok 01 137 mit einem Schnellzug am 30. April 1993 bei Dresden-Mitte unterwegs, während das Bild unten (von Dieter Wünschmann) mit 01 204 und 01 118 am 12. Juni 1978 in Dresden-Friedrichstadt entstand.

Dresden und sein Eisenbahnnetz

Links: Das Dresdner Tabakkontor in unmittelbarer Nähe des Bahnhofs Dresden-Mitte ist eines der markantesten Motive, das schon Altmeister Bellingrodt in Szene setzte. Am 1. Mai 1993 rollte dort 772 145 in Richtung Dresden-Neustadt.

Unten: Im Frühjahr 1991 verließ 250 054 mit einem aus CSD-Wagen gebildeten Schnellzug den Bahnhof Dresden-Neustadt.

Aufnahmen: R. Heinrich

Dresden und sein Eisenbahnnetz

VON DER ERSTEN DEUTSCHEN FERNBAHN ZUM GROSSEN SÄCHSISCHEN EISENBAHNKNOTEN

Die sächsische Landeshauptstadt Dresden, mit über 500 000 Einwohnern die drittgrößte Stadt der neuen Bundesländer, ist neben Leipzig die zweite Drehscheibe des Eisenbahnverkehrs im sächsischen Raum. Bis 1920 war sie Sitz der Generaldirektion der ehemaligen Königlich Sächsischen Staatseisenbahn, aus der die heutige Reichsbahndirektion Dresden hervorging und von der gegenwärtig ein Streckennetz von 3031 km Normalspurbahnen (davon 950 km elektrifiziert) und 95 km Schmalspurbahnen verwaltet wird.

Die erste Eisenbahnverbindung bekam Dresden am 9. April 1839 mit Leipzig durch die erste deutsche Ferneisenbahnstrecke. Aus diesem bescheidenen Anfang entstand eine verkehrsgeographisch beachtliche Drehscheibe des Ost-West- und Nord-Süd-Verkehrs mit den aus Richtung Berlin, Bad Schandau – (Prag), Chemnitz – (Hof/Erfurt), Görlitz – (Breslau), Leipzig, Döbeln und Cottbus einmündenden Eisenbahnstrecken.

DIE ENTWICKLUNG DES BAHNKNOTENS DRESDEN

Nach der Leipzig-Dresdener Eisenbahn wurde als zweite Strecke die Linie Dresden-Neustadt – Radeberg nach Baubeginn am 10. Juni 1844 durch die „Sächsisch-Schlesischen Eisenbahngesellschaft" mit Sitz in Dresden am 17. November 1845 in Betrieb genommen (Eröffnung der Gesamtstrecke bis Görlitz am 1. September 1847).

Dritte Strecke war die nach dem Staatsvertrag zwischen den Regierungen Österreichs und Sachsens 1842 zustande gekommene Einigung über den Bau einer Eisenbahnverbindung von Prag nach Dresden. Mit den Bauarbeiten hatte man am 1. Dezember 1845 begonnen. Als erstes Teilstück dieser „Sächsisch-Böhmischen Eisenbahn" wurde die Strecke Dresden – Pirna am 1. August 1848 eingeweiht. Der Abschnitt Pirna – Königstein folgte am 9. Mai 1850, Königstein – Krippen am 9. Juni 1850 und bis Prag war die Strecke am 6. April 1851 fertiggestellt.

Als vierte Strecke folgte die am 12. September 1853 begonnene „Albertbahn", die am 20. Juni 1855 in einer Länge von 13,6 km zwischen Dresden und Tharandt dem Verkehr übergeben wurde und das erste Teilstück der in vier Abschnitten gebauten Strecke bis Chemnitz war. Hieran schloß sich am 11. April 1862 die Fortsetzung von Tharandt nach Freiberg (Sachs) mit 26,4 km Länge an, so daß nur noch das Teilstück zwischen Freiberg und Chemnitz fehlte. Am 1. Februar 1866 ging zunächst der von Chemnitz nach Flöha führende 12 km lange Streckenabschnitt in Betrieb. Nachdem der 27,3 km lange schwierige Streckenabschnitt zwischen Freiberg (Sachs) und Flöha beendet war, befuhr am 1. März 1869 der erste Zug die Gesamtstrecke Dresden – Chemnitz. Schließlich begann nach Abschluß eines Staatsvertrages zwischen Preußen und Sachsen vom 6. Juli 1872 der Bau einer Eisenbahn von Berlin über Elsterwerda – Großenhain nach Dresden, die

Oben: Blick auf die viergleisigen Bahnanlagen zwischen Dresden Hbf und Dresden Neustadt von einem ungewöhnlichen Standpunkt aus. Den dazwischenliegenden Bahnhof Dresden-Mitte hat 219 044 am 30. April 1993 gerade verlassen.
Aufnahme: R. Heinrich

Links: Trotz Traktionswechsels und Elektrifizierung ist die in Dresden anzutreffende Vielfalt an Lokomotiven und Wagen immer noch beachtlich. Am 14. Oktober 1991 rollte die CSD-Zweisystemlok 372 004 mit D 271 „Vindobona" Berlin – Wien gerade aus der Halle des Dresdner Hauptbahnhofs.
Aufnahme: T. Frister

DRESDEN UND SEIN EISENBAHNNETZ

1873 durch eine Aktiengesellschaft begonnen wurde. Der Betrieb auf der 174,7 km langen Strecke wurde am 17. Juni 1875 aufgenommen.

Bereits seit dem 19. April 1852 bestand mit Fertigstellung der steinernen Marienbrücke als gemeinsamer Straßen- und Eisenbahnübergang über die Elbe erstmals eine Verbindung zwischen dem Böhmischen Bahnhof in der Altstadt und den Bahnhöfen auf der Neustädter Seite. Auf den Endbahnhöfen der jeweiligen Strecken waren umfangreiche Bahnanlagen für den Betriebs- und Verkehrsdienst sowie für den Einsatz und die Unterhaltung der Fahrzeuge entstanden, die sich im wesentlichen im Stadtkern konzentrierten und von denen aus die einzelnen Strecken strahlenförmig nach außen führten. Um die Jahrhundertwende reichten die vorhandenen Anlagen mit dem Böhmischen, dem Leipziger, dem Schlesischen und dem Berliner Bahnhof nicht mehr aus. Vor allem seit der Eröffnung der Verbindungsbahn zu ebener Erde zwischen beiden Elbufern über die Marienbrücke im Jahr 1852 kam es durch den stark angestiegenen Personen- und Güterverkehr zunehmend zur Behinderung von Eisenbahn- und Straßenverkehr. Deshalb wurde schließlich die generelle Um- und Neugestaltung der Dresdner Bahnanlagen beschlossen.

Mit den von 1890 bis 1901 ausgeführten Bauarbeiten entstanden die Eisenbahnanlagen, wie sie heute noch in Dresden bestehen. Wichtigster Grundsatz war die Trennung des Güter- und Personenverkehr. Das erforderte das Hochlegen und den

Bad Schandau mit den Schrammsteinen im Hintergrund bildete am 20. Juni 1936 für 38 259 mit P 436 die charakteristische Kulisse im Elbtal (oben). Im Bw Dresden-Altstadt entstand fast ein Jahr später die Stirnansicht von 18 005. Aufn.: Bellingrodt/EK-Archiv

DIE ENTWICKLUNG DES BAHNKNOTENS DRESDEN

viergleisigen Ausbau jeder Eisenbahnlinie innerhalb des Stadtgebietes und den Bau einer neuen viergleisigen Eisenbahnbrücke über die Elbe. Anstelle des alten Böhmischen Bahnhofs entstand der neue Personen-Hauptbahnhof. Auf dem Personenbahnhof Dresden-Neustadt wurde der Verkehr des Leipziger, des Schlesischen und des Berliner Bahnhof zusammengefaßt.

Der ehemalige Berliner Bahnhof wurde unter erheblicher Flächenerweiterung zum zentralen Rangierbahnhof Friedrichstadt umgestaltet. Dadurch konnte die Zahl der Dresdner Güterbahnhöfe von fünf auf drei reduziert werden. Neben zwei neuen Bahnbetriebswerken in Altstadt und in Friedrichstadt entstanden zu dieser Zeit am Rande des Rangierbahnhofes Friedrichstadt der Werkstättenbahnhof, das heutige Reichsbahnausbesserungswerk Dresden und am Flügelweg ein baheneigenes Elektrizitätswerk zur Energieversorgung sämtlicher Dresdner Bahnhöfe, das auch heute noch betrieben wird.

Neben dem Grundnetz der heutigen Hauptstrecken im Eisenbahnknoten Dresden entstanden zur Verkehrserschließung des Dresdener Raums, des Osterzgebirges und des angrenzenden Lausitzer Berglandes eine Anzahl von normalspurigen Nebenbahnen und zahlreiche Schmalspurbahnen mit 750 mm Spurweite, von denen die Eröffnung der wichtigsten Strecken im folgenden genannt sind:

Oben: Das Bw Dresden-Pieschen setzte mit der Anlieferung der 410-PS-Triebwagen diese damals hochmodernen und auch komfortablen Fahrzeuge im Vorortverkehr und im Eilzugdienst ein. Die Mitte der dreißiger Jahre entstandene Aufnahme zeigt einen der neuen Triebwagen in der Halle des Dresdner Hauptbahnhofs. Aufnahme: Georg Otte
Unten: Dresden Hbf 40 Jahre später, fast an selber Stelle. 1975 waren die Dresdner 01 noch unangefochten im schweren Schnellzugdienst eingesetzt. Aufn.: Martin Heller

DRESDEN UND SEIN EISENBAHNNETZ

Von der Strecke Dresden – Chemnitz zweigt in Freital Ost, in südlicher Richtung führend, die seit 12. November 1957 nur noch dem Güterverkehr dienende Normalspurstrecke nach Dresden-Gittersee ab. Bis 1950 führte sie weiter bis nach Possendorf. Sie wurde 1856 als Kohlenbahn für die Kohlezechen in Hänichen und Burgk eröffnet und ab 1907 auch für den Personenverkehr genutzt. Bis Gittersee erklimmt die Strecke in drei Serpentinen die Höhen unterhalb des Windberges und erhielt deshalb den Namen „Windbergbahn". Im Volksmund wurde sie „Sächsischer Semmering" genannt. Am 31. Juli 1967 legte die DR

Normalspurstrecken		
Coswig – Meißen	7,36 km	01.12.1860
Meißen – Nossen – Döbeln	40,87 km	22.12.1868
Kamenz – Arnsdorf	24,81 km	01.10.1871
Nossen – Freiberg	23,97 km	15.07.1873
Arnsdorf – Pirna	20,85 km	15.10.1875
Dürrröhrsdorf – Neustadt/Sa – Bad Schandau	44,02 km	01.07.1877
Pirna – Berggießhübel	14,93 km	19.07.1880
Berggießhübel – Gottleuba	2,68 km	01.07.1905
Schmalspurbahnen		
Hainsberg – Kipsdorf	26,03 km	01.11.1882 bis 03.09.1883
Radebeul Ost – Radeburg	16,50 km	16.09.1884
Klotzsche – Königsbrück	19,46 km	17.10.1884
(Umbau auf Normalspur:		01.04.1897)
Mügeln (Heidenau) – Altenberg	41,40 km	18.11.1890 bis 10.11.1923
(Umbau auf Normalspur:		1934-1939)
Potschappel – Wilsdruff	10,90 km	01.10.1886
Wilsdruff – Nossen	27,89 km	01.02.1899
Klingenberg-Colmnitz – Frauenstein	19,71 km	15.09.1898

Zwei Nebenstrecken des Dresdener Raumes, die heute noch betrieben werden, erlangten während ihrer Betriebszeit nicht zuletzt wegen den extra für diese Bahnen beschafften Betriebsmittel besondere Bedeutung, welche ausschließlich in Dresdener Bahnbetriebswerken beheimatet waren. Gemeint sind die Windbergbahn und die Müglitztalbahn, auf die in diesem Zusammenhang nochmals kurz eingegangen werden soll:

Oben: Bahnhof Geising auf der Müglitztalbahn mit dem Zwickauer Traditionseilzug, der mit 50 3616 und 86 049 (am Zugschluß) anläßlich einer Sonderfahrt auf die Strecke kam.
Unten: Der heutige Endpunkt der Windbergbahn in Gittersee mit einer der seit wenigen Jahren mit der BR 346 durchgeführten Sonderfahrten.
Aufnahmen: Rainer Heinrich

DIE ENTWICKLUNG DES BAHNKNOTENS DRESDEN

den Streckenteil zwischen Gittersee und Kleinnaundorf still, so daß derzeitig von der ehemals 13,2 km langen Strecke nur noch 5,7 km betrieben werden, die jedoch den schwierigen Streckenverlauf mit 25 ‰ Steigung und Krümmungsradien bis unter 100 m aufweisen. Bekannt geworden ist die Bahnlinie durch die in den zwanziger Jahren in Dienst gestellten zweiachsigen Aussichtswagen, die sogenannten Windbergwagen, und durch die den Betrieb bis in die sechziger Jahre hinein durchführenden B'B'n4v-Tenderlokomotiven der Baureihe 98^0, ex sä. IT V der Bauart Meyer, die Züge bis zu 200 t mit 20 km/h bergauf beförderten.

Zuletzt wurden zur Bewältigung des gestiegenen Güteraufkommens, vor allem durch den Wismut-Erzbergbau, die Züge mit zwei 98ern gefahren. Heute sind dort Diesellokomotiven der BR 346 eingesetzt. Die Reststrecke der Windbergbahn ist gegenwärtig von der Stillegung bedroht. Ob der Sächsische Museumseisenbahnverein Windbergbahn e.V., mit Sitz im restaurierten Empfangsgebäude Obergittersee, die Strecke als Museumsbahn retten kann, bleibt abzuwarten. Auf besondere Vorankündigung verkehren zwischen Dresden Hbf und Obergittersee diesellokbespannte Sonderzüge.

Die Müglitztalbahn (KBS 246) von Heidenau nach Altenberg/Erzg. ist eine der landschaftlich interessantesten und schönsten Eisenbahnstrecken Sachsens. 1890 als Schmalspurbahn eröffnet, erfolgte von 1934 bis 1939 der Umbau auf Normalspur. Die 38 km lange Strecke verfügt über fünf Tunnel mit einer Gesamtlänge von 1507 m und über 38 Brücken. Speziell für diese Strecke, die mit Steigungen von bis zu 31 ‰ und Gleisbögen bis zu einem Mindestradius von 140 m und somit extreme Bedingungen für eine Normalspurstrecke aufweist, ließ die Deutsche Reichsbahn-Gesellschaft Anfang der dreißiger Jahre die 1'E 1'-Lokomotiven der BR 84 entwickeln, die bis

Die beiden bei Dresden dampfbetriebenen Schmalspurbahnen und das alljährliche Dampflokfest im Bw Dresden locken Tausende Besucher an. Aufn.: R. Heinrich

Mitte der fünfziger Jahre für den Betrieb auf der Müglitztalbahn charakteristisch waren, bevor dann die Reihe 86, später noch die BR 50 und 52 und seit dem Traktionswechsel um 1970 die V 100 (heute BR 202) ausschließlich die Beförderung der Reise- und Güterzüge übernahmen.

Viele der seinerzeit gebauten Schmalspurstrecken wurden infolge der Rationalisierung in den sechziger und siebziger Jahren stillgelegt. Die beiden heute noch existierenden Schmalspurbahnen in der näheren Umgebung Dresdens, die Strecke Freital-Hainsberg – Kurort Kipsdorf und Radebeul Ost – Radeburg, sollen für touristische Zwecke erhalten bleiben. Diese Bahnen hatten zu keiner Zeit eine Beziehung zur Lokgeschichte der Dresdner Bahnbetriebswerke. Anders dagegen die zahlreichen Nebenbahnen des Dresdner Raums. Vielerorts entstanden Lokstationen wie z.B. in Meißen, Coswig, Arnsdorf, Neustadt/Sa., Potschappel, Tharandt und Altenberg/Erzg., die insbesondere zur Dampflokzeit den Dresdner Bahnbetriebswerken als Lokbahnhof bzw. Lokeinsatzstelle angegliedert waren. ❏

DAS BAHNBETRIEBSWERK DRESDEN-ALTSTADT

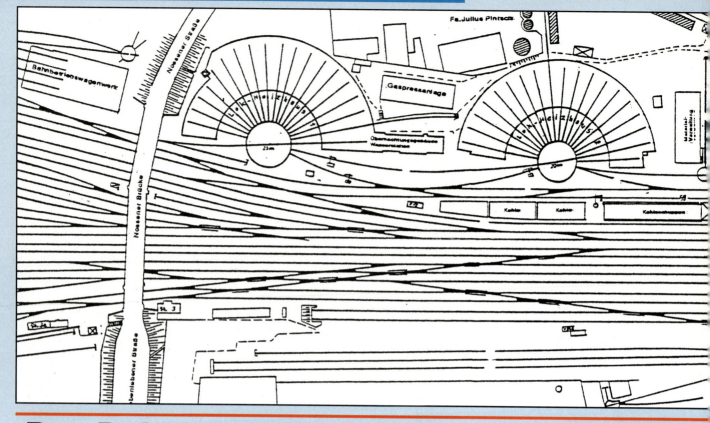

Das Bahnbetriebswerk Dresden-Altstadt

Die Geschichte des Bw Dresden-Altstadt

Für die Entstehung des Bw Dresden-Altstadt war die Entwicklung des ehemaligen Böhmischen Bahnhofs (der spätere Hauptbahnhof) von Bedeutung, der mit Eröffnung der Strecke Dresden – Pirna am 1. August 1848 eingeweiht wurde. Bereits in den Jahren 1861 bis 1864 erfolgte die erste Erweiterung des Böhmischen Bahnhofs mit dem Bau des Bahnhofs Dresden-Altstadt, auf den der Güterverkehr vom Böhmischen Bahnhof verlagert wurde. 1869 übernahm die Staatsbahnverwaltung die bis dahin private Albertbahn und verband den Albertbahnhof mit dem Böhmischen Bahnhof.

Die industrielle Entwicklung der Region Dresden und die Übernahme der Albertbahn bedingten 1871 – 1872 die zweite Erweiterung des Böhmischen Bahnhofs. Dazu entstand 1872 westlich des Böhmischen Güterbahnhofs auf dem Gelände des späteren Bw Dresden-Altstadt ein Lokanheizgebäude für 20 Lokomotiven und

Oben: Lageplan des Bw Dresden-Altstadt aus dem Jahr 1929. Mit den vier Ringlokschuppen (in Sachsen als „Rundhaus" bezeichnet) gehörte Dresden-Altstadt bis zu seiner Zerstörung zu den größten deutschen Bahnbetriebswerken.
Zeichnung: R. Albrecht

Linke Seite unten: Unmittelbar nach der Anlieferung entstand dieses Bild der Lok 201 (Gattung XVIII H), der späteren 18 006, in den Altstädter Heizhausanlagen.
Aufnahme: Sammlung Otte/EK-Archiv

Rechte Seite: Blick von der Nossener Brücke auf das Bw Dresden-Altstadt, etwa 1920.
Aufnahme: DR/Bw Dresden

DIE ENTWICKLUNG DES BW DRESDEN-ALTSTADT

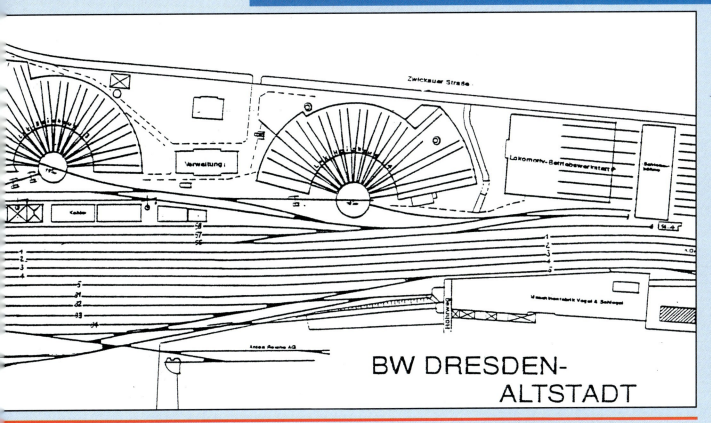

ein Kohleschuppen. Mit dem Bau dieses Rundschuppens, dem späteren Heizhaus 1 an der Nossener Straße, war der Grundstein für das Bw Dresden-Altstadt gelegt. Die Vermehrung der Lokomotiven bedingte 1876 die Verlängerung des Kohleschuppens. Außerdem wurde nach der Verlegung des Weißeritz-Mühlgrabens um 378 m mit dem Neubau des Heizhaus 2 mit 19 Lokständen begonnen, der 1877 fertiggestellt wurde. Beide Maschinenhäuser waren zu diesem Zeitpunkt nur zum Abstellen von Betriebsloks bestimmt. Reparaturen erledigte weiterhin die Betriebswerkstatt auf dem Böhmischen Bahnhof. Verbessert hatte sich also für die Maschinenmänner nichts. Waschräume waren ebenso unbekannt wie Übernachtungsmöglichkeiten für fremdes Personal. Erst im Jahr 1884 erfolgte ein massiver dreistöckiger Anbau an das Heizhaus 1 mit Hochbehälter für die Wasserstation. Dieses Gebäude beherbergt heute noch den Wasserbehälter und die Umkleideräume für Altstädter Personal.

Für den neu zu bauenden Hauptbahnhof auf dem Gelände des alten Böhmischen Bahnhofs ließen die räumlichen Verhältnisse kaum Abstellgleise zu. Der Plan sah deshalb den Bau eines neuen Abstellbahnhofs für Personenzüge und eine nochmalige Erweiterung der bereits bestehenden Heizhäuser für weitere Personenzugmaschinen anstelle der Rangiergleise des Altstädter Güterbahnhofs vor. 1891 erfolgte zunächst auf dem Heizhausgelände in Altstadt der Bau eines Beamten-Wohnhauses und der Einbau von Diensträumen im Kohleschuppen. 1892 begann der erste Bauabschnitt für den neuen Hauptbahnhof, der bis 1895 abgeschlos-

sen wurde. Für den 1895 eingeleiteten zweiten Bauabschnitt mußten die restlichen Anlagen des Böhmischen Bahnhofs geschlossen und abgebrochen werden. Das betraf auch die dort noch vorhandene Lokomotivbetriebswerkstatt. Deshalb begann man bereits 1893 in Altstadt mit dem Neubau von zwei weiteren Rundhäusern, den Heizhäusern 3 und 4, die 1894 fertiggestellt werden konnten. Zwischen diesen beiden Heizhäusern plazierte man das neue Heizhausverwaltungsgebäude, in dem heute noch der Dienststellenleiter sein Büro hat. Ebenfalls 1894 wurde auch das Magazingebäude neu gebaut, in welchem sich seit 1945 die Lokleitung befindet.

Noch im Jahr 1900 beschäftigte die Sächsische Staatseisenbahn in der Heizhauswerkstatt Dresden-Altstadt nur fünf Eisenbahner. Für die Reparatur der Dampflokomotiven war die Hauptwerkstatt in Dresden-Friedrichstadt zuständig. Im Zusammenhang mit dem Bau des neuen Abstellbahnhofs Dresden-Altstadt, der am 1. Mai 1896 übergeben wurde, entstand zur selben Zeit auf dem Gelände des Bw Dresden-Altstadt hinter dem Heizhaus 2 die Ölgasanstalt von Julius Pintsch. Damit hatten im Sommer

DAS BAHNBETRIEBSWERK DRESDEN-ALTSTADT

1896 die neuen Eisenbahnanlagen im Bereich des Bahnhof Dresden-Altstadt und der Heizhausverwaltung Dresden-Altstadt ihre größte Ausdehnung erhalten. Erst mit der Übergabe des Personenbahnhofs in Dresden-Neustadt am 1. März 1901 war der Umbau der Dresdner Eisenbahnanlagen beendet. In den Folgejahren entstanden beiderseits des Kohleschuppens je drei offene Kohlestapel, die sich zwischen den Gleisen 58 und 59 vom Heizhaus 1 bis Heizhaus 4 hinzogen und die Lagerung von über 3000 t Lokomotivkohle ermöglichten. Bereits weitsichtig gedacht war die Erweiterung der 18-m-Drehscheibe am Heizhaus 1 auf 23 m kurz vor der Indienststellung der neuen Schnellzuglokomotiven der sä. Gattung XVII H (BR 18^0) im Jahr 1917. Weitere Ergänzungsbauten folgten am Heizhaus 3 bis 1920, wo insgesamt elf Schuppengleise nach hinten verlängert wurden. Die Lokstände erhöhten sich von 26 auf 36. Am Heizhaus 4 betraf der Anbau die Verlängerung von fünf Strahlengleisen für die Lokreparatur. Nach Gründung der Deutsche Reichsbahn Gesellschaft (DRG) wurden aus den Heizhausverwaltungen Bahnbetriebswerke.

Mit der Neustrukturierung des Werkstättendienstes durch die DRG wurde 1929 die Lokabteilung des RAW Friedrichstadt geschlossen. Im Bw Dresden-Altstadt entstand 1926 im Anschluß an das Heizhaus 4 eine Lokomotivbetriebswerkstatt mit sieben Reparaturgleisen und offenem Schiebebühnenfeld. Damit war auch das letzte Stück noch unbebauter Fläche auf der Gemarkung Plauen an der Falkenstraße (heute Zwickauer Straße)/Ecke Reisewitzer Straße für die Eisenbahn nutzbar gemacht worden. Mit der Errichtung des Werkstattgebäudes war die bauliche Entwicklung des Bw Dresden-Altstadt, die von 1872 bis 1926 über 50 Jahre dauerte, abgeschlossen.

Die Zerstörung des Bw Dresden-Altstadt im Jahr 1945 und der Wiederaufbau

Als die Anlagen der Deutschen Reichsbahn ab Oktober 1944 zum Ziel sich fortwährend steigender alliierter Luftangriffe wurden, betraf das auch in besonders hartem Maße die Stadt Dresden. Mit dem Vorrücken der russischen Front auf die Oder-Neiße Linie begann man im Januar/Februar 1945 in den Dresdner Bahnbetriebswerken die vorhandenen „hochwertigen" Lokomotiven, vornehmlich Einheitslokomotiven, in Richtung Westen abzufahren. In Dresden verblieben überwiegend sächsische Lokomotiven und Beutelokomotiven, so daß sich bald ein Mangel an Betriebsloks bemerkbar machte.

Den Bombenangriff am 13. Februar 1945 auf die Stadt Dresden überstand das Bw Dresden-Altstadt noch relativ unbeschadet. Erst am 17. April 1945 folgten bei einem Tagesangriff konzentrierte Bombenabwürfe der alliierten Luftwaffe auf die Dresdner Bahnhöfe, Werkstätten, Lokomotivschuppen und Stellwerksanlagen. In den Mittagsstunden des 17. April 1945 wurde das Bw Dresden-Altstadt regelrecht „platt" gemacht. Der Lokomotivschuppen und die Betriebswerkstatt wurden total zerstört. Lediglich das heute noch existierende Heizhaus 4 und das Verwaltungsgebäude blieben weitgehend verschont. Keine einzige Lokomotive war mehr betriebsfähig und so ruhte der Betrieb bis zum 13. Mai 1945. Durch Bombenvolltreffer wurden in Altstadt fünf Lokomotiven (18 002, 39 003, 39 070, 41 151, 93 1062 aus Pirna) total zerstört. Mindestens 50 Lokomotiven befanden sich zur Zeit der Luftangriffe am 17. April 1945 im Bw Dresden-Altstadt und waren in den Lokschuppen eingeschlossen. Auszugsweise geben wir das am 25. November 1945 verfasste, im Original acht Seiten langen Schreiben über die Bombardierung und deren Folgen wieder:

Oben: Die „Gefolgschaft" des Bw Dresden-Altstadt anläßlich einer im „Dritten Reich" üblichen Propagandaveranstaltung vor der Lokomotive 38 328. Aufnahme: DR/Bw Dresden
Unten: Haus 1 am 26. Mai 1938 mit 39 178, 01 155, 19 001 und 03 148. Aufn.: G. Otte

ZERSTÖRUNG UND WIEDERAUFBAU

Dresden, den 25. November 1945

B e r i c h t !
über den Zustand des Bw Dresden-Altstadt nach dem Fliegerangriff vom 17.4.1945, sowie den Beginn und Ablauf des Wiederaufbaues

Bei dem letzten Angriff am 17.4.1945 wurden die beim vorhergegangenen Angriff am 13./14. Februar 1945 noch nicht voll getroffenen Anlagen des Bw vollständig zertrümmert.

An diesem Zustand hatte sich bis zum 8.5.1945, dem Einmarsch der Roten Armee, nicht viel geändert, weil die Bediensteten zum Teil bei Aufräumungsarbeiten auf unseren Dienststellen eingesetzt waren, so daß der Aufbau praktisch erst nach diesem Zeitpunkt in Angriff genommen wurde.

Bei dem Angriff am 17.4.1945 fielen im Bereich des Bw Dresden-Altstadt insgesamt 52 Bomben schwersten Kalibers, die eine fast restlose Zerstörung anrichteten.

An Todesopfern waren zu beklagen:
28 betriebseigene und 22 betriebsfremde Personen, vermißt wurden noch zwei Bedienstete.

Von den Anlagen wurden unbrauchbar:
Die an der Bw Grenze unterhalb der Nossener Brücke gelegene elektrische Umformer- und Schaltstelle vollständig zerstört, Brückenfundamente, Träger, Stützen, Belag der Brücke stark beschädigt, Hilfswerkstatt Lokschuppen eins und Posten 20 durch Luftdruck zerdrückt.

Allgemein wurden im Bw Bereich sämtliche Gleisanlagen, Weichen und Reinigungskanäle durch die Sprengwirkung größtenteils aufgerissen oder zerstört und mit Gleis-, Fahrzeug- sowie Gebäudetrümmern bedeckt.

Alle Fahrwege im Bw, sowie von und nach dem Abstell-Gbhf Dr.-A und Dr-Hbf waren unbrauchbar. 13 Volltreffer haben den **Lokschuppen 1** vollständig zum Einsturz gebracht, beide Schornsteine vernichtet, wobei die hier abgestellten Lok 18 003 schwer beschädigt und zum Teil verschüttet, 38 1154 zerschlagen wurde, sie liegt im Kanal. 38 4030 Volltreffer zwischen Lok und Tender, Lok entgleist, Tender hochgedrückt. 39 003 total zerstört (Schrott) 39 027 verschüttet, entgleist, stark beschädigt. 39 031 schwer beschädigt, 39 070 desgleichen (Schrott). Weitere sechs Lok mehr oder weniger stark zerschlagen, verschüttet und ausgebrannt. Die 23 m Drehscheibe wurde durch zwei Volltreffer aus dem Königstuhl gehoben, ein Fahrgestell aus der Bahn geschleudert und stark beschädigt. Der größte Teil der Lokschuppengleise und Kanäle, auch die Reinigungsgrube mit Einfahrweiche 68/69 durch Volltreffer zerstört. Die vom beschädigten Pumpenhaus 1 nach den Wasserbehältern im Übernachtungsgebäude führende Kranwasserleitung ist an drei Stellen durchschlagen. Das Übernachtungsgebäude mit Heizraum, Waschraum und Kantinenräume ist ausgebrannt, die anschließende Betriebsküche ist völlig zerstört.

Der **Lokschuppen 2** wurde durch zwei Volltreffer im Dachstuhl stark beschädigt und die Lok 18 002 vollständig vernichtet. Weitere drei Lok der Reihe 18 und Lok 55 775, 38 2451 mehr oder weniger stark beschädigt. Drehscheibe und Drehscheibengrube sind durch Volltreffer so stark zerschlagen, daß eine Ausbesserung sich nicht mehr lohnt. Bei Wiederherstellungsarbeiten müßte vor allem auch der geplante Einbau einer 23 m Scheibe in Betracht gezogen werden. Fast unbeschädigt blieb hier der Kanal zum Ausschlacken der Lok.

Der **Lokschuppen 4** erhielt sechs Volltreffer, wobei der Kompressorraum und die nördliche Stirnseite, sowie ein Teil des Rundbaues vom Schuppen mit Auswasch- und Reparaturgleisen stark beschädigt wurde. Die gesamte eiserne Dachkonstruktion über sechs Gleisen ist eingestürzt und unbrauchbar, Drehscheibenausfahrtgleis, Schuppengleise, sowie Ausschlackgrube durch schwere Treffer stark beschädigt und mit Wagentrümmern bedeckt. Die Drehscheibe durch Splitter beschädigt. Lok 93 613, 93 956 und 55 2689 schwer zerschlagen, entgleist und im Kanal liegend. Im Werkstattbereich einschließlich des Schiebebühnenfeldes und der dahinterliegenden Rostgleise fielen zwölf Bomben. Dadurch wurden zerstört:

Die westliche Giebelwand des Werkstattgebäudes, die gesamte Dachkonstruktion aller Werkstatträume, die Schiebebühnenfahrbahn an drei Stellen, die Achssenke und der 5 t Laufkran, einschließlich eines Teiles der Kranfahrbahn, vier Ausbesserungsgleise mit Arbeitsgruben. Lok 41 151, 41 152, 38 2048 und 38 2822 wurden schwer beschädigt, entgleisten und liegen im Kanal. Lok 41 151 erhielt Bombensplitter. In den Rostgleisen hinter dem Schiebebühnenfeld wurden beschädigt:

Lok 61 002, 5520 und 5595 sowie mehrere Wagen.

In der Lokbehandlungsanlage erhielt der untere Kohlenstapel sechs Treffer, wobei unter anderem das Kranfundament ausgehoben und der Kohlenkran stark beschädigt wurden. 150 qm Kohlenstapelfläche wurden aufgerissen, Weiche 131/32, 126/27 desgleichen, zwei Volltreffer im Gleis 59 und einen im Gleis 60.

Außer den schweren Schäden vom 17.4.1945 sind noch die wesentlichen vom 13./14.2.1945 zu nennen, die bisher nicht behoben werden konnten. Dies waren:

Elektrokarren Ladestelle mit zwei Gleichrichtern, zwei Elektrokarren ausgebrannt und eingestürzt.

Tschechen Wohnbaracke abgebrannt.

Stofflagergebäude, Rüstkammer und Sandschuppen mit Aufenthaltsräumen für Kohlenlader ausgebrannt, Zwischendecken und Wände eingestürzt.

Beide Kohlenkräne sind völlig ausgeglüht und unbrauchbar.

Lokschuppen 3 mit Wasch-, Bade- und Umkleideraum, sowie Lager für Elektromotoren und Rückführgut vollständig ausgebrannt. Verwaltungs- und Wohngebäude und Kesselhaus, Elektriker-Werkstatt mit Indusi-Prüfraum ausgebrannt, sämtliche Maschinen und Werkzeuge vernichtet, Schrank- und Wohnräume im Schuppen vier, sowie die Tischlerei sind ausgebrannt, in der letzteren alle Maschinen ausgeglüht, alle Werkzeuge vernichtet.

Neben den aufgeführten Schäden war die gesamte Strom- und Wasserversorgung durch viele Sprengstellen ausgefallen, alle Umgrenzungsmauern und Zäune lagen längs der Zwickauer Straße zerstört.

Die nach dem Februarangriff geborgenen Werkzeuge und Werkzeugmaschinen, wurden bis auf wenige Maschinen durch den letzten Angriff am 17.4.1945 fast ausnahmslos vernichtet.

Abgesehen von vielen nicht mit angeführten Schadstellen war dies der Zustand des Bw Dresden-Altstadt am Einmarschtag der Roten Armee am 8./9. Mai, wobei auch dies besetzt und von den dort Beschäftigten nicht betreten werden durfte.

Aufbau 1945

Am 11. bzw. 12. Mai, als die Absperrung des Bw wieder aufgehoben war, stand die Belegschaft vor einer völlig neuen Situation. Alle höheren Ämter fehlten, von keiner Seite konnten Anweisungen über Arbeitsgestaltung usw. eingeholt werden.

Auf sich selbst angewiesen, beschlossen wir, der Kollege Herrmann und Melzer, nun den Aufbau des Bw Dresden-Altstadt auch ohne höhere Anweisung und Zustimmung selbst zu beginnen und zu organisieren, gleichzeitig aber zu versuchen, die Genehmigung der Arbeitsaufnahme vom russischen Befehlshaber zu erhalten, was auch gelang. Die Belegschaft folgte den Anweisungen sofort, da ihnen beide Kollegen von ihrer früheren Tätigkeit als Personal- und Gewerkschaftsvertreter bekannt waren. Bei der Aufstellung des vorläufigen Arbeitsausschusses wurden noch die Kollegen Stülpner, Hühne und Höhne herangezogen.

Ob den Bediensteten die Arbeitsstätte durch Wiederaufbau erhalten werden kann, blieb den angesagten nachträglichen Untersuchungen und Besichtigungen durch russische Kommandostellen vorbehalten. Die Sorge um die Erhaltung der Arbeitsstätte und die Wiederingangsetzung der Eisenbahn veranlaßte die Belegschaft von Anfang an, alle Kräfte einzusetzen und alle Hindernisse zu überwinden.

Mit den betriebseigenen Kräften, eingeteilt in Gleisbau-, Handwerker-, Wasserbau-, Elektro- und Aufräumungsgruppen wurden nun ohne fachgerechte Hilfsmittel, da diese alle vernichtet waren, nachstehende Aufbauarbeiten ausgeführt:

Verfüllen von zwölf Bombentrichtern mit rund 420 m³ Schuttmasse in der Gleisanlage, Aufbringen von 420 m³ Steinschlag, Verlegen von 560 m Gleisen, vier Stück einfachen und eine Kreuzweiche. Ein Teil der Gleisarbeiten wurde nicht

DAS BAHNBETRIEBSWERK DRESDEN-ALTSTADT

nur im Bw, sondern auch im Bf's Gelände auf Gleis 24 vorgenommen, um möglichst schnell den Anschluß an die Bfe zu gewinnen.

Am Lokschuppen 1

Freilegen der Drehscheibengrube, Anheben der Scheibe zum Ausbauen des beschädigten Fahrgestelles. Zu diesen, von der Firma Steuer übernommenen Arbeiten wurden zwei Lokführer und zwei Heizer bis Oktober als Schlosser und Hilfsarbeiter beigegeben. Im Schuppen selbst wurden alle Lok freigelegt, aufgegleist, eingebrochene Kanäle wieder erstellt, die Gleisanlagen soweit fertiggestellt, daß bei Inbetriebnahme der Scheibe sofort fünf eingeschlossene Lok der Reparatur zugeführt werden können. Der Ausschlackkanal ist nach Freilegung aufgemauert worden.

Lokschuppen 2:

Abtragen des eingestürzten Schuppendaches rund 1875 qm Fläche. Die Wiederherstellung der Drehscheibe wird zurückgestellt, da nur der Einbau einer 23 m Scheibe in Betracht kommen kann. Ausfahrgleis über die untere Reinigungsgrube, Gleiskreuz und Weiche neu aufgebaut.

Lokschuppen 4:

Freilegen der Drehscheibengrube und des Ausschlackkanals, rund 45 m³, verfüllen der zwei Bombentrichter und Verlegen von 80 m Gleis. Beseitigen und Abtransportieren der eingestürzten Dachkonstruktion (Eisenbinder rund 1000 qm Fläche). Im Schuppen selbst wurden Gleise und Kanäle neu erstellt, die in den Kanälen liegenden Lok wurden aufgegleist und der Ausbesserung zugeführt (außer Lok 93 956 - Schrott).

Werkstatt:

Verfüllen von vier Bombentrichtern im Schiebebühnenfeld, Durchprüfen und Instandsetzen der Schiebebühne, Werkzeuge werden geborgen, Schuttmassen beseitigt. Unter anderem wurden fünf Drehbänke, zwei Bohrmaschinen, zwei Schleifsteine demontiert und wieder erstellt. Die elektrischen Motoren hierzu mußten ausgebaut und neu gewickelt werden. Als Ersatz für die vernichteten Maschinen werden aus dem Hilfszug Tarnowitz drei stark beschädigte Werkzeugmaschinen und Werkzeuge ausgebaut und einsatzfähig hergestellt. Fahrgestelle und Ersatzteile werden sichergestellt.

Aus der eingestürzten Achssenkgrube mußten 20 m³ Schuttmassen entfernt, der Kanal immer weiter ausgepumpt werden. Zum Schutze der nun in Betrieb genommenen Werkzeugmaschinen und Arbeitsplätze wurden behelfsmäßige Überdachungen gebaut. Desgleichen über die Schmiede und Giessräume und Klempnerei, nachdem hier die Einrichtungen wieder zum Teil hergestellt waren. Auch die Aufenthalts- und Waschräume, sowie die Werkzeug- und Ersatzteillager mußten dementsprechend erstellt werden, um die Arbeit aufnehmen zu können.

Lokbehandlungsanlage:

Am Kohlenstapel wurden sechs Trichter verfüllt, das Kranfundament aufgerichtet, der stark beschädigte Kohlenkran im maschinellen und elektrischen Teil ausgebessert. 150 qm Kohlenstapelfläche planiert und gestampft, sowie mit Platten belegt, um Kohlen aus dem Bunker mit Hunten an den Kran anfahren zu können.

Im Gbf und Bw Dresden-Altstadt wurden elf Rohrbruchstellen der Lokwasserleitung von den Pumpenstationen nach den Behältern festgestellt, freigelegt und 100 m Leitungsrohr (200 mm) mit zwei Absperrschiebern eingebaut.

Elektrische Anlagen:

An der Nossener Brücke, Würzburger Straße, Bf Plauen und Kohlenbf mußten vier provisorische Licht- und Kraftanschlüsse unmittelbar an die Drewag erstellt werden, da die Stromversorgung über das Bkw zerstört ist. 20 Starkstromkabel wurden geprüft, 50 m davon wurden verlegt und 500 m Freileitung gezogen, dann konnten Außen- und Innenbeleuchtung an 20 Beleuchtungsstellen angebracht werden. 25 Motore wurden überholt und angeschlossen.

Das Freilegen der Schaltstelle an der Nossener Brücke, Bergen und Reinigen der noch brauchbaren Apparate und das Abtragen der Schuttmassen ermöglichte den späteren Wiederaufbau dieser Stelle durch Ansetzen der entsprechenden Firmen.

Allgemeines:

An der Mitroparampe wurden mit eigenen Kräften zwei Loks und auf Gleis 24 mehrere Wagen aufgegleist. Im Gbf Dresden-Altstadt Aufgleishilfe durch einen Aufgleistrupp gestellt. Weiter wurden Schlosser und Hilfskräfte zur Wiederinstandsetzung der Nossener Brücke und der Überschneidungsbrücke am Stellwerk 1/2 dem Brückenbautrupp zugestellt.

Infolge des eingetretenen Kohlenmangels bei den Bf'en Tharandt und Dresden-Neustadt mußte wiederholt Kohle aus dem hiesigen Stapel auf Wagen verladen und nach den genannten Orten überführt werden.

Da in dieser Zeit der anlaufende Verkehr auf die umliegenden Lokbahnhöfe verlegt worden war, wurden bis zu 140 Köpfe des Lokpersonals nach und nach dorthin zur Dienstleistung abgeordnet.

Unterdessen konnte auch das Bw Dresden-Altstadt selbst die ersten fahrbar gemachten Lok zur Übernahme von Zug- und Rangierdienst melden und einsetzen, da über ein von unserem Personal hergestelltes Gleis die Verbindung nach Gbf Dresden-Altstadt und von dort nach Dresden-Neustadt, sowie später nach Dresden Hbf möglich wurde. Zum Bekohlen der Dienstlok wurde eine Kohlenbühne gebaut und vorläufig bis zur Fertigstellung des Kranes mit Körben bekohlt.

Für die Bediensteten war keinerlei Unterkunft oder sonstiger Raum mehr vorhanden. Der Bau einer großen Aufenthaltsbaracke im dritten Rundhaus begann. Das benötigte Holz war vor den Angriffen von einer Abteilung der OT („Organisation Todt" – d. Red.) hier angefahren und gelagert worden. Teilweise waren auch schon Vorarbeiten zu Neubauten von dieser Gruppe angelaufen, wurden aber wieder zerstört.

Ausgestaltet wurde dieser Aufenthaltsraum mit selbst erstellten Tischen und Bänken, sowie mehrere Ruhelager für Bereitschaftspersonal. Ein Teil des Raumes wurde abgegrenzt, Garderobenständer mit Nummern und Haken angefertigt, so daß für die Bediensteten die Aufbewahrung der Schutz- oder Wegkleider möglich wurde, da ihnen alle Schränke mit Inhalt verbrannten. Ein Umkleideraum wurde geschaffen. Ferner wurde die Essensausgabe von der Großküche, die bisher behelfsmäßig in dem Hausflur des Stofflagergebäudes stattfand, nach der Baracke verlegt, ein langer Ausgabetisch angefertigt, ein großer Kochherd wiederhergestellt und eingebaut, auf dem zusätzliche Getränke gekocht und Essen gewärmt werden kann.

Es folgte der Ausbau der Keller des Wohngebäudes als Einstellraum für elektrische Geräte usw., Ausbau des ehemaligen Luftschutzraumes als Einstellraum für Akten, Vordrucke und Papier. Diese so notwendig gebrauchten Stoffe, Ersatzstücke, Glas, Papier mußten selbständig von Grumbach, Gleisberg-Marbach und Possendorf zum Teil in mehr als achttägiger Ausbleibezeit (infolge der fehlenden Verkehrsmittel) hergebracht werden.

In dem vorläufig hergestellten und überdachten Spritzenraum wurde die Sicherstellung von Bauholz und Ersatzteilen ermöglicht.

Für die Büropersonale wurden die zerstörten Arbeitsbaracken ausgebessert und aufgestellt, noch vorhandene Fenster und Türen wurden ausgebessert, neue angefertigt und verglast. Zwei bedeckte Wagen wurden zur Werkstatt für Haushandwerker ausgebaut (Schlosser, Glaser, Tischler und auch ein Schuhmacher). Dringend notwendig war der Bau einer Latrine und die Einrichtung eines Sanitätsraumes.

Für diese Arbeiten wurden im Durchschnitt täglich 350 Köpfe angesetzt.

Die höheren Anforderungen des Betriebsmaschinendienstes in den kommenden Wochen ließen diese Besetzung nicht mehr zu, so daß während dieser Zeit täglich durchschnittlich 245 Kräfte angesetzt waren.

Diese Verminderung der am Aufbau angesetzten Kräfte wurde durch die lange Ausbleibezeit der Fahrpersonale bedingt, die bis zu 100 Stunden und darüber hinaus Dienst leisteten, ohne genügend Verpflegung und ohne Ruhe und Schlaf. Dabei sei ausdrücklich bemerkt, daß täglich durchschnittlich allein 95 Köpfe mit Gleisbauarbeiten sowohl im Bw als auch im Bfs Bereich beschäftigt wurde.

Alle mit größter Tatkraft durchgeführten Arbeiten wurden am 31.5.1945 sowie 7.6.1945 infolge Plünderung und mutwilliger Zerstörungen durch Rückwanderer gestört, da an diesen Tagen wiederhergerichtete Arbeitsbaracken, Werkzeugmaschinen, Motoren, Schreib- und Rechenmaschinen, sowie Fernsprechanlagen zerschlagen worden waren.

ZERSTÖRUNG UND WIEDERAUFBAU

Ein dringend notwendiger Fernsprechanschluß nach der Rbd Vermittlung Dresden wurde mit eigenen Kräften gestellt.

Drohende Seuchengefahr machte es dringend notwendig, die Außenabborts mit behelfsmäßiger Wasserspülung und gleichzeitig fünf Wasserklosetts neu zu erstellen, das hierzu nötige Spülwasser wurde von den im Verwaltungs- und Übernachtungsgebäude befindlichen Lokwasserbehältern abgezapft, da die städtischen Wasserleitungen noch außer Betrieb sind. Die Klosetts wurden behelfsmäßig überdacht und verschließbare Türen angebaut. Hiernach konnte die Latrine abgerissen und die Grube zugeschüttet werden.

<u>Bauliche Anlagen:</u>

Im rechten Anbau des Verwaltungsgebäudes wurden vier Büroräume fertiggestellt. In diesen Räumen sind der Dienststellenleiter, die Gruppenleiter A, B, Ba und E, sowie der örtliche Gewerkschaftsausschuss untergebracht. Der bisher als Büro für die Dienststellenleitung verwendete Dz-Wagen, sowie der ehemalige Werkstattwagen, konnten dem Betrieb wieder zugeführt werden. Vier Räume im linken Anbau dieses Gebäudes können im November noch bezogen werden. Alle in den Arbeitsbaracken untergebrachten Bürobediensteten finden darin gute Arbeitsplätze. Ein Raum wurde besonders als Kassenraum eingerichtet, ein ausgebesserter Kassenschrank dort aufgestellt. Für diese Räume wurden sämtliche Einrichtungsgegenstände, Tische, Schränke usw. selbst angefertigt und Dampfheizung eingebaut.

Das Meisterbüro in der Werkstatt wurde behelfsmäßig hergerichtet, eine Waschkaue für das Werkstattpersonal ausgebaut. Die Tischlerei mit einem Betonfußboden versehen. Das Schiebebühnenfundament ist fertiggestellt. Die Schiebebühne am 18.9. in Betrieb genommen.

Das Kohlenkranfundament für Kohlenkran zwei fertiggestellt und der Kran in Betrieb genommen. Die Fahrbahn für Kohlenhunde am Kohlenkran zwei ausgebessert, mit Kleinpflaster belegt. Die Beschleusung am Lokschuppen vier und die Hauptentwässerung im Bw-Bereich wieder in Ordnung gebracht. Die Dachkonstruktion am Pumpenhaus zwei wieder hergestellt.

Am vierten Rundhaus geht der Neubau der Elektrowerkstatt ebenfalls der Vollendung entgegen. Der Grundmauerbau massiv erstellt, Ausbau und Einrichtung mit betriebseigenen Kräften ausgeführt.

Der im Stofflagergebäude untergebrachte, stark beschädigte Lokleitungsraum wurde vorgerichtet, eingedrückte Durchgänge und Türen gemauert und gemalt, so daß auch für die hier Beschäftigten in sanitärer Hinsicht Besserung eintrat.

Durch die Abgabe von Werkzeugwagen, in denen bisher die Haushandwerker schafften, mußte für diese ein Raum geschaffen werden. Dafür wird die ehemalige Elektrokarrenladestelle aufgemauert, überdacht und als Handwerkerwerkstatt ausgebaut.

Oben: Eine der total zerstörten preußischen P 10. Bei der Maschine könnte es sich um die teilverschüttete 39 027 handeln. Am Tender prangt noch die hinreichend bekannte Parole von den Rädern, die für den Sieg rollen ...

Mitte: Blick in die zerstörte Werkstatt mit 41 151, die einem Treffer erhielt.
Unten: Der infolge Volltreffers geborstene Kessel von 18 002. Aufnahmen: DR/Bw Dresden

DAS BAHNBETRIEBSWERK DRESDEN-ALTSTADT

Diese Aufnahme aus dem Jahr 1946 zeigt die noch zerstörte Werkstatt in Dresden-Altstadt, in der unter heute kaum vorstellbaren Bedingungen die wenigen vorhandenen Loks instandgesetzt wurden. Links im Bild eine Lok der Baureihe 19, dahinter eine Tenderlok der Baureihe 86, rechts eine 39.

Aufnahme: DR/Bw Dresden

Für die Ausschlacker wurde im vierten Rundhaus der alte Aufenthaltsraum abgerissen und ein neuer massiver Raum mit Heizung erstellt.

Alle bis jetzt ausgeführten Wiederaufbauarbeiten z.B. Maurer-, Zimmerer-, Maler-, Dachdecker-, Glaser- und Bauschlosserarbeiten wurden meistens mit den eigenen Handwerkszeugen und primitiven Behelfsmitteln von Lokbediensteten und bahneigenen Arbeitern ausgeführt.

Der immer stärker anfallende Lokfahr-, Lokbehandlungs-, sowie Lokausbesserungsdienst, ferner Abgabe von Personalen zu den russischen Brigaden, verringerte die am Aufbau eingesetzten Kräfte im Verlaufe der Zeit bis auf 31 Köpfe. Am Jahresende werden beim Bw Dresden-Altstadt schon 88 planmäßige Dienste geleistet.

In dem halbjährigen Aufbau sind nun noch folgende Merkmale hervorzuheben.

Am 4.6.1945 konnten erstmalig die Lokwassereinrichtungen in Betrieb genommen werden. In dieser Zeit wurden weiterhin die ersten drei Lok (zwei Rangierlok, eine Lok Baureihe 93) betriebsfähig gemeldet.

Vor dem konnten schon zwei Lok derselben Gattung, die noch im Gbf Dresden-Altstadt standen, vorgerichtet und dort verbleibend im Verschub- und sonstigen Dienst verwendet werden.

Am 15.8.1945 Lokbestand	96 Lok
betriebsfähig	22 Lok
Warten auf Aufnahme	18 Lok
Hauptwerkstatt	17 Lok
eingeschlossen	37 Lok
Bw Ausbesserung	2 Lok
insgesamt	96 Lok
Am 20.11.1945 Lokbestand	120 Lok
in Betrieb	38 Lok
b	10 Lok
a	3 Lok
Warten auf Aufnahme RAW	41 Lok
Hauptwerkstatt	11 Lok
eingeschlossen	17 Lok
insgesamt	120 Lok

Die weiteren Großbauten werden z.Zt. von der beim Bw eingesetzten Baugruppenleitung an die Privatfirmen vergeben, kamen aber infolge Mangels an Baustoffen (Holz, Nägel, Zement, Kalk) nur langsam in Gang. Zur Zeit sind Baustoffe im Anrollen, wodurch Beschleunigung der Bauten zu erwarten ist.

Weiter wurde von der Baugruppe eine in Dr.-Reick abgebrochene große Baracke beschafft, sie wird in der Werkstatt aufgestellt und überdacht und dort sämtliche Arbeitsplätze und Werkzeugmaschinen. Eine zweite Baracke wird an die Aufenthaltsbaracke angebaut und dient zur Unterbringung von Schrank- und Waschanlagen.

Damit ist auch für das Personal für die kommende Winterszeit Schutz vor Witterungseinflüssen geschaffen. Gleichzeitig kann nun den Bediensteten die so dringend benötigte Waschgelegenheit erstellt werden.

Hoffentlich können noch vor Einbruch strenger Kälte das Verwaltungs- und Übernachtungsgebäude überdacht werden, um die Wasserbehälter vor Einfrieren zu schützen.

Drei Jahre nach Kriegsende begann der Wiederaufbau des einzigen noch aufbauwürdigen Lokschuppens, dem Heizhaus 4.
Aufnahme: DR/Bw Dresden

gez.: Melzer

ZERSTÖRUNG UND WIEDERAUFBAU

Erste betriebsfähige Dampflok des Bw Dresden-Altstadt war im Mai 1945 die Lok 98 7056. Mit ihrer Hilfe wurde ein Dampfhammer betrieben, der zur Instandsetzung der Lokomotiven und Anlagen dringend benötigt wurde. Die Lokschuppen 1 bis 3, durch Sprengbomben stark beschädigt, wurden abgebrochen. Am 29. April 1948 wurde mit dem Wiederaufbau des Daches an der Betriebswerkstatt begonnen und der Lokschuppen 4 war ab Mai 1948 ebenfalls im Bauzustand. Aber der weitere Aufbau des Bw Dresden-Altstadt stockte. Im ebenfalls total zerstörten Bw Dresden-Friedrichstadt war von 1945 bis 1947 ein russischer Militärkommandant als Vorsteher eingesetzt. Unter seiner Regie wurde das Bw Dresden-Friedrichstadt wegen der dort stationierten Lokbrigaden mit allen Mitteln wieder aufgebaut.

Das Nachsehen hatte das Bw Dresden-Altstadt. So fehlte bis Anfang der 50er Jahre ein Lokschuppen für die Schlepptenderlokomotiven. Denn im einzigen Altstädter Lokschuppen, dem Haus 4, befand sich lediglich eine 18 m-Drehscheibe. Erst 1953 wurde das heutige Altstädter Maschinenhaus 1 an der Nossener Brücke mit acht Strahlengleisen neu gebaut. Ehrgeizige Pläne der damaligen Zeit belegen, daß dieser Lokschuppen ursprünglich für elektrischer Lokomotiven bestimmt war. Aber dazu ist es bis heute nicht gekommen.

Ebenfalls nicht verwirklicht wurde der für 1957 vorgesehene Neubau einer Hochbunkeranlage zur Lokbekohlung. Wegen zu hoher Investitionskosten von 186 000 Mark hat die Leitung des Bw Dresden-Altstadt im Februar 1960 entschieden, die finanziellen Mittel für die Verbesserung der Lokbehandlungsanlagen des Bw Dresden-Altstadt einzusetzen. Betroffen von den Veränderungen war in erster Linie die Umgestaltung der Gleisführung im Bw, so wie sie noch heute vorhanden ist. Die Baumaßnahmen wurden in den Jahren 1960 und 1961 ausgeführt.

Zur Verbesserung der Lokomotivbekohlung hat das Bw Dresden-Altstadt 1959 einen Greiferdrehkran vom Typ EDK 6 erhalten. Daraufhin wurde der noch vorhandene Dampfdrehkran am 4. Januar 1960 an das Raw Zwickau abgegeben. In den zurückliegenden 40 Jahren mußten die bescheidenen Anlagen des Bw Dresden-Altstadt für die stationäre Behandlung der Dampfloks genügen.

Im einzelnen standen zur Verfügung:
- eine 23-m-Drehscheibe am Rundhaus eins
- eine 20-m-Drehscheibe am Rundhaus vier
- eine offene Schiebebühne mit 23 m Länge an der Lokbetriebswerkstatt
- zwei Ausschlackgruben mit Naßascheförderanlagen
- ein EDK 6 zur Dienstkohle-Entladung und zur Lokbekohlung
- ein ortsfester Ruge-Drehkran als Notbekohlungsanlage
- eine Besandungsanlage für ein Gleis

Erste nach Kriegsende betriebsfähige Lok war 98 7056, die sich noch Jahrzehnte im Bw-Verschub nützlich machte. Das Bild zeigt sie beim Verschub mit 18 006 an der Schiebebühne der wiederaufgebauten Werkstatt. Aufnahme: Illner/Sammlung Michael Malke

Erst nach 1967 richtete man im Lokschuppen 4 einen stationären Heizstand ein, der bis 1991 mit zwei Lokkesseln betrieben wurde.

Die Lokbahnhöfe

Nach der Reichsbahnstruktur bis 1945 verwaltete das damalige Maschinenamt Dresden 1 sämtliche Lokbahnhöfe der Schmalspurbahnen des Wilsdruffer Netzes und der Strecke Hainsberg – Kipsdorf. Nach 1945 bis zur Gründung des selbständigen Bw Wilsdruff am 1. Februar 1952 waren die Lokbahnhöfe in Potschappel, Wilsdruff, Hainsberg und Radebeul Ost mit allen ihren Schmalspurloks vorübergehend dem Bw Dresden-Altstadt zugeordnet. Ab 1. Januar 1946 fielen dem Bw Dresden-Altstadt auch die Lokbahnhöfe der Normalspurbahn in Freital-Potschappel und Freital-Hainsberg zu, nachdem in Altstadt sämtliche Windberglocks der BR 98^0 stationiert wurden. Von 1946 bis 1955 gehörte auch der Lokbahnhof Altenberg zum Bw Dresden-Altstadt. Ab 1. Januar 1965 übernahm das Bw Dresden-Altstadt noch den Einsatz der G 12 zum Nachschiebedienst im Lokbahnhof Tharandt. Und nachdem im Januar 1966 Altstadt auch Dieselloks der BR V 180 vom aufgelösten Bw Dresden-Pieschen erhielt, war die neue Einsatzstelle Dresden Hbf mit Tankanlage dem Altstädter Lokleiter unterstellt. Mit dieser Struktur ging das Bw Dresden-Altstadt 1967 in das Bw Dresden über.

Im Juni 1974 begann die Unterhaltung von Kleindieselloks im Bw Dresden-Altstadt. Erste in der Schadgruppe V 2 fertiggestellte Diesellok war am 6. Januar 1975 die Lok 106 211.

Seit Mitte der 70er Jahre sind Rangierdieselloks des Bw Dresden dem Betriebsteil Altstadt zur Unterhaltung zugeteilt und werden von dort auch teilweise eingesetzt. Im Februar 1985 zählten dazu die Baureihen 100 (6 Loks), 101 (10 Loks), 102 (8 Loks), 106 (48 Loks).

Nachdem Altstadt Ende der 70er Jahre keine Dampfloks im Zugdienst mehr einsetzte, blieb nur noch eine geringe Zahl von Wendelokomotiven der BR 03^{0-2} aus Görlitz und BR 52^{80} aus Kamenz und Bautzen, die noch in Dresden-Altstadt restaurierten, sowie die Heizloks der BR 50. Mit Auslauf der Lokbehandlung wurden zwei Bw-Gleise an den Bahnhof Dresden-Altstadt zum Abstellen von Reisezugwagen und als Ausziehgleis für den Abstellbahnhof abgegeben.

Bereits die 1975 erstellte „Ordnung für Eisenbahn-Museumsfahrzeuge" bestimmte, daß auf Grund des in Dresden ansässigen Verkehrsmuseums ein Großteil dieser Fahrzeuge hier zusammengezogen wurde. Der hohe Bestand an Museumslokomotiven und Wagen konnte aber zu keiner Zeit in den bescheidenen Anlagen des Altstädter Bw untergebracht werden. Nicht mehr benötigte Lokomotivschuppen in Tharandt, Arnsdorf, Großenhain und Dresden-Pieschen dienten und dienen noch heute zur Unterbringung der Fahrzeuge. Im Lokschuppen eins des Betriebsteil Altstadt sind seit 1977 in erster Linie die betriebsfähigen Traditionslokomotiven aus dem Bestand des Verkehrsmuseums Dresden und des Bw Dresden beheimatet. Der Stolz der Dresdner Eisenbahner sind die drei „großohrigen" Einheitslokomotiven 01 137, 03 001 und 62 015, während 86 6009 überwiegend zu Führerstandmitfahrten bei Eisenbahnfesten eingesetzt wird. Mehrmals im Jahr ist das Gelände des ehemaligen Bw Dresden-Altstadt Sammel- und Ausgangspunkt für Lokzüge mit Museumslokomotiven und Wagen zu Bahnhofsfesten und Streckenjubiläen auf dem Streckennetz der Reichsbahn.

DAS BAHNBETRIEBSWERK DRESDEN-ALTSTADT

Lokeinsatz Bw Dresden-Altstadt 1895 – 1920

Im Zuge des Umbaus der Dresdner Eisenbahnanlagen wurden die bis dahin auf den jeweiligen Endbahnhöfen der einzelnen Linien bestehenden Lokomotivstationen entbehrlich und deren Maschinen schrittweise von den neuen Heizhausverwaltungen Dresden-Friedrichstadt und Dresden-Altstadt aus eingesetzt. Spätestens nach Fertigstellung des zweiten Altstädter Heizhauses im Jahr 1891 begann die konzentrierte Stationierung von Personen- und Schnellzuglokomotiven. Aber erst 1896 dürften mit Schließung der Lokbetriebswerkstatt Dresden Böhmischer Bahnhof als letzte auch die Rangierlokomotiven in Altstadt beheimatet gewesen sein. Für den Reiseverkehr auf den sächsischen Hauptstrecken und Nebenbahnen im Raum Dresden beheimatete die Heizhausverwaltung Dresden-Altstadt 2 von der Jahrhundertwende bis zur Auflösung der Länderbahnverwaltung im Jahr 1920 neben Splittergattungen im wesentlichen folgende Lokomotivgattungen:

Die Gattung VIII_1 übernahm ab ca. 1880 für 20 Jahre den gesamten Schnellzugverkehr auf der schwierigen Strecke Dresden – Chemnitz. Später waren einzelne Lokomotiven dieser Gattung, die bis 1922 ausgemustert wurde, auch auf den Strecken Dresden – Görlitz und Dresden – Bodenbach eingesetzt. Als Ersatz für die VIII_1-Maschinen wurden 1892 14 sä. IIIb V (BR 34^{79}) in Altstadt für den Einsatz zwischen Dresden, Chemnitz und Hof stationiert. Für den ab 1.Mai 1905 zwischen Dresden und Berlin vereinbarten Lokdurchlauf setzte die sächsische Staatsbahn überwiegend Schnellzuglokomotiven der Gattung $VIII V_1$ (13^{71}) ein. Den gewachsenen Anforderungen, die der Berliner Schnellzugdienst an die Lokomotiven stellte, war die Gattung $VIII V_1$ bald nicht mehr gewachsen. Ihre Ablösung erfolgte durch die Gattung XH1 (BR 14^3) die in den Monaten März/April 1909 ausgeliefert wurde. Die Gattung XH1 war mit ihrer ersten Lieferung von insgesamt 13 Maschinen in Dresden beheimatet und gehörte zu den Heizhausverwaltungen Dresden-Altstadt 1 und Altstadt 2 und wurde für die Dienste nach Berlin und Leipzig eingesetzt. Die Gattung $VIII V_1$ fuhr noch bis 1910 Schnellzüge zwischen Dresden und Reichenbach. Im Bestand des Maschinenamtes Dresden-Altstadt 1 wurden bei Einführung des DRG-Nummernplanes noch drei Maschinen geführt (13 7107, 7109, 7112).

Mit 118 Maschinen war die von 1896-1902 ausgelieferte sä. $VIII V_2$ BR (36^{9-10}) eine der meistgebauten Dampflokomotiven bei der sächsischen Staatsbahn und auch zahlreich in Altstadt vertreten. Die $VIII V_2$ lief auf allen Haupt- und Nebenstrecken Sachsens. Auf den von Dresden ausgehenden steigungsreichen Strecken war sie ebenso zu Hause wie auf den relativ flachen Strecken von Dresden nach Bodenbach oder Leipzig über Riesa. In den 20er Jahren wurde sie lediglich auf der Strecke nach Reichenbach nicht mehr eingesetzt. Dafür hatte sie aber den umfangreichen Ausflugsverkehr von Dresden auf der Elbtalstrecke in die Sächsische Schweiz zu bedienen, wo ihr nicht selten 50 und mehr Achsen angehängt wurden.

Der ab 1910 beschaffte „Rollwagen" sä. XII H2 (BR 38^2) verdrängte dann allmählich die $VIII V_2$ auf die Nebenstrecken und in den Vorortverkehr. Mit der verstärkten Lieferung preußischer Lokomotiven der Gattung T 14 (BR 93) nach Dresden ab 1925 begann die Ausmusterung der noch 111 in den Bestand der DRG übernommenen und als BR 36^{9-10} bezeichneten Maschinen, die im wesentlichen bis 1931 abgeschlossen war. Für die Gebirgsstrecke Dresden – Chemnitz-Hof, sowie nach Görlitz und Zittau beschaffte die sächsische Staatsbahn im Zeitraum 1906-1914 schwere Schnellzuglokomotiven der Reihe XII (BR $17^{6,\,7,\,8}$) und stationierte sie auch in der Heizhausverwaltung Dresden-Altstadt 1, sowie in Leipzig Nord und Reichenbach.

Da die wenigen modernen Schnellzugloks nicht ausreichten, wurden von Dresden-Altstadt aus auch die XII H2 (38^2) im Schnellzugdienst nach Reichenbach eingesetzt. Erst die Anlieferung der XVIII H (18^0) nach Dresden-Altstadt und der XX HV (19^0) nach Chemnitz und Dresden-Altstadt in den Jahren 1919-1920 erlaubte eine gewisse Freistellung der XII HV (17^7) von der Erzgebirgslinie und brachte ihr neue Aufgaben mit den Schnellzügen nach Berlin und Cottbus ab 1918. Die sechs Maschinen der BR 17^6 wurden bis 1928 aus dem Verkehr gezogen, nachdem sie in den letzten fünf Jahren nur noch vom Bw Döbeln aus eingesetzt worden waren. Die Loks 17 601 und 17 604 kamen ab 1928 im Bw Dresden-Altstadt als Heizlok zum Einsatz. Bereits 1930 wurde 17 601 durch 17 804 als Heizlok abgelöst. 17 604 ist erst 1956 im Bw Dresden-Piesschen verschrottet worden.

Der Heizhausverwaltung Dresden-Altstadt 1 oblag während der Länderbahnzeit auch die Gestellung der Maschinen für den Dresdner Vorortverkehr. Ein Teil dieser Leistungen wurde jedoch um 1910 an das Bw Dresden-Piesschen abgegeben. Dresden-Altstadt verfügte ab 1897 deshalb über ca. 30 1'B Tenderlokomotiven der Gattung IV T (BR 71^3) und setzte diese bevorzugt im Vorortverkehr nach Tharandt ein.

Gattung	Baujahr	gebaute Stückzahl	Achsfolge	von der DRG übernommen Stück	Baureihe
VII	1868 – 1876	32	B	3	98^{71}
VII T	1873 – 1894	57	B	32	98^{70}
III b V	1889 – 1892	18	1'B	2	34^{79}
I VT	1897 – 1909	91	1'B1'	85	71^3
VIII 1	1870	8	2'B	–	–
VIII 2	1891 – 1894	20	2'B	12	13^{70}
VIII V	1896 – 1900	32	2'B	23	13^{71}
VIII V1	1896 – 1902	118	2'B	111	35^{9-10}
XH 1	1909 – 1913	18	2'B1	17	14^3
X II H	1906	6	2'C	6	17^6
X II HV	1908 – 1914	42	2'C	39	17^7
X II H1	1909	7	2'C	4	17^8
X II H2	1910 – 1927	159	2'C	134	38^{2-3}
XIV H	1911 – 1921	106	1'C1'	83	75^5
XVIII H	1917 – 1918	10	2'C1'	10	18^0
XX HV	1918 – 1923	23	1'D1'	23	19^0

DER LOKOMOTIVEINSATZ VON 1895 BIS 1920

Während des Ersten Weltkrieges wanderte die IV T auf die sächsischen Nebenstrecken ab. Von Altstadt aus wurden die Vorortzüge mit Maschinen der Gattung VIII V^2, sowie ab 1917 mit der neu angelieferten Personenzugtenderlok Gattung XIV HT (75^5) befördert. Schließlich beheimatete die Heizhausverwaltung Dresden-Altstadt ab 1894 noch ca. 30 zweiachsige Lokomotiven der Gattung VII (BR 98^{71}) und VII T (BR 98^{70}), sowie dreiachsige Tenderlokomotiven der Gattung VT (BR $89^{82, 2}$) die bevorzugt für den Rangierdienst in Dresden Hbf, sowie auf dem Abstellbahnhof Dresden-Altstadt eingesetzt wurden, aber bald auch im Güterzugdienst anzutreffen waren. Von der Gattung sä VII ist bekannt, daß die Lokomotiven „Watt", „Fulton", „Breithaupt" und „Liebig" ab 1891 auch für den Dienst im Dresdner Vorortverkehr nach Tharandt eingesetzt wurden. Lediglich die Lok „Liebig" erhielt noch die DRG-Betriebsnummer 98 7111.

Noch während des Ersten Weltkrieges und vor Abschluß der Länderbahnzeit erhielt das Bw Dresden-Altstadt mit den Gattungen XVII H (BR 18^0) und XX HV (BR 19^0) die leistungsfähigsten Schnellzuglokomotiven sächsischer Herkunft, die über Jahrzehnte das Bild der Zugförderung bestimmten. Von Januar bis März 1918 wurden 18 001 – 010 beim Bw Dresden-Altstadt in Dienst gestellt. Sämtliche Lokomotiven blieben bis zu ihrer Außerdienststellung in den 60er Jahren ausnahmslos in Altstadt beheimatet. 19 004 traf als erste Lok ihrer Bauart im Juli 1918 fabrikneu in Altstadt ein. Die Lok blieb bis zur Umstationierung von 19 001 – 003 im September 1919 aus Chemnitz merkwürdigerweise ein Jahr lang ein Einzelgänger in Dresden. Im Sommer 1920 wurden noch 19 006 und 19 011 – 015 im Bw Dresden-Altstadt in Dienst gestellt.

Mit Gründung der DRG im Jahr 1920 dürften im Bw Dresden-Altstadt ca. 40 Schnellzuglokomotiven, 55 Personenzuglokomotiven und ca. 30 Rangierlokomotiven beheimatet gewesen sein.

Oben: XX HV 66, die spätere 19 005 kurz nach der Ablieferung. Aufn.: Sammlung Moll
Mitte: VIII V_1 am 7. Juni 1906 bei Pötscha-Wehlen. Aufnahme: Sammlung Otte/EK-Archiv
Unten: X H1 87 in Dresden-Altstadt, die später noch die Reichsbahn-Nummer 14 307 erhielt.
Linke Seite oben: X VIII H 199 in Dresden-Altstadt. Als 18 004 wurde die Maschine 1951 ausgemustert. Aufnahmen: Sammlung Otte/EK-Archiv

Baureihe	Stückzahl	bekannte Betriebsnummern
13^{71}	4x	13 7107, 7109, 7110, 7111
14^3	6x	
17^6	6x	17 601-605
17^7	17x	17 708, 711, 712, 714, 716, 717, 718, 719, 720, 721, 722, 723, 731, 734, 751, 754, 755
18^0	10x	18 001 – 010
19^0	10x	19 001, 002, 003, 006, 011, 012 013, 014, 015, 004
38^2	ca. 20x	sicher: 38 220, 244, 249, 251 252, 281 möglich: 38 202, 203, 211, 217, 218, 220, 238, 250, 269, 273, 274, 280
36^{9-10}	ca. 20x	
75^5	ca. 5x	sicher 75 559, 562
$89^{82, 2}$	ca. 20x	
$98^{70, 71}$	ca. 10x	

DAS BAHNBETRIEBSWERK DRESDEN-ALTSTADT

Lokeinsatz Bw Dresden-Altstadt 1920 – 1945

Der Lokeinsatz des Bw Dresden-Altstadt läßt sich in den 20er Jahren wie folgt beschreiben: Die BR 14³ wurde bis 1926 vorrangig für die Elbtal und Flachlandstrecken nach Leipzig und Berlin eingesetzt und bis zur Ausmusterung sämtlicher Loks 1928/29 im Auslaufdienst von Dresden über Nossen nach Leipzig gefahren. Die BR 17⁷ des Bw Dresden-Altstadt rollten nach Berlin Anhalter Bahnhof, Frankfurt/Oder, Görlitz, Zittau, Leipzig und Bodenbach. Sämtliche 18er waren in Dresden-Altstadt beheimatet und bedienten die Strecken nach Berlin, Leipzig und Görlitz. Mit der BR 19⁰ bespannte das Bw Dresden-Altstadt hauptsächlich Schnellzüge nach Reichenbach und Görlitz. Anfang 1920 verfügte Altstadt zwar erst über fünf 19er, Neuanlieferungen von Juli bis Oktober 1920 verdoppelten jedoch bald den Bestand. Und 1925 gelangten mit 19 016 – 023 weitere acht Maschinen aus Stuttgart und Frankfurt/Main nach Dresden. Anfang der 30er Jahre waren bis zu 15 Loks der BR 19⁰ beim Bw Dresden-Altstadt stationiert, die restlichen Loks in Reichenbach/Vogtland. Bemerkenswert waren in den 30er Jahren die Durchläufe dieser Loks vor D-Zügen von Dresden bis Nürnberg (400 km) und Regensburg.

1920 waren erst 50 Maschinen der Lokgattungen XII H2 (Rollwagen, BR 38²⁻³) bei der sächsischen Staatsbahn im Dienst. Altstadt verfügte 1920 davon über etwa 20 Loks für die Einsätze im Personenzugdienst und als Vorspannloks an Schnellzügen auf der Strecke Dresden – Chemnitz – Reichenbach. 1922 und 1927 erhielt nun das Bw Dresden-Altstadt weitere zehn „Rollwagen" von der Sächsischen Maschinenfabrik aus Chemnitz. So führte man ab 1922 bis Mitte der 30er Jahre ständig über 20 „Rollwagen" in den Bestandslisten. Von 1928 bis 1932 waren es sogar 27 Maschinen. Erst ab 1938 verringerte sich der Altstädter 38²-Bestand mit Lokabgaben infolge der politischen Veränderungen im Sudetenland. Im Sommer 1939 setzte Altstadt zwar noch zehn 38² plan-

Die „Stars" des Altstädter Bahnbetriebswerkes waren die schweren sächsischen Schnellzuglokomotiven der Baureihen 18 und 19. Die vierfach gekuppelte 19 001 (Bild oben) wurde von Carl Bellingrodt am 3. Juni 1936 im Heimatbetriebswerk fotografiert. Am selben Tag konnte er auch auch 18 001 festhalten. Aufnahmen: Carl Bellingrodt/EK-Archiv

DER LOKOMOTIVEINSATZ VON 1920 BIS 1945

mäßig im Streckendienst und fünf im Rangierdienst ein, die Abgaben an sudetendeutsche Bw ab 1940 blieben jedoch nicht aus. Erst im Kriegsjahr 1944 wurden auch die letzten 38^2 vom Bw Dresden-Altstadt abgezogen.

In den Jahren zwischen 1920 und 1925 setzte eine große Ausmusterungswelle dem Dasein vieler sächsischer Lokomotiven ein Ende. Allein zwischen 1923 und 1925 verschwanden 361 Normalspurloks von den sächsischen Strecken. Das große Loksterben setzte sich dann bis zum Jahr 1938 fort. Im Bw Dresden-Altstadt wurde zu dieser Zeit der Bestand an Rangierlokomotiven der Gattung V T halbiert.

Auch bei den Dresdner Bahnbetriebswerken war zu beobachten, daß schon bald nach Gründung der DRG neben den einheimischen Länderbauarten verstärkt preußische Lokomotiven stationiert wurden. Als eine der ersten preußischen Personenzuglokomotiven erhielt das Bw Dresden-Altstadt im Jahre 1920 die preußische Gattung P 4^1 (BR 36^{12}) zugewiesen. Diese Maschinen liefen kurze Zeit im Vorortverkehr nach Meißen und Pirna. Im endgültigen Umzeichnungsplan der DRG von 1925 sind noch neun Maschinen (36 7001-7009) enthalten, die bis 1926 alle ausgemustert wurden.

Bereits 1919 erhielt Dresden-Altstadt aus der Umbeheimatung anderen Direktionen preußische P 8 (38^{10-40}) zugeteilt. Ab 1925 ist eine erhebliche Verstärkung des Dresdner P 8-Bestandes zu erkennen. Darunter befinden sich auch Neuzuteilungen der letzten von der Reichsbahn bestellten P 8. Am 31. Dezember 1932 hatte das Bw Dresden-Altstadt folgende 15 P 8 im Bestand:

38   1071, 1116, 1157, 1223, 1231, 1660, 1732, 2083, 2124, 2552, 3294, 3972, 4030, 4034.

Bereits 1936 hatte sich ihre Anzahl verdoppelt. Durchschnittlich 20 38^{10-40} gehörten bis zu ihrer Außerdienststellung 1970 ständig zum Bw Dresden-Altstadt. Mit bisher bekannten 111 verschiedenen Betriebsnummern zählte diese Baureihe im Zeitraum von 50 Jahren überhaupt zu den am meisten je im Bw Dresden-Altstadt vertretenen Dampflokomotiven.

Die sächsischen „Rollwagen" waren aus Dresden-Altstadt ebenfalls nicht wegzudenken. 38 218, eine Maschine mit tiefliegendem Umlauf, fotografierte C. Bellingrodt am 1. Juni 1936, während die untere Aufnahme von 38 233 aus dem Jahr 1925/26 stammt und die Lok als Vorspannmaschine vor einem Schnellzug zeigt. Aufn: Carl Bellingrodt/EK-Archiv und Slg. Frister

DAS BAHNBETRIEBSWERK DRESDEN-ALTSTADT

Oben: Begegnung einer G 12 mit der bergwärts in Richtung Tharandt mit Volldampf fahrenden 19 014. Vor Schnellzügen liefen die sächsischen Vierzylinder-Verbundlokomotiven bis nach Nürnberg und Regensburg. Aufnahme: Georg Otte

Unten: Die Lok der ehemaligen sächsischen Gattung VIII V2 erhielt von der DR die Nummer 36 934 wurde bis 1931 ausgemustert. Die Aufnahme entstand Ende der zwanziger Jahre in Dresden-Altstadt. Aufnahme: Sammlung Frister

Mit der preußischen Tenderlokomotive T 14 und T 14[1] (BR 93[0-4, 5-12]) beheimatete das Bw Dresden-Altstadt ab 1923 in großen Stückzahlen eine Dampflokomotive, die nicht nur bis 1945 den gesamten Dresdner Vorortverkehr übernahm, sondern auch im Nachschiebedienst zwischen Tharandt und Klingenberg-Colmnitz eingesetzt war. Vereinzelt wurden Altstädter 93er auch im Güterzugnahverkehr und für den Rangierdienst (außer Hbf) verwendet. Allein 39 der insgesamt 53 93er der RBD Dresden waren im Januar 1935 im Bw Dresden-Altstadt eingesetzt. Mit der Indienststellung von Schnellzugloks der BR 01 ab 1936 verlagerte Altstadt den größten Teil seines 93er Bestandes nach Friedrichstadt und Pirna. Im Sommer 1936 zählten 24 und noch ein Jahr später nur noch 13 Maschinen zum Bw Dresden-Altstadt. Bekannt sind bisher 42 verschiedene Betriebsnummern, die in Altstadt Dienst verrichteten. Von den Betriebsnummern 93 967 – 1254 waren von 1923 bis 1925 mindestens 13 Maschinen fabrikneu zum Bw Dresden-Altstadt gekommen. Bemerkenswert war weiterhin, daß in Dresden nahezu lückenlos die Ordnungsnummern 93 942 – 969 und 93 1064 – 1071 beheimatet waren. Mit dem Einsatz der BR 93 in Dresden-Altstadt wurden die 75[5] entbehrlich. Sofern 75er vereinzelt noch bis in die 30er Jahre in Altstadt Dienst versahen (75 546, 559, 562) waren sie mit untergeordneten Aufgaben betraut (Ersatzlok, Hilfszugbereitschaft).

Als eines der ersten Bahnbetriebswerke der Deutschen Reichsbahn verfügte das Bw Dresden-Altstadt seit 1930 zum Bw-Verschub über eine benzingetriebene Kleinlok mit der Betriebsnummer Kb 4000. Dieser Kleinlok-Prototyp des Typ P II, hergestellt von der BMAG in Berlin, bewährt sich nicht und wurde bereits 1937 wieder ausgemustert.

Mit der Umstrukturierung des Bw Dresden-Pieschen zum Triebwagen-Bw, erhielt Altstadt am 15. November 1933 mit 86 044, 048 – 050 die ersten Tenderloks der Einheitsbauart zugewiesen. Wie schon bei der BR 93 vermerkt, wurden am 14. Mai 1936 alle acht vorhandenen Altstädter 86er dem Bw Dresden-Friedrichstadt überstellt. Erst nach Kriegsende beheimatete Dresden-Altstadt wieder 86er.

Die Ablösung der BR 14[3] und BR 17[6-8] beim Bw Dresden-Altstadt wurde mit der Zuteilung preußischer P 10 (BR 39[0-2]) ab 1923 schrittweise möglich. Bereits 1923 führte die Altstädter Dienststelle fünf Maschinen im Bestand (bekannt sind 39 005, 008, 174, 197). Weitere P 10 trafen ab 1927 vom Bw Frankfurt/Main (39 001, 004, 006) und aus Kassel (39 023, 024, 025, 027) ein. 1930 zählte Dresden-Altstadt zehn dieser Maschinen in seinem Bestandslisten. Mit Anlieferung der Einheitsloks der Baureihe 01[0-2] ab 1936 verringerte sich der Altstädter P 10-Bestand durch Umbeheimatung nach Chemnitz und Reichenbach auf nur vier Loks. Bereits im Mai 1944 wurden sämtliche 01er von Dresden abgezogen und wieder durch 39[0-2] ersetzt. Ende 1944 waren davon in Altstadt kurzzeitig 22 Maschinen beheimatet. Danach blieben bis zur Rekonstruktion in die BR 22 durchschnittlich 15 39er in Altstadt stationiert.

Lokbestand vom 1. August 1937

01	184, 185, 186, 201, 202, 216, 217
18	001-010
19	001, 003, 004, 007, 010, 011, 014 – 022
38[2]	202, 209, 211, 218, 238, 244, 269, 273, 274, 280, 293, 294, 295, 296, 297, 300, 328, 329, 330
38[10-40]	1179, 1222, 1223, 1231, 1516, 1662, 1732, 1799, 1901, 1924, 1944, 1945, 2083, 2126, 2128, 2369, 2512, 2552, 3294, 3611, 3658, 3972, 4017, 4030, 4034, 4035
39	174, 178, 182, 197
61	001
89	229, 231, 233, 235, 238, 239, 261, 285, 291, 293, 295
93	944, 945, 955, 956, 959, 961, 962, 966, 968, 1064, 1067, 1071, 1253

Mit Beginn des Sommerfahrplans 1936 führte die Deutsche Reichsbahn mit dem Henschel-Wegmann-Zug den Schnellverkehr auf der Strecke Dresden – Berlin ein. Für die Bespannung dieses werbeträchtigen Zuges beheimatete das Bw Dresden-Altstadt ab dem 14. Mai 1936 die stromlinienverkleidete und 175 km/h

DER LOKOMOTIVEINSATZ VON 1920 BIS 1945

schnelle Schnellzugtenderlok 61 001. Die am 31. Mai 1935 von Henschel gelieferte Lok hatte bei Übernahme durch das Bw Dresden-Altstadt bereits 20 905 km bei Fahrten in der LVA Grunewald zurückgelegt. 61 001 war mit Unterbrechungen bis 14. November 1944 in Dresden beheimatet. Mit Einstellung des Schnellverkehrs bei Kriegsausbruch am 1. September 1939 standen in nur drei Jahren Betriebseinsatz 313 975 km zu Buche. Die meisten Kilometer auf der Lok 61 001 dürften das Dresdner Planpersonal Oberlokführer Brade und Reservelokführer Schnurrbusch gefahren haben. Mit Lok 61 002, am 10. Juni 1939 von Henschel ausgeliefert, aber erst ab Januar 1940 in Dresden-Altstadt stationiert, erhielt der Henschel-Wegmann Zug eine weitere Schnellfahrlok.

Zum Zeitpunkt der Indienststellung in Dresden war dafür allerdings kein Bedarf mehr. Und was bisher nicht bekannt war, bestätigte der langjährige Dienstvorsteher des Bw Dresden-Altstadt, Herr Rudolf Fischer: 61 002 kam während der ersten Kriegsjahre zur Bespannung des Henschel-Wegmann-Zuges, der als normaler Schnellzug nach Berlin verkehrte, zum Einsatz! Bei Kriegsende 1945 befand sich 61 002 in Dresden und wurde am 15. August 1947 an das Bw Berlin Schlesischer Güterbahnhof umbeheimatet.

Unter anderem als Ersatz-Lokomotiven für den Henschel-Wegmann-Zug erhielt das Bw Dresden-Altstadt in den Jahren 1936/37 insgesamt neun fabrikneue Einheitslokomotiven der BR 01 zugewiesen (Bestand August 1937 zuzüglich 01 226 und 227). Es waren alles Lokomotiven der vierten Lieferserie, die mit der Betriebsnummer 102 begannen und für 130 km/h

Oben: 1937 wurde die mit einem stromlinienverkleideten Tender ausgerüstete 01 226 dem Altstädter Bw zugewiesen. Die Lok war u.a. bei Ausfall der Stromlinientenderlok 61 001 für die Bespannung des Henschel-Wegmann-Zuges vorgesehen. Aufnahme: C. Bellingrodt.
Mitte: Ab 1940 beheimatet Dresden-A. auch die dreizylindrigen 01.10. Die Aufnahme im Heimat-Bw entstand 1940. Aufnahme: Sammlung Frister
Unten: 18 001 mit einem Schnellzug auf der Rampe bei Klotzsche. Aufnahme: EK-Archiv

Die Schnellzugtenderloks der BR 61 und der Henschel-Wegmann-Zug

Diese Doppelseite ist den Schnellzugtenderloks der Baureihe 61 und dem Henschel-Wegmann-Zug gewidmet. Die obere Aufnahme zeigt 61 001 am 2. Juni 1936 in ihrem Heimat-Bw. Auf Seitenmitte links der damals schnellste Zug zwischen Dresden und Berlin auf freier Strecke und rechts ein „Nachschuß" bei der Durchfahrt in Dresden-Pieschen. Die linke Aufnahme entstand am 2. Juni 1936 in Dresden Hbf bei der Ausfahrt des D 57, der von 61 001 geführt wird.

Aufnahmen:
C. Bellingrodt und G. Otte

61 001 fährt am 31. Mai 1936 mit dem D 54 in Dresden Hbf ein, die 100-Minuten-Schnellfahrt von Berlin ist in Kürze beendet (Bild oben). Die beiden mittleren Aufnahmen zeigen Lokführer Brade auf dem Führerstand der für 175 km/h zugelassenen 61 001 und die ab 1940 in Dresden beheimatete 61 002. Die untere Aufnahme führt uns noch einmal in das Bahnbetriebswerk Dresden-Altstadt. Carl Bellingrodt nutzte an diesem 2. Juni 1936 ausgiebig die Möglichkeit, die von Henschel 1935 unter der Fabriknummer 22500 gebaute Lokomotive in allen Stellungen abzulichten.
Aufnahmen:
Carl Bellingrodt/EK-Archiv

Dresdner Bahnbetriebswerke

DAS BAHNBETRIEBSWERK DRESDEN-ALTSTADT

Oben: Die Dresdner 38 1924, übrigens ohne Windleitbleche, im Bahnhof Dresden-Neustadt. Die jubelnden Menschen und die Fähnchen an der Lokomotive lassen einen progagandistischen Anlaß vermuten.
Aufnahme: EK-Archiv

Unten: Werklok 1 des RAW Dresden (ex 98 7091) gehörte zwar nicht zum „offiziellen" Lokomotivbestand des Bahnbetriebswerkes Dresden-Altstadt, wurde aber dort am 3. Juni 1936 aufgenommen.
Aufnahme: Carl Bellingrodt/EK-Archiv

Höchstgeschwindigkeit zugelassen waren. Allerdings war nur 01 226 mit einem Stromlinientender gekuppelt. Neben dem gelegentlichen Einsatz vor dem Henschel-Wegmann-Zug bespannten die Dresdner 01 hauptsächlich Schnellzüge auf der Relation Dresden – Berlin. Vor Zügen in Richtung Prag liefen die Dresdner Maschinen bis Bodenbach (heute Decin) und in Richtung Osten über Görlitz bis Breslau (270 km). Als die BR 18^0 ab 1937 durch die BR 01 im Berlin-Verkehr abgelöst wurde, bespannte sie in erster Linie die Schnellzüge nach Schlesien. Lediglich die Lok 18 004, mit Indusi ausgerüstet und den Tender stets mit guter Kohle geladen, diente auch lange Zeit als Reservelok für den Henschel-Wegmann-Zug, wenn keine der dafür vorgesehenen Einheitsloks der Baureihe 01 mehr zur Verfügung stand.

Für die immer schwerer werdenden Reisezüge in den Kriegsjahren, insbesondere der Fronturlauber-Schnellzüge, rollten zum Bw Dresden-Altstadt aus der Neuanlieferung von Borsig in den Monaten Mai und Juni 1940 vier stromlinienverkleidete 01^{10} (01 1088 – 1091) zur Verstärkung seiner 01-Umläufe auf den sächsischen Strecken, sowie für den Einsatz nach Breslau und Berlin. Die Dreizylinder-01 blieben nur knappe zwei Jahre in Dresden und wurden im Frühjahr 1942 gegen vier zusätzliche 01^{0-2} getauscht. Von Mai 1944 bis April 1944 beheimatete Dresden-Altstadt ständig zwölf Einheitslokomotiven der BR 01. Insgesamt 25 verschiedene 01er hatten bis zur vollständigen Abgabe sämtlicher Maschinen in westlich gelegene Bahnbetriebswerke bis Sommer 1944 in Dresden Dienst versehen.

Als Ersatz für die Dresdner 01 kamen nach Dresden-Altstadt im April und Mai 1944 neben P 10-Maschinen durch Umbeheimatung aus Stettin und Stargard insgesamt zehn Einheitsloks der Baureihe 41. Auch für diese Lokomotiven endete das kurze Gastspiel in Dresden durch Abgabe an die Rbd Halle und Berlin ab Dezember 1945 bis April 1946. 41 151 erhielt im April 1945 im Bw Dresden-Altstadt einen Bombenvolltreffer.

Lokomotiv-Bestand des Bahnbetriebswerkes Dresdener-Altstadt am 01.06.1937	
01	184, 185, 186, 201, 202, 216, 217
18	001, 002, 003, 004, 005, 006, 007, 008, 009, 010
19	001, 003, 004, 007, 010, 011, 014, 015, 016, 017, 018, 019, 020, 021, 022
38	202, 209, 211, 218, 238, 244, 269, 273, 274, 280, 293, 294, 295, 296, 297, 298, 300, 328, 329, 330
38	1179, 1222, 1223, 1231, 1516, 1662, 1732, 1799, 1901, 1924, 1944, 1945, 2083, 2126, 2128, 2369, 2512, 2552, 3294, 3611, 3658, 3972, 4017, 4030, 4034, 4035, 4043
39	174, 178, 182, 197
61	001
89	229, 231, 233, 235, 238, 239, 261, 262, 285, 286, 291, 293, 295
93	944, 945, 955, 965, 959, 961, 962, 966, 968, 1064, 1067, 1071, 1253

DER LOKOMOTIVEINSATZ VON 1945 BIS 1967

Lokomotiveinsatz des Bw Dresden-Altstadt 1945 – 1967

Der Lokbestand für das Bw Dresden-Altstadt vom 31. August 1945 ist repräsentativ für die Typenvielfalt an Dampflokomotiven, welche kurz nach Kriegsende in diesem Bahnbetriebswerk stationiert waren. Unter den 17 verschiedenen Baureihen befanden sich so gut wie keine Einheitslokomotiven. Einzelne Maschinen verschiedener Splittergattungen und Fremdlokomotiven prägten das Bild. Kurzzeitig zählten Güterzuglokomotiven der BR 52 zum Bestand. Am markantesten die Danziger Kondenslok 52 2009. Von den 102 Maschinen waren ganze 31 Loks betriebsfähig. Bereits in der zweiten Jahreshälfte 1945 begann man mit der Bereinigung des Lokomotivparks innerhalb der Dresdner Bahnbetriebswerke. Ausschlaggebend dafür waren die veränderte Leistungsverteilung der einzelnen Dienststellen und die Einrichtung einer russischen Militärkommandantur im Bw Dresden-Friedrichstadt, u.a. für die zu bildenden Lokkolonnen. Letzteres bedingte, daß in Dresden-Friedrichstadt eine große Anzahl betriebsfähiger Maschinen überwiegend der BR 41, 50, 52, 58 und 93 für das russische Militär zusammengezogen wurden. Altstadt übernahm im November 1945 vom Bw Dresden-Friedrichstadt alle vorhandenen Windberglöks der BR 98^0 und ab Januar 1946 auch die vorhandenen 84er. Aber erst die im Laufe des Jahres 1947 bei der Deutschen Reichsbahn durchgeführte Gattungsbereinigung des Dampflokeinsatzes in den einzelnen Direktionen brachte für das Bw Dresden-Altstadt eine Verbesserung im Betriebsmaschinendienst.

Dennoch muß an dieser Stelle angemerkt werden, daß von 1945 bis 1966, also in den letzten 21 Jahren seiner Selbständigkeit, insgesamt 36 verschiedene Lokgattungen im Bw Dresden-Altstadt beheimatet waren. Von 1920 – 1945 zählten nur ganze 15 Lokgattungen zum Betriebspark. Die Gattungsbereinigung von 1947 entzog dem Bw Dresden-Altstadt die letzten betriebsfähigen 19er (19 001, 006, 007, 012, 013, 015), den einstigem Stolz dieser Dienststelle. Diese wurden 1947/1948 beim Bw Reichenbach zusammengezogen. Weitere sechs 19er (19 004, 014, 017 – 020) wurden 1947 schadhaft abgestellt und größtenteils Anfang der 50er Jahre verschrottet. Nur 19 017 gelangte 1951 nochmals zur VES M Halle. Für den noch relativ bescheidenen Fernverkehr der Nachkriegszeit auf den nur eingleisig befahrenen Strecken nach Berlin und Leipzig blieb dem Bw Dresden-Altstadt die BR 18^0, von denen außer 18 002 und 004, acht wieder in Fahrt kamen.

Ab 22. Oktober 1951 erfolgte mit der BR 18 die Beförderung des D 11/12 von Dresden Hbf (Abfahrt 3.24 Uhr) nach Güstrow (Ankunft 13.20 Uhr). Dieser Langlauf, mit Tagesleistungen bis 900 km, währte aber nur kurze Zeit. Auf den Mittelgebirgsstrecken nach Reichenbach/V. und nach Görlitz liefen die Altstädter 39.

Zahlenmäßig am stärksten vertreten war in Altstadt die P8. Der Bestand von 20 Maschinen erreicht die Zahl der Vorkriegsjahre. Dafür hat man auf den Wiederaufbau einer „Rollwagen-Gruppe" BR 38^{2-3} in Altstadt verzichtet. Als Einzelgänger nach 1945 wurde lediglich 38 234 von Dezember 1945 bis April 1953 in Altstadt geführt. Als Ersatz für die 93er erhielt Dresden-Altstadt von 1946 bis 1956 wieder Maschinen der BR 86 zugewiesen, von 1947 bis 1952 von Lokomotiven der BR 75 sächsischer und badischer Herkunft unterstützt. Bei den sächsischen 75ern handelte es sich mit 75 501, 510 und 556 um Loks aus dem Friedrichstädter Bestand. Die badischen 75er (75 428, 440, 454, 457, 459, 612, 616, 622, 633, 645, 1010, 1011, 1307) übernahm das Bw Dresden-Altstadt durch die Gattungsbereinigung aus der Rbd Schwerin (Bw Güstrow) und Rbd Halle. Bereits im März 1948 wurden die badischen 75er wieder an die Bw Görlitz und Löbau weitergeleitet.

Vorübergehend zum Altstädter Bestand zählten auch die Lokomotiven der BR 50 (1951), 56^1 (1948 – 1953) und 58 (1952/1953). Eine absolute Außenseiterrolle spielte dabei der kurzzeitige Betriebseinsatz der bayrischen 18 434 vom 11. April 1947 bis 28. Juli 1948 beim Bw Dresden-Altstadt. Die Lok gelangte über das Raw Stendal zur DB.

Interessant ist die Bestandsaufnahme bei den Schnellzuglokomotiven. Erst nach 1950 erhielt das Bw Dresden-Altstadt für den Fernverkehr neben der BR 18^0 und 39^{0-2} drei weitere Schnellzuglokomotiven zugewiesen. Weiterhin setzte die DR auf eine Versuchsgruppe von kohlenstaubgefeuerten Maschinen des Systems Wendler, die in einem gemeinsamen Umlauf eingesetzt wurden. Den Anfang machte 1952 die Kohlenstaublok 07 1001, die im Raw Zwickau dafür umgebaut wurde. 1953 folgte die Umbaulok 08 1001 aus dem Raw Stendal. Am 6. Januar 1954 traf schließlich aus dem Bahnbetriebswerk Halle G 03 1087 in Altstadt ein.

Alle drei Kohlenstaubschnellzugloks waren sehr störanfällig und deshalb nur bedingt betriebstauglich. Entgegen anderer Behauptungen bestand deshalb für diese Maschinen auch kein eigener Dienstplan. Die drei Kohlenstaubloks wurden operativ eingesetzt. Das Kohlenstaubbunkern erfolgte im Bw Dresden-Friedrichstadt. Von 08 001 ist bekannt, daß sie wegen ihrer höheren Leistung auch nach Reichenbach lief und meistens als Ersatzlok für die 03 1087 und 07 1001 fungierte. Im Dezember 1955 stand beispielsweise nicht eine Lok im Einsatz. Die damaligen „Jugendloks" 18 003 und 010 übernahmen den Umlauf der Kohlenstaubloks. Als Einzelgänger der Deutschen Reichsbahn musterte man die beiden aus Frankreich stammenden 07 1001 (SNCF 231-E-18) und 08 1001 (SNCF 241-A-4) am 4. Februar 1958 aus.

Lokomotivbestand des Bw Dresden-Altstadt vom 31. August 1945

Baureihe	Betriebsnummern	gesamt	am Ort	betriebsfähig	schadhaft
18	001, 003, 004, 005, 006, 007, 008, 009, 010	9	9	2	7
19	004, 007, 014, 017, 018, 019, 020	7	3	–	7
38^2	234	1	1	–	1
38^{10-40}	1113, 1154, 1231, 1611, 2030, 2048, 2451, 2664, 2822, 2866, 3172, 3740, 3769, 4030	15	12	4	11
39	002, 008, 010, 027, 031, 032, 034, 052, 092, 178, 182, 197, 215, 246	14	13	5	9
41	147, 148, 150, 152, 159, 283	6	6	2	4
52	2009, 2433, 4892, 6838, 7765, 7777	6	4	2	4
55	775, 2689	2	2	1	1
56	3448	1	1	–	1
57	426	1	1	–	1
58	2048	1	1	–	1
61	002	1	1	1	
74	950, 1048	2	1	1	
75	1207, 1212, 1271 3	2	2	1	
89	233, 239, 258, 259, 262, 286, 292, 293	9	8	7	2
93	613, 942, 944, 945, 946, 950, 956, 959, 961, 962, 963, 1071	12	7	5	7
94	236, 483, 812, 876, 877	5	1		5
Beuteloks:					
SNCB 040	5401, 5519, 5520, 5559, 5595	5	–		5
MAV 328	682,	2	2		2
MAV 331	002				
Summe		102	75	31	71

DAS BAHNBETRIEBSWERK DRESDEN-ALTSTADT

Große Probleme hatte das Altstädter Bahnbetriebswerk in den fünfziger Jahren mit den P 10-Maschinen, die infolge der schlechten Kohlesituation vor den Schnellzügen nach Berlin häufig Zuglaufstörungen verursachten. 39 172 1955 in Dresden-Alt. Aufnahme: DR/Bw Dresden

Am 31. August 1954 hatte das Bw Dresden-Altstadt folgenden Lokbestand:

Baureihe		davon i. Einsatz
03	1087, 07 1001, 08 1001	ohne Plan
18	001, 003, 005 – 010	6
38	1115, 1133, 1474, 1508, 1584, 1692, 1782, 2006, 2293, 2368, 2457, 3174, 3387, 3526, 3672	11
39	004, 008, 032, 044, 053, 081, 101, 113, 131, 164, 165, 182, 188, 189	11
84	001, 002, 003, 005, 101, 011	Heizlok
86	143, 243, 548, 617, 621	3
89	008, 247, 294, 902, 955, 6004, 6032, 7567, 8066, 7251	6
98	001, 002, 006, 009, 011, 012, 014, 015	5
98	865, 1108, 7051, 7056, 7066, 7715	1 als WL +2 Vermietung

Von den 80 Maschinen wurden 43 Loks planmäßig eingesetzt. Die dem Bw Dresden-Altstadt zugewiesenen Maschinen der BR 84 waren an die SDAG Wismut in Dresden-Gittersee vermietet. Für den Einsatz als Heizlok wurden im Bw Dresden-Altstadt die Treib- und Kuppelstangen abgenommen und der spurkranzlose Treibradsatz ausgebaut, damit die Loks die engen Gleisbögen mit 85 m Radius der Windbergbahn befahren konnten. Die Heizlokeinsätze der BR 84 endeten 1957.

Der Lokbestand des Bw Dresden-Altstadt von Sommer 1954 zeigt, daß zu diesem Zeitpunkt für die Bespannung von Schnellzügen, kaum geeignete Lokomotiven zur Verfügung standen. Dazu kam, daß die Bespannung der Berliner Schnellzüge mit der BR 39 ab Winterfahrplan 1954/1955 verboten wurde. Die Belastung der Heizer, bedingt durch schlechte Kohle, war einfach zu hoch. Es kam nicht nur einmal vor, daß die von Berlin kommende Maschine in Elsterwerda an die Kohle gefahren werden mußte. Durch den Ausfall von Loks der BR 18⁰ mußten in starkem Maße ab 1956 aber wieder Lokomotiven der BR 39 für den Zugdienst auf der Strecke Dresden – Berlin eingesetzt werden. Dadurch kam es immer wieder zur Überschreitung der Fahrzeit und zu einer hohen Anzahl von Zuglaufstörungen. Zwar wurde am 13. August 1956 angewiesen, die Loks der BR 39 bei Leistungen nach Berlin und Magdeburg mit guter Kohle zu beladen, im Wende-Bw Berlin-Karlshorst erhielten die Dresdner Maschinen aber immer wieder minderwertige Kohle, was laufend zu Differenzen in dieser Dienststelle mit dem Dresdner Lokpersonalen führte.

Ein weiterer Mangel bestand darin, daß viele dieser Züge damals erhebliche Überlast hatten (z.B. D 71 56 Achsen 658 t, 60 Achsen 712 to usw.), die sich nachteilig auf den pünktlichen Zuglauf auswirkten.

Dienstvorsteher Rosenthal des Bw Dresden-Altstadt hat in dieser prekären Situation seine vorgesetzten Dienststellen mehrfach darum gebeten, zur Überbrückung des Lokmangels an großen Lokomotiven, eine für lange Strecken (auch Berlin) geeignete Lok als Hilfe zuzuweisen. Sein Schreiben vom 8. August 1956 an das Ministerium für Verkehrswesen, Hauptverwaltung Maschinenwirtschaft in Berlin in dem die Altstädter Loksituation im Sommer 1956 sehr ausführlich dargestellt ist, soll im Nachfolgenden auszugsweise wiedergegeben werden. Es ist gleichzeitig ein bemerkenswertes Zeitdokument, das die für heute unvorstellbaren Arbeitsbedingungen des Lokpersonals beleuchtet:

Bw Dresden-Altstadt
Dresden, den 08.08.1956

An das Ministerium für Verkehrswesen
Hauptverwaltung – Maschinenwirtschaft
Rbd Dresden – Verw. Maschinenwirtschaft
Rbd Dresden – Politabteilung – je bes
Transportpolizei Dresden Abtlg. K, 2 mal

Betr.: Zuglaufstörungen durch Bw Dresden-Altstadt vom 05.07. – 28.07.1956

am 05.07.: P 1123 Lok 39 189, 15 Min.
Beim Umfahren des Zuges in Tharandt durch Gleis sieben brach der Federbund der r.h. Laufachse. Lok mußte mit 10 km/h ins Bw fahren.

am 06.07.: D 52 Lok 39 019, 58 Min.
Mittlerer Schieberkörper gebrochen, dadurch hoher Wasser- und Dampfverbrauch, Dampfmangel eingetreten.

am 07.07.: D 56 Lok 07 1001, 80 Min.
In Berlin kein Kohlenstaub mehr vorhanden. Lokführer hat ODL Berlin darauf aufmerksam gemacht, bekam aber den Auftrag, trotzdem den Zug zu fahren. In Elsterwerda sollte Vorspannlok bereitstehen. In Brenitz-Sonnewalde Staubvorrat erschöpft.

am 10.07.: D 52 Lok 39 019, 71 Min.
Letzter Wagen feste Bremse. In Uckro Zug gestellt. Leitungsdruckregler schadhaft. Dampfmangel. Instrukteur für Fahr- und Feuerungstechnik hat Lok in Elsterwerda untersucht. Ergebnis: Standrohr, Paßbleche, Feuertürnaht stark undicht. Dadurch vorzeitig verschlacktes Feuer. Lok wurde im Bw sofort zur Reparatur gegeben.
Bericht der Lu-Gruppe: In der Rauchkammer lediglich der Zementausguß gerissen, sonst keinerlei Undichtheiten. Lok hat ein Vakuum von über 200 mm WS erzeugt.

am 12.07.: D 196 Lok 38 3172, 45 Min.
40 to Überlast. In Dresden-Altstadt 2 to. Waldenburger Steinkohle geladen, die zu 90 % aus Sand und Steinen bestand. (Kohle wurde vom Bw beanstandet). Bis Meißen planmäßig. Von Miltitz-Roitzschen 45 Min. Dampf machen und in Großbothen nochmals 45 Min. Ausschlacken in Leipzig dauert allein 50 Min.

am 13.07.: D 54 Lok 39 017 ,16 Min.
In Doberlugk-Kirchhain heiße Achse. Weiterfahrt bis Elsterwerda mit 30 km/h. In Elsterwerda Zug abgegeben.

am 16.07.: D 94 Lok 39 032, 11 Min.
Zugesetzte Rauch- und Heizrohre, minderwertige Kohle.

am 18.07.: D 196 Lok 38 1584, 12 Min.
84 to. Überlast, Klarkohle, dadurch Dampfmangel.

am 19.07.: Dg 5071 Lok 39 189 77 Min.
In Dresden-Altstadt 4,5 to. Steinkohle und 1,5 to Briketts geladen. Der größte Teil der Steinkohle war Freitaler Kohle. Von Falkenberg bis Magdeburg vier mal ausgeschlackt.

am 20.07.: D 52 Lok 39 019 28 Min.

Zuglaufstörung war nicht gemeldet. Personal hat keine Meldung abgegeben. Sie werden von der Dienststelle noch zur Verantwortung gezogen, da z. Zt. in Urlaub.
P 424 Lok 65 1026
In Schmilka wurde der Schlammabscheider bedient (Gestra). Er setzte sich nicht, so daß der Dampfdruck auf 2 atü sank.

am 20.07. und 26.07.: Dg 5071 Lok 39 164/39 246. Zuglaufstörung war nicht gemeldet und demzufolge noch nicht untersucht. Bericht kann erst nachgereicht werden, da Personale z.Zt. nicht greifbar.

am 21.07.: D 57/D 54 Lok 39 019
Lok sollte zum Teilwasserwechsel abgestellt werden, deshalb wurde keine besondere Kohle geladen. Durch Ausfall von vier Planlok BR 39 mußte diese Lok kurzfristig diese Leistung übernehmen.

am 24.07.: E 235 Lok 38 3172, 13 Min.
Umsteuerung der Luftpumpe ist hängen geblieben. Luftpumpe blieb stehen und konnte vom Führerhaus nicht wieder in Bewegung gesetzt werden.
Ursache: Durch Undichtheiten am Zuge mußte die Luftpumpe übermäßig stark arbeiten, so daß Ölmangel eintrat.

am 24.07.: D 54 Lok 39 044, 46 Min.
In Berlin 2 to. Steinkohle und 4 to Briketts vom Stapel geladen. (Viel Klarkohle) In Doberlugk-K. mit 6 atü angekommen. Heizrohre drei Reihen zugesetzt.

am 25.07.: Dg 5072 Lok 39 164, 93 Min.
In Magdeburg fast nur Briketts geladen. Viel Bruch- und Klarkohle. In Falkenberg mußte nachgeladen werden.

am 28.07.: D 56 Lok 39 044, 35 Min.
Bei der Rückfahrt mußte die in Dresden geladene, stückarme Kohle mit verfeuert werden, die ein vorzeitiges Verschlacken hervorrief.

gez. Rosenthal

Einschätzung der Dienststelle
1) Die Leitung hat bereits mehrmals auf die ungünstige Eignung der BR 39 auf der Strecke Dresden – Berlin hingewiesen. Die Fahrpläne sind für Lom der BR 18 bzw. 03 aufgebaut und haben eine Fahrzeit, die fast die kürzeste aller Strecken der DR ist. Die Lok der BR 39 muß unter diesen Umständen dauernd an der Grenze ihrer Leistungsfähigkeit gefahren werden. Hinzu kommt, daß die Lok mit Karl-Schulz-Schiebern ausgerüstet ist und ständig mit Dampf gefahren werden muß, um Schieberschäden zu vermeiden. Dies bedeutet eine dauernde Dampfentnahme während der ganzen Fahrt.
Trotz wiederholten Hinweisen der Dienststellen ist es bis jetzt noch nicht gelungen, die wegen Triebwerkschäden außer Betrieb genommene BR 18 wieder herzustellen. Seit mehreren Wochen ist das Raw Zwickau im Besitz eines Satzes Radsterne für BR 18, hat aber noch keine Möglichkeit gefunden, diese zu verarbeiten, so daß eine weitere Lok zur Verfügung stände, die den Anforderungen gerecht werden kann.
Am 31.07.1956 mußte die 18 010 wegen Feuerbruchschaden außer Betrieb genommen werden. Hier ist jedoch die Möglichkeit vorhanden, durch Austausch der gesamten Radsatzgruppe eine wegen dieses Schadens stehende Lok wieder betriebsfähig zu machen. Beides scheitert daran, daß im Raw die Stände dafür durch Lok der BR 19 besetzt sind.

2) In den vergangenen acht Wochen trat im Bw ein akuter Lokmangel an großen Lok'en ein, der folgende Hauptursachen hat:
a) die bereits oben angeführte schleppende Aufarbeitung der Lok BR 18,
b) durch mangelhafte Arbeitsausführung des Raw Karl-Marx-Stadt mußte die Lok 03 1087 nach kurzer Betriebszeit aus dem Betrieb gezogen werden. Sie war am 02.02.1956 aus der L 3 gekommen, hatte bereits vom 17.-28.04.1956 eine Lo und mußte am 18.07.1956 wieder aus dem Betrieb gezogen werden (ca. 30 Nieten am Langkesselbruch lose).
Ähnlich war es bei der Lok 07 1001 durch mangelhafte Arbeitsausführung des Raw Stendal (Bodenring).
Die als Lokhilfe zur Verfügung gestellte 03 1048 wurde am 18.06.1956 zur L 3 abgestellt (47 K Kessel) und die 03 083 nach einer Raw Lo (vom 20.06.1956 an das Bw Leipzig W abgegeben). Als Ersatz dafür war die 03 1090 vorgesehen, die aber zum 2. Turn- und Sportfest noch in Leipzig verblieb und am 10.08.1956 ebenfalls wegen 47 K Kessel außer Betrieb genommen wird. Als Lokhilfe wurde weiter zugeführt 39 019 und 39 032, die beide mit verengten Heizrohren ausgerüstet sind, was sich auf die Dampfentwicklung auswirkt (verringerte Heizfläche).
Die 39 017 mußte mit der ersten Fahrt in Elsterwerda abspannen wegen heißer Achse. Nach der Reparatur blieb sie in Berlin wegen einer anderen heißen Achse stehen.

d) In der Zeit vom 03.11.1955 bis 30.07.1956 wurden folgende Lok'en ins Raw überführt bzw. warten auf Aufnahme im Raw:
18 007 seit 03.11.1955 39 008 seit 31.05.1956
18 008 seit 02.03.1956 39 118 seit 31.05.1956
18 006 seit 21.03.1956 39 188 seit 23.06.1956
18 009 seit 21.03.1956 39 053 seit 27.07.1956
18 005 seit 30.03.1956 03 1087 seit 24.07.1956
18 010 seit 31.07.1956 03 1048 seit 18.06.1956
08 1001 seit 18.06.1956
07 1001 seit 30.07.1956

3) Hervorgerufen durch die erwähnten Umstände mußten die Lok'en der BR 39 (und nicht die Besten bzw. Lok'en mit verengten Rohren) im Berliner Dienst eingesetzt werden. Durch den starken Lokmangel war der planmäßige Ablauf der Fristarbeiten nicht mehr möglich, so daß einzelne Lok'en über die geplanten Einsatztage zwischen den Planausbesserungen eingesetzt werden mußten.

4) Begünstigt wurde das Eintreten von Dampfmangel durch die schlechte Bekohlung der Lok' en z.T. im Bw Dresden-Altstadt, vor allem aber in Berlin Rga und Magdeburg. Während in Berlin-Ostb. fast nur gute Stückkohle ausgegeben wird, ist in Rga fast ausschließlich nur Klarkohle und Brikettsabrieb (begünstigt durch Bekohlung mit Greifer) vorhanden. Eine Bekohlung unserer Lok' en in Osb wird grundsätzlich abgelehnt. Von neun Zuglaufstörungen auf der Berliner Strecke wurden acht von Berlin nach Dresden verursacht. Weiterhin wirkt sich nachteilig aus, daß bei der Restaurierung der Lok' en die Rauchkammer nicht gründlich genug gereinigt wird, so daß z.T. die untersten drei Reihen der Heizrohre vollständig zugesetzt sind und damit als Heizfläche verloren gehen. In Berlin Rga ist seit längerer Zeit nur ein Ausschlacker vorhanden. Dadurch leidet die Güte der Arbeit.

5) Personalmäßig hat kein Austausch stattgefunden, da die besten und qualifiziertesten Lokpersonale in diesen Plänen eingesetzt sind. Die Überprüfung dieser Personale auf Grund der Vorkommnisse ergab keine Beanstandungen.
In Hinsicht der Feuerungstechnik, Fahrtechnik und der Lokpflege. Die Richtigkeit der Überprüfung wird u.a. dadurch bewiesen, daß dieselben Personale mit anderen Lok' en keine Störungen verursacht haben. Es sind die im Plan mitlaufenden 18er Lok' en bei keiner Zuglaufstörung beteiligt.

Schlußfolgerung zur Beseitigung der eingetretenen Mängel
1) die Rbd Dresden bzw. das MfV wird gebeten, das Bw Dr.-Altst. bei der Realisierung des Bauprogrammes der BR 18 im Raw Zwickau endlich entsprechend zu unterstützen, um damit wieder zu einer gesunden Basis zu kommen. (Die bis jetzt laufenden Lok' en der BR 18 haben noch keine Beanstandungen verursacht, trotz teilweise erheblicher Überplanlast). Wir weisen nochmals darauf hin, daß ein längerer Einsatz der BR 39 im Berliner Dienst nur auf Kosten der Lok' en und Personale aufrecht erhalten werden kann.

2) In einer Produktionsberatung mit den Lokpersonalen der beteiligten Pläne wurde beschlossen:
a) die beiden z.Zt. im Einsatz befindlichen Lok' en der BR 18 von den anderen zu trennen und nur auf der Berliner Strecke einzusetzen.
b) für die anderen Planlok' en im Berliner Dienst die besten Lok' en BR 39 aus allen Plänen herauszuziehen und mit Stammpersonal im Berliner Plan einzusetzen und zwar so lange, bis geeignetere Lok' en (03 1087, BR 18 usw.) zur Verfügung stehen.

DAS BAHNBETRIEBSWERK DRESDEN-ALTSTADT

Oben: Blick in die Betriebswerkstatt des Bw Dresden-Altstadt Ende der fünfziger Jahre. Lok 18 006 befindet sich gerade in Reparatur; rechts im Bild eine preußische P 8.

Aufnahme: DR/Bw Dresden

Unten: Fast 20 Jahre war die 1937 bei Henschel gebaute 89 008 im Bw Dresden-Altstadt heimisch. Zwei Jahre vor ihrer Abstellung wurde die Lok am 5. August 1964 fotografiert.

Aufnahme: Georg Otte

Im August 1954 setzte das Bw Dresden-Altstadt planmäßig 17 Dampfloks für Rangierzwecke ein. Bemerkenswert ist, daß sich unter den Rangierlokomotiven nicht nur Tenderlokomotiven befanden:

Lok-Nr.	Einsatzstelle
98 7056	Werklok I
89 7567	Post
89 247	Dresden-Hbf, in L3 gegangen
89 294	Kohlenbf
89 955	Werklok II
89 955	Im Postdienst
89 008	Dresden-Hbf
89 902	Dresden-Hbf
38 1133	Zd Altbau
38 3172	Rampe-Südhalle
39 215	Brückenlok
86 548	Zd Altbau-Ablöselok
86 621	Potschappel
98 006	Gittersee
98 006	Potschappel-Birkigt
98 015	Gitterse)
98 015	Potschappel-Birkigt

Als eine weitere Verschublok des Bahnbetriebswerkes Dresden-Altstadt war die preußische T9 (BR 91$^{3-18}$) zu nennen. Für die Zugehörigkeit zum Bw Dresden-Altstadt von 1956 – 1966 sind zehn verschiedene Maschinen bekannt, davon vier Loks ständig im Bestand. 91 1338 als letzte Altstädter T9 wurde am 8. September 1966 nach Zwickau abgegeben. Außer dem Rangierdienst am Dresdner Postbahnhof war die T9 als Rangierlok auf den Dresdner Vorortbahnhöfen Freital-Potschappel und Hainsberg zum Bedienen der zahlreichen Industrieanschlüsse im Einsatz.

In der zweiten Hälfte der 50er Jahre wurde der Lokbestand für den Reiseverkehr beim Bw Dresden-Altstadt durch Indienststellung von Neubau und Reko-Loks sowie durch Umbeheimatung nahezu komplett umgestellt. Lediglich die P8 als einzige Länderbahnlok blieb noch im Bestand. Mit der Indienststellung der Personenzugtenderlok der BR 65^{10} ab Januar 1956 wurde die BR 86 verdrängt.

Die Typenvielfalt des Altstädter Lokbestandes wurde in den 50er Jahren von Tenderlokomotiven der 80er- und 90er-Nummernreihe bestimmt. Wichtigste Verschublok in Altstadt über Jahrzehnte war die sä VT (BR 89^2) mit ihren verschiedenen Baulosen und einzelne Maschinen der sä. VII T (98^{70}). Nur wenige VT zählten ab 1951 noch zum Altstädter Bestand (89 247, 265, 283, 294). Dafür wurde Altstadt in den fünfziger Jahren zum Standort von sechs T 3-Maschinen. 89 8066, eine meckl. T 3b, leistete zwölf Jahre in Dresden Dienst. Weitere 15 Maschinen der BR 89 unterschiedlichster Herkunft, zum größten Teil Einzelexemplare, ehemalige Werklokomotiven und von Privatbahnen (89 902 Lübeck-Büchener Eisenbahn, 89 931 Prignitzer Eisenbahn AG, 89 6032 Kleinbahn AG Genthin oder 89 6238 der Teltower Eisenbahn AG) waren oft nur kurze Zeit in Altstadt stationiert. Fünf Loks davon wurden an Betriebe verkauft. Aus der Rbd Berlin erhielt das Bw Dresden-Altstadt am 25. Oktober 1947 mit 89 008 eine nur in zehn Exemplaren gebaute Einheitslok. 89 008 verrichtete bis zum Juni 1967 im Bw Dresden-Altstadt Rangierdienst, wurde anschließend abgestellt und für das Verkehrsmuseum Dresden vorgehalten.

Eine echte Altstädter „Hofdame" war 98 7056. Diese Lok der sä. Gattung VII T wurde 1886 gebaut und war bis 16. September 1964 im Einsatz und steht heute im Verkehrsmuseum Dresden. Von 1954 – 1956 befanden sich unter den Altstädter Raritäten die bayerischen Lokalbahnloks 98 865 und 1108. 98 1108 wurde am 10. November 1956 an das Bw Jerichow umgesetzt und 98 865 gelangte am 31. Dezember 1956 über das Bw Dresden-Friedrichstadt zum Verkauf an das Chemiekombinat Böhlen.

DER LOKOMOTIVEINSATZ VON 1945 BIS 1967

Mit Ausnahme der 86 143, die nach Zwickau kam, wurden die restlichen sechs Altstädter 86er (86 193, 243, 548, 589, 617, 621) bis 23. Juli 1957 ausschließlich an das Bw Bad Schandau umbeheimatet.

Von den Neubauloks der BR 65^{10} trafen am 13. Januar 1956 mit 65 1025, 1026 und 1027 die ersten drei Maschinen fabrikneu in Dresden-Altstadt ein. Sie waren damit zugleich die ersten Neubauloks aus DDR-Produktion, die ein Dresdener Bahnbetriebswerk erhielt. 1956 folgten noch 65 1050 – 1053 und ein Jahr später 1957 die Loks 65 1054, 1055, 1057 und 1058.

Von den 22 in Dresden-Altstadt beheimatet gewesenen Loks dieser Baureihe waren zeitweise bis zu elf Stück beim Bw Dresden-Altstadt stationiert. Mit dem Sommerfahrplan 1959 wurde auf der Strecke Dresden – Bad Schandau der Wendezugbetrieb eingeführt und 1962 bis Schöna erweitert. Dazu kamen fünf Lokomotiven der BR 65^{10} und drei vierteilige Doppelstockeinheiten zum Einsatz. Weitere Neubauloks verkehrten im Vorortverkehr nach Meißen und Tharandt.

1957/1958 begann mit 18 001, 003 und 008 die Abstellung der ersten sächsischen Schnellzugloks. Als Ersatzlokomotiven erhielt Altstadt fünf Maschinen der BR 03^{10} (03 1046, 1048, 1075, 1078, 1080). Mit einer dieser Lokomotiven ereignete sich auch einer der bedauerlichsten Unfälle im Lokfahrdienst des Bw Dresden-Altstadt. Am 1. Oktober 1958, kurz vor Beginn des Rekonstruktionsprogramms der Baureihe 03^{10}, zerknallte bei der Durchfahrt im Bahnhof Wünsdorf (Kreis Zossen) der St-47-K-Kessel von 03 1046, die den Balt-Orient Express bespannte. Während der Lokführer getötet wurde, überlebte der Heizer schwer verletzt. Der 03^{10}-Einsatz wurde im Mai 1959 bereits wieder beendet. Sämtliche 03^{10} gelangten zum Bw Stralsund. Von dort erhielt das Bw Dresden-Altstadt im Austausch Zweizylinder-03 für den Schnellzugverkehr nach Berlin. Die Einheitsloks der BR 03 gehörten danach zwölf Jahre lang zum Betriebspark des Bw Dresden-Altstadt.

Um den gestiegenen Bedarf an leistungsfähigen Reisezuglokomotiven in Dresden abzudecken, erhielt das Bw Dresden-Altstadt die ersten Reko-Lokomotiven der Baureihe 22. Am 8. Juni 1958 traf mit 22 002 erstmalig eine 22er in Dresden ein. Weitere acht Maschinen folgten aus dem Raw Meiningen bis Ende 1958. Damit waren die Maschinen der BR 39 bereits entbehrlich geworden.

Insgesamt erhielten 16 22er in Dresden-Altstadt Betriebsanlauf, darunter auch die letzte Umbaulok 22 085, die am 4. März 1962 von Meiningen in Dresden eintraf. Im wesentlichen blieb der Lokbestand von max. zehn Maschinen bis in das Jahr 1966 konstant. Erst die Aufnahme des elektrischen Zugbetriebs auf der Strecke nach Freiberg machte die Lok entbehrlich. Dresdener 22er befuhren hauptsächlich die Strecken nach Görlitz, Leipzig und Reichen-

Oben: 10 Wagen hatte 18 003 am 9. Juni 1959 mit D 51 nach Berlin zu befördern. Das Zuggewicht von knapp 500 t dürfte der Lok Höchstleistung abverlangt haben. Aufn.: G. Meyer
Die Kohlenstaublok 07 1001 konnte nicht befriedigen; so sind die beiden Aufnahmen aus dem Jahr 1955 (vor der Werkstatt in Altstadt) und in Dresden Hbf Raritäten. Aufn.: G. Otte

DAS BAHNBETRIEBSWERK DRESDEN-ALTSTADT

Oben: Farbaufnahmen von den sächsischen „Kreuzspinnen" während ihres Betriebseinsatzes sind rar. Georg Otte fotografierte 98 009 im Frühjahr 1965 in Freital-Potschappel. Die Windbergloks fanden damals immer noch Verwendung im Rangierdienst.

Mitte: Gemeinsam sind 23 1105 und 03 277 vor einem internationalen Schnellzug am 15. März 1965 in Dresden-Neustadt eingefahren. Auf beiden Baureihen lastete zu dieser Zeit ein Teil des Schnellzugdienstes.

Unten: 22 031, eine der letzten überhaupt von Dresden aus eingesetzten 22er während des Restaurierens in Dresden-Friedrichstadt.

Alle Aufnahmen: Georg Otte

bach. Ab Sommerfahrplan 1967 wurden die wenigen 22er in Dresden nur noch als Reserve vorgehalten. So finden wir diese Maschinen u.a. als Zuglok an den Interzonenzügen im Festtagsverkehr auf der Strecke Dresden – Reichenbach im Einsatz. Die drei zum Jahresanfang vorhandenen 22er (013, 023 und 069) wurden sämtlich 1967 abgestellt oder nochmals umbeheimatet, so daß zur Schaffung eines Reserveparks im Sommer die Karl-Marx-Städter 22 077 und 082, im Dezember 22 004 aus Reichenbach, 22 009 aus Gera und 22 031 aus Zwickau nochmals kurzfristig den Weg nach Dresden fanden.

Schließlich hatten in den Monaten September und Oktober 1959 noch fünf Neubauloks der BR 23^{10} (23 1104, 1105, 1108, 1110, 1112)

Betriebsanlauf in Dresden-Altstadt. Die letzten fünf Länderbahnloks der BR 18^0 wurden daraufhin mit Ablauf der Kesselfrist 1962/1962 abgestellt. Der Beginn der 23^{10}-Beheimatung beim Bw Dresden-Altstadt lag zeitgleich mit der Umsetzung Dresdner 03^{10}-Maschinen an die Rbd Greifswald, dem Zugang von Zweizylinder-03 nach Dresden und der Rekonstruktion der BR 39 zur BR 22. Erst ab 1961 war der Altstädter 23^{10}-Bestand auf über zehn Maschinen angestiegen. Davon wurden acht Lokomotiven planmäßig eingesetzt. Drei weitere Neubauloks liefen ersatzweise in 03- und P8-Plänen, so daß zeitweise bis zu elf Lokomotiven unter Dampf standen. Die Dresdener 23^{10} hatten ein sehr umfangreiches Einsatzgebiet. So waren sie vor Eilzügen, D-Zügen, Personenzügen, Expressgutzügen und Nahgüterzügen zu sehen. Von Dresden aus wurden die Strecken nach Bad Schandau, Cottbus, Görlitz, Döbeln – Leipzig, sowie Riesa – Leipzig befahren. Zu den Beförderungsleistungen der Dresdener 23er gehörte

DER LOKOMOTIVEINSATZ VON 1945 BIS 1967

Oben: Die heute noch in Altstadt als Museumslok existierende 98 001 im Frühjahr 1965 im Bahnhof Freital-Potschappel.
Aufnahme: Georg Otte

Mitte: Dresdner P 8 und 22er waren auf der Rampe nach Klingenberg-Colmnitz jahrelang eingesetzt. Selbst vor Personenzügen spannten die alten Preußen den modernen Rekoloks vor. 1964 wurde diese Szene mit 38 2125 und einer 22 an der Bahnhofsausfahrt Tharandt beobachtet.
Aufnahme: Saby/Slg. Heinrich

Unten: Bis zur Elektrifizierung und des verstärkten Diesellokeinsatzes waren die Neubautenderloks der Reihe 65.10 des Bw Dresden-Altstadt hauptsächlich im Reisezugdienst eingesetzt.
Aufnahme: Georg Otte

auch die Bespannung von renommierten internationalen Zügen, wie „Istropolitan" (Berlin – Dresden – Bratislava), „Metropol" (Rostock – Dresden – Budapest) und „Pannonia" (Berlin – Sofia) auf der Elbtalstrecke Dresden – Bad Schandau, weil auf diesem Streckenabschnitt seinerzeit Einheitslokomotiven der BR 01 und 03 nicht zugelassen waren. Mit diesen Maschinen sowie mit den Einheitsloks der BR 03 hatte das Bw Dresden-Altstadt nicht nur einen gattungsreinen, sondern erstmals nach 1945 auch einen modernen Dampflokpark erhalten.

Die Entwicklung der Reisezuglokomotiven beim Bw Dresden-Altstadt geht aus folgender Übersicht des jeweiligen 1. Januar hervor:

Baureihe	60	61	62	63	64	65	66	67
03		6	7	8	9	9	8	7	7
18	8	5	3	2	–	–	–	–
22	8	7	11	8	9	10	9	3
23^{10}	5	7	13	12	13	12	12	9
38^{10}	18	13	11	16	19	18	14	12
65^{10}	11	10	8	8	6	5	7	8

Seit Beginn der 60er Jahre erlebte der Reiseverkehr bei der Deutschen Reichsbahn einen merklichen Aufschwung. Im Oktober 1960 wurde der Städteschnellverkehr zwischen Berlin und den DDR-Bezirksstädten eingeführt. Und internationale Reisezüge von Berlin nach Südosteuropa über Dresden und Bad Schandau gewannen an Bedeutung. Das Bw Dresden-Altstadt erinnerte mit seinen vielfältigen Bespannungsaufgaben im Reisezugdienst wieder an Glanzzeiten der Vorkriegsjahre. Diesem kurzen Höhepunkt des Altstädter Dampflokeinsatzes folgte der ab 1964 beginnende Traktionswechsel in den Dresdner Bahnbetriebswerken. Der Anschluß Dresdens an das elektrifizierte Streckennetz aus Richtung Freiberg am 25. September 1966 setzte seine weitere Akzente.

DAS BAHNBETRIEBSWERK DRESDEN-ALTSTADT

Das Ende der sächsischen 18er währte lange. Obwohl bereits zu Beginn der sechziger Jahre abgestellt, rosteten die Maschinen teilweise noch lange vor sich hin. Letzte XVIII H war 18 010, die in Pieschen abgestellt und zum Ärger vieler Freunde sächsischer Lokomotiven nicht erhalten blieb. Schade! Aufnahme: Günter Meyer

Eine 1962 erstellte Arbeitsstudie über die zukünftige Entwicklung der drei Dresdner Bahnbetriebswerke zielte auf die Bildung des „Groß-Bw Dresden", welche mit der Auflösung des Bw Dresden-Pieschen am 31. Dezember 1965 begann und mit Zusammenlegung der Bw Dresden-Altstadt und Bw Dresden-Friedrichstadt zum 1. Januar 1967 vollzogen war. Nur auf diesem Hintergrund sind die vielfältigen Dampflokbewegungen ab Mitte der 60er Jahre beim Bw Dresden-Altstadt zu deuten.

Mit der Anlieferung der ersten Neubaudieselloks für den Rangierdienst (V 15 und V 60) und Streckendieselloks V 180, die sämtlich beim Bw Dresden-Pieschen beheimatet waren, wurden beim Bw Dresden-Altstadt 1965/1966 alle Tenderlokomotiven der Baureihen 89, 91, 94 und 98 abgestellt. Außerdem gehörten diese Maschinen ab diesem Zeitpunkt nicht mehr zum Unterhaltungsbestand der zuständigen Raw. Sofern noch nicht genügend Dieselloks V 15 und V 60 zur Verfügung standen, übernahmen Dampfloks der Reihen 50, 56[1] und 58 ihre Aufgaben. Da 1963 im Bw Dresden-Friedrichstadt mit dem Aufbau der Diesellokunterhaltung begonnen wurde, erforderte das eine schrittweise Verlagerung des Dampflok-Einsatzes und deren Unterhaltung nach Dresden-Altstadt. Nach Schließung des Bw Dresden-Pieschen wurden die zu diesem Zeitpunkt vorhandenen 24 Dieselloks der BR V 180 auf die noch selbstständigen Bw Dresden-Altstadt und Dresden-Friedrichstadt aufgeteilt. Ab Frühjahr 1966 bestanden durch den V-Lok-Einsatz erstmals in Altstadt gemischte Pläne für den Güter- und Reiseverkehr, teilweise im gemeinsamen Umlauf für Dampfloks nach Berlin, Görlitz, Leipzig, Zittau und Karl-Marx-Stadt.

Opfer des V 180-Einsatzes wurde die BR 38 und 65. Ab 1. Juni 1965 wechselte der Lokbahnhof Tharandt in Vorbereitung der Umstrukturierung der Dresdener Bahnbetriebswerke von Friedrichstadt nach Altstadt. Verbunden damit war auch die Umbeheimatung von 20 Loks der BR 58. Zudem wurden für das Umspannen der Züge auf dem Streckenabschnitt Freiberg – Dresden, welcher seit 26. September 1965 bis Freiberg elektrifiziert war, zusätzliche Lokomotiven benötigt. Darin ist auch der nochmalige Einsatz einer 56[1] beim Bw Dresden-Altstadt zu sehen. Nachdem die Strecke Reichenbach – Dresden ab September 1966 durchgängig elektrisch befahren werden konnte, wurde der Lokbahnhof Tharandt geschlossen. Der Schiebedienst vom Bf Tharandt aus wurde aber erst eingestellt, als genügend E 42 zur Verfügung standen.

Im Januar 1966 befanden sich unter dem Altstädter Lokbestand mit 93 962 und 1229 auch wieder zwei Vertreter der preußischen T 14[1], welche jahrzehntelang zu den Stammloks in Altstadt gehört hatten. Beide Maschinen kamen im Dezember 1965 aus Gotha nach Dresden-Altstadt. Von 93 962 ist bekannt, daß sie im Mai 1966 nach Pirna als Heizlok abgegeben wurde. 93 1229 rollte bereits im März 1966 an die Reichsbahndirektion Erfurt zurück. Ausgemusterte Altstädter Lokomotiven der verschiedensten Gattungen waren Ende der 60er Jahre oft lange Zeit bis zu ihrer Verschrottung auf den Bahnhöfen Kohlebahnhof Dresden-Altstadt, Tharandt, Freital-Potschappel, Meißen-Triebischtal, Radebeul-Naundorf und im ehemaligen Bw Dresden-Pieschen abgestellt. ❑

Lokomotivbestand des Bw Dresden Altstadt am 31.12.1966		
03	050 070 105 206 277 286 297	
18	001	z 29.12.1960 +28.02.1967
	003	z 29.12.1960 +28.02.1967
	005	z 25.04.1963 +12.02.1968
	008	z 29.12.1960 +28.02.1967
	009	z 28.12.1961 +05.07.1967
	010	z 13.05.1965 +06.03.1967
22	013 023 069	
23	1043 1044 1045 1047 1056 1062 1105 1107 1112	
38	259 1133 1388 1510 1709 1966 2125 2293 2664 2958 3341 3704	
	3291	z 24.11.1966 +09.05.1967
50	3668	
56	101	
58	209 271 421 439 1170 1185 1291 1374 1934 1937 1975 2021 2100	
	456 Kst	z 24.11.1966 +14.05.1968
	1711	z 24.11.1966 +30.01.1968
	2131 Kst	z 24.11.1966 +19.06.1968
65	1010 1043 1044 1050 1051 1053 1056 1057	
89	008 265	
91	456	
98	009	
	001	z 12.05.1966 +15.09.1971

"Dampfromantik in Mecklenburg"

Ein sagenhafter Film!

Bestellen Sie gleich!

EK-Verlag GmbH
Postfach 5560
79022 Freiburg
Fax 0761-7031050

Stars dieses Films …

… sind die preußische T 9.1 „1857 Coeln" und die DR-Lok 91 134 der preußischen Gattung T 9.2. Befördert werden stilechte GmP, lange Personen- und Güterzüge, und im Schweriner Hafen wird rangiert. Erleben Sie die beiden Lokomotiven auf einigen ihrer angestammten Strecken, die viel vom besonderen Reiz vergangener Eisenbahnjahrzehnte bewahrt haben. Spieldauer: ca. 45 Minuten

Best.-Nr. 5105 • DM 49,90

Sie ist geradezu ein Synonym für die sächsischen Schmalspurbahnen geworden: Die Baureihe 99$^{73-79}$. 65 Jahre lang währte im Jahr 1993 bereits die Einsatzzeit dieser dienstältesten Einheitslok-Baureihe der DR, und nichts spricht dagegen, daß im Jahr 2003 auch das 75jährige im Einsatz gefeiert werden kann. Niemand hätte bei Erscheinen der Gattung eine solche Prognose gewagt, galten Schmalspurbahnen doch bereits damals als wirtschaftliche Risiken. Mit der neuen Lokomotive gedachte die alte Deutsche Reichsbahn, sich die Lokprobleme auf schmaler Spur ein für allemal vom Halse zu schaffen, das aber mit einer Gattung, die ihre Ableitung von Normalspurloks nicht verhehlen konnte und buchstäblich alles an sich trug, was irgendwo an einer Lok dieser Größenordnung unterzubringen war. Trotzdem waren die „Christbäume" (es hängt alles dran …) von Anfang an beliebt und erfüllten alle in sie gesetzten Erwartungen. Lokmangel in der Nachkriegszeit löste 1952 noch einen Nachbau dieser Lokomotiven aus, die sich durch ihre Technologie deutlich von den Vorkriegsloks unterscheiden. Viele wurden noch 1991/92 durch den Neubau von Rahmen und Kesseln sowie den Einbau von Ölfeuerungen aufwendig modernisiert, sicher eine einmalige Entwicklung.

Unsere Autoren Jürgen U. Ebel und Bernd Seiler zeichnen akribisch den Weg einer Lokgattung zwischen alter Reichsbahn und DB AG nach, geben ausführlich Auskunft über technische Belange und lassen Lokmänner und Techniker zu Wort kommen. Die Darstellung wird mit einer Fülle seltener Fotos bebildert, erstmals in einem EK-Baureihenbuch sind davon sogar rund 130 herausragende Motive in Farbe. Die ältesten Farbbilder stammen aus dem Jahr 1955.

**224 Seiten • Großformat: 21 x 30 cm
ca. 130 Farb- und 180 s/w-Abbildungen
Preis: DM 78,00 • Best.-Nr.: 119-4 • erscheint 6/94**

DAS BAHNBETRIEBSWERK DRESDEN-FRIEDRICHSTADT

Das Bahnbetriebswerk Dresden-Friedrichstadt

Die bauliche Entwicklung des Bw Dresden-Friedrichstadt 1890 – 1945

Mit dem Bau der Eisenbahnlinie Berlin – Elsterwerda – Dresden in den Jahren 1872 – 1875 entstand in Dresden der „Berliner Bahnhof". Die alten Bahnhofsanlagen, zwischen der Löbtauer Straße und Cotta gelegen, befanden sich auf dem Gebiet der Friedrichstadt und waren der Vorläufer des heutigen Rangierbahnhofs Dresden-Friedrichstadt. Der am 17. Juni 1875 in Betrieb genommene „Berliner Bahnhof", war der vierte und letzte Endbahnhof einer Fernbahn, der in Dresden gebaut wurde. Trotz seiner damals großzügigen Längenausdehnung von fast 1000 m umfaßte er ganze neun Gleise. Zu den Bahnhofsbauten zählten u.a. eine Lokomotivschiebebühne im Bahnsteigbereich sowie ein Halbrundlokomotivschuppen mit zwölf Ständen, Wasserstation und Kohlelager. Dem Berliner Bahnhof blieb nur eine kurze Betriebszeit von 15 Jahren beschieden. Der 1888/89 geschaffene großzügige Entwurf für die Um- und Neugestaltung der Dresdner Bahnhofsanlagen sah die völlige Trennung des Personen- und Güterverkehrs vor.

Bereits 1890 begann die erste Etappe mit dem Bau des Rangierbahnhofs Dresden-Friedrichstadt auf dem Areal des früheren Kammerguts Ostra und unter Einbeziehung des Berliner Bahnhofs. Bei einer Länge von 2 500 m hatte der Rangierbahnhof am nördlichen Ende am Ablaufberg eine Höhe von 17 m. Die bebaute Fläche betrug 54,40 ha, die Gleislänge insgesamt 76,7 km. In Dresden-Friedrichstadt entstand außerdem eine neue Hauptwerkstatt der Königlich Sächsischen Staatseisenbahn zur Lokomotiv- und Wagenreparatur mit 192 000 m² Fläche und 17,3 km Gleislänge. Für den Loko-

Oben: Am Heizhaus in Dresden-Friedrichstadt an der Walterbrücke wurde dieses Foto der sächsischen Lok der Gattung V V mit der Betriebsnummer 1158 aufgenommen. Das Bild dürfte kurze Zeit nach der Indienststellung der Lok, im Jahr 1901, entstanden sein. Zu diesem Zeitpunkt war das Heizhaus Friedrichstadt gerade wenige Jahre in Betrieb. Die Maschine erhielt 1925 noch die DR-Nummer 53 725.
Aufnahme: Sammlung Otte/EK-Archiv

Links: Der Halbrundschuppen des Berliner Bahnhofs.
Aufnahme: Sammlung Heinrich

DIE ENTWICKLUNG VON 1890 BIS 1945

Oben: Mit dem Umbau der Dresdner Bahnanlagen entstand ab 1891 gleichzeitig die Hauptwerkstätte der Königlich Sächsischen Staatsbahn, vor der die 1902 gebaute X V Nr. 189, die spätere 14 209, fotografiert wurde.
Aufn.: Slg. Otte/EK-Archiv

Unten: Lageplan des Heizhauses Friedrichstadt/Peterstraße nach der Fertigstellung
Zeichnung: Taege

motivbetriebsdienst errichtete man 1891 eine neue Heizhausanlage zwischen der Walterbrücke und der Peterstraße, in welcher ausschließlich Güterzuglokomotiven stationiert werden sollten und die das Gegenstück zur Heizhausanlage in Dresden-Altstadt bildete.

Blättert man heute in der Chronik der Dresdner Bahnhofsumbauten von 1890 – 1901, findet man merkwürdigerweise nur wenige Hinweise zum Neubau der Heizhausanlage an der Peterstraße in Friedrichstadt, so daß der Bauablauf bisher noch nicht genau rekonstruiert werden kann. Bis Ende 1893 waren dort an Neubauten fertiggestellt:

- drei Heizhäuser mit je 20 Lokomotivständen
- ein Heizhausverwaltungsgebäude
- ein Expeditionsgebäude
- ein Kohlenschuppen
- drei Arbeitergebäude
- ein Schirrkammergebäude

Die gesamte Anlage des Rangierbahnhofes einschließlich aller Hochbauten wurde nach über dreijähriger Bauzeit im Jahr 1894 vollendet und der Bahnhof am 1. Mai dem Betrieb der sächsischen Staatsbahn übergeben. Nach Abschluß der Umgestaltung erhielt der Bahnhof als amtliche Bezeichnung den Namen „Verschiebebahnhof Friedrichstadt".

Der 1. Mai 1894 war damit auch das Gründungsdatum des Bw Dresden-Friedrichstadt, das bis 1928 noch unter der alten Bezeichnung Heizhausanlage Peterstraße geführt wurde. Vorgesetzte Dienststelle des Heizhauses Friedrichstadt war ab 1929 das Maschinenamt 2 in der Polierstraße. Die neue Heizhausanlage, unmittelbar an der Südostseite der Ausfahrtgruppe des Rangierbahnhofes gelegen, war trotz großzügiger Planung der Gesamtanlage Rangierbahnhof sehr beengt und nicht erweiterungsfähig. Alle drei Rundhäuser besaßen eine zentrale Rauchgasentsorgungsanlage. Jeweils am 6. und 14. Lokstand jedes Maschinenhauses

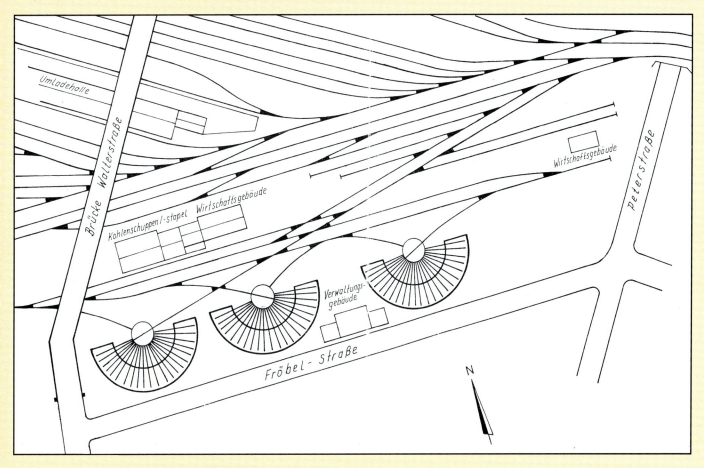

DAS BAHNBETRIEBSWERK DRESDEN-FRIEDRICHSTADT

befand sich an der Rückseite ein 30 m hoher Schornstein. Jedes Rundhaus verfügte anfangs über eine 20-m-Drehscheibe. Ab 1894 wurden sämtliche Güterzuglokomotiven des Leipziger, Schlesischen und Böhmischen Bahnhofs in Friedrichstadt zusammengefaßt, weil die alten Lokbahnhofanlagen in der Neustadt und am Böhmischen Bahnhof dem Neubau des Dresdner Hauptbahnhofs und des Personenbahnhofs Dresden-Neustadt weichen mußten. Die sächsische Staatseisenbahn bezeichnete von Anfang an die Maschinenhäuser wie folgt:
- Heizhaus 1 als Bodenbacher Haus
- Heizhaus 2 als Chemnitzer Haus
- Heizhaus 3 als Leipziger Haus

Dementsprechend waren zur Länderbahnzeit auch die Lokomotiven der jeweiligen Verkehrsrichtung dem Heizhaus zugeordnet. Eine Änderung der Heizhausbesetzung trat erst nach Bildung der DRG ab 1920 in Kraft. Danach waren im Lokschuppen 1 die Lokomotiven der BR 55 und 57 und Rangierlokomotiven stationiert. Das Haus 2 übernahm die Lokomotiven der BR 58. Alle Tenderloks der BR 94, später auch die Neuanlieferungen der BR 84, fanden im ehemaligen Leipziger Haus 3 Unterkunft.

Wie schon beim Bahnbetriebswerk Dresden-Altstadt erwähnt, wurde auch die Heizhausanlage Dresden-Friedrichstadt in der Peterstraße ohne Lokomotivbetriebswerkstatt gebaut. Für Lokomotivreparaturen war die Eisenbahnhauptwerkstatt in Friedrichstadt, unmittelbar neben der Heizhausanlage gelegen, zuständig. Die stete Zunahme der Betriebsloks, bei Übernahme durch die DRG waren in Friedrichstadt über 100 Güterzuglokomotiven stationiert, erforderte schließlich auch den Bau einer Werkstatt zwischen dem Leipziger und Chemnitzer Maschinenhaus, das 1922 fertiggestellt werden konnte.

30 Jahre nach Inbetriebnahme des Heizhauses Peterstraße zeigte sich außerdem, daß die Lokbehandlungsanlagen völlig unzureichend waren. Zwar erfolgte zwischenzeitlich eine Erweiterung des überdachten Kohleschuppens, die Bekohlung der Lokomotiven mittels ortsfestem Drehkran, entsprach aber längst nicht mehr den gestiegenen Anforderungen. Im Jahr 1924 entstand deshalb der Plan zum Bau einer neuen Bekohlungsanlage mit Hochbunker in der Nähe der Walterbrücke und einem Kostenanschlag von 1 346 000 RM. Das Projekt kam aber nicht zur Ausführung, weil bereits 1925 eine Rekonstruktion des Verschiebebahnhofs Dresden-Friedrichstadt mit dem Ziel vorgesehen war, die Leistungsfähigkeit des Bahnhofs zu erhöhen und den Wagenumlauf zu beschleunigen. Im Zeitraum von 1925 bis 1930 kam es im Ergebnis betriebswirtschaftlicher Studien dann auch zum Umbau zahlreicher Gleisanlagen auf dem Verschiebebahnhof Dresden-Friedrichstadt. Der ebenfalls vorgesehene und bereits grundsätzlich genehmigte Ausbau des Bw zwischen Peter- und Walterstraße wurde aber nicht realisiert. Für die Erweiterung des Bw Friedrichstadt zwischen Peter- und Walterstraße wäre ein Ankauf von 45 000 m² Land und die Einbeziehung der Fröbelstraße notwendig gewesen. Alleine die Grunderwerbskosten hätten ca. 2,7 Millionen RM betragen. Als weitere Schwierigkeit kam hinzu, daß der Rat zu Dresden für die Einziehung der Fröbelstraße die Durchführung der Presslerstraße zwischen Löbtauer- und Walterstraße forderte. Hierdurch wären die Kosten um 200 00 RM angestiegen. Das für den Bau zur Erweiterung des Bahnbetriebswerkes beanspruchte Gelände zwischen Peter-, Pressler- und Walterstraße war in der Hauptsache an etwa 25 Lagerplatzinhaber verpachtet. Die Unterbringung dieser Pächter wäre, wenn auch deren Lagerplätze keinen Gleisanschluß hatten, immerhin schwierig gewesen.

Eine generell befriedigende Verkehrslösung für den Rangierbahnhof Dresden-Friedrichstadt, insbesondere auf der Ostseite, auf dem sich das Bahnbetriebswerk befand, konnte somit ohne Neuorientierung des Betriebsmaschinendienstes nicht erreicht werden.

Am 1. März 1930 legte deshalb der Vorstand des Maschinenamtes Dresden 2, Rohn, dem Präsidenten der Reichsbahndirektion, Friedrich, einen Entwurf zur Verlegung des Bw Friedrichstadt von der Peterstraße in die Hamburger Straße vor, weil für den weiteren Ausbau des Bahnhofs Dresden-Friedrichstadt das Gelände gebraucht wurde. Um die hohen Grunderwerbskosten von 2,7 Millionen RM aus dem Projekt von 1925 „Erweiterung Bw Peterstraße" zu vemeiden, wurde nunmehr versucht, mit dem sächsischen Staat einen Landaustausch durchzuführen. Hierfür kam auf Wunsch des Sächsischen Staates das Gelände an der Hamburger Straße, auf dem das neue Bahnbetriebswerk errichtet werden sollte in Frage. (Anmerkung: bis 1929 spricht man noch vom Neubau eines Lokbahnhofs).

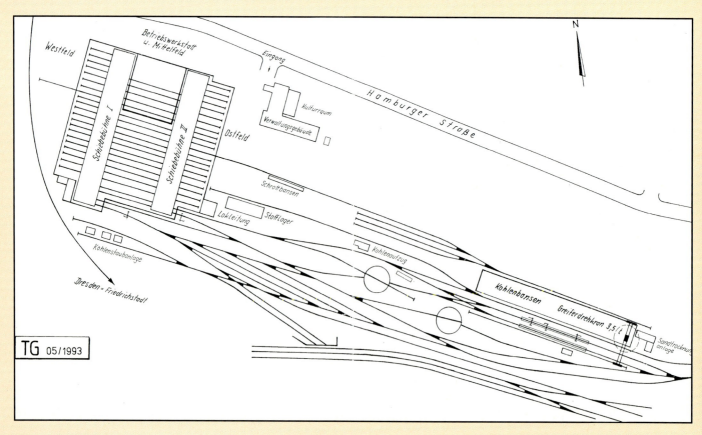

DIE ENTWICKLUNG VON 1890 BIS 1945

Das Bild rechts zeigt das neue Bahnbetriebswerk Dresden-Friedrichstadt ein knappes Jahr nach der Inbetriebnahme. Die Aufnahme vom 12. August 1940 zeigt aber auch die noch nicht abgeschlossenen Arbeiten.
Aufnahme: DR/Bw Dresden

Linke Seite: Lageplan des neuen Bw Dresden-Friedrichstadt an der Hamburger Straße.
Zeichnung: Taege

Das Gelände an der Hamburger Straße war von der Stadt an 18 Firmen als Lagerplätze verpachtet und brachte im Jahr 77 600 RM Pachteinnahmen. Der Ausfall von Pachterträgen für die Stadt in genannter Höhe für das Gelände an der Hamburger Straße stand jedoch in keinem Verhältnis zu den notwendigen Grunderwerbskosten von 2,7 Millionen RM an der Peterstraße. Außerdem hatte das Stadtsteueramt den Bodenpreis an der Hamburger Straße mit 35,00 RM/m² geschätzt. An der Peterstraße wurde der Grundstückspreis von 60,00 RM/m² gefordert. Die Wahl des Geländes für das geplante Bahnbetriebswerk fiel aus wirtschaftlichen Erwägungen zu Gunsten der Hamburger Straße.

Im Sommer 1933 wurde im Rahmen von ersten Arbeitsbeschaffungsmaßnahmen mit der Räumung des Lagerplatzgeländes an der Hamburger Straße zur Errichtung des neuen Bahnbetriebswerkes begonnen. Auch der 1874 erbaute 12-ständige Lokschuppen des alten Berliner Bahnhofs an dem Zufahrtsgleis der Hafenbahn gelegen und zeitweise als viertes Heizhaus des Bw Peterstraße gezählt, mußte 1933 geschlossen und abgebrochen werden.

Der Neuaufbau des Bw Dresden-Friedrichstadt an der Hamburger Straße begann Ende 1934. Erstmals kam in Sachsen ein Rechteckschuppen mit zwei innenliegenden Schiebebühnenfeldern und insgesamt 81 Lokständen zur Ausführung. Fachleute hatten festgestellt, daß in einem Rechteckschuppen keine Heizleitungen eingebaut zu werden brauchten, da sich das Haus durch die abgestellten Lokomotiven selbst erwärmte. Den gewaltigen Gebäudekomplex überragten sechs 44 m hohe Schornsteine in die Rauchgassammelkanäle einmündeten.

Auf dem großzügig angelegten Freigelände befanden sich neben einer leistungsfähigen und modernen Hochbunker-Bekohlungsanlage mit einem 158 m langen Kohlebansen weiterhin zwei 23-m-Drehscheiben und zehn Wasserkräne sowie ein automatischer Schlackesumpf. Die Baukosten für das neue Bahnbetriebswerk waren bis 1937 mit 9 134 000 RM veranschlagt, wovon 6 800 000 RM verausgabt wurden. Am Bauablauf konnten ständig weniger Arbeitskräfte eingesetzt werden als gefordert. Die geplante Bauzeit von drei Jahren wurde wesentlich überzogen. Nach sechsjähriger Bauzeit mußte zu Beginn des Zweiten Weltkrieges mit Verfügung 42 KMA vom 28. November 1939 der Fertigbau des neuen Bw Friedrichstadt eingestellt werden. Gleichzeitig wurde verfügt, die bereits fertiggestellten Anlagen zu nutzen. Bei der ab 30. November 1939 erfolgten Inbetriebnahme wurden etwa 50 Lokfahrten an einem Tag im neuen Bw Friedrichstadt behandelt. Im Dezember 1939 waren es bereits 220 Lokfahrten. Desweiteren wurden im November 1939 im neuen Bw Friedrichstadt zwei neue Hilfszüge stationiert. Anfang 1940 konnte dann auch die neue Lokbetriebswerkstatt des neuen Bw in Betrieb genommen werden, weil diese vollständig fertig und mit einer modernen Auswaschanlage nebst einer 25-t-Achssenke versehen war. Dadurch konnte die im RAW Dresden als Fremdkörper bestehende Gruppe Lokausbesserung stillgelegt und mit allen Arbeitskräften in das Bw übernommen werden. Die Teilinbetriebnahme brachte wesentliche Vorteile:

- Teilentlastung des Rangierbahnhofs Dresden-Friedrichstadt,
- Nutzung einer leistungsfähigen Ausbesserungsstelle,
- Bereinigung der Arbeitsaufgaben des RAW,
- ordnungsgemäße Behandlung und Ausnutzung der Neubaulokomotiven (Dampf).

Der Vollinbetriebnahme stand nur noch ein verhältnismäßig kleiner Bauabschnitt, nämlich:

- der Innenausbau des Verwaltungsgebäudes,
- der Bau der Wasserversorgungsanlage,
- der Bau des Betriebsstofflagers,
- der Einbau der Drehscheibe eins und
- der Einbau weniger Gleisanlagen und des Stellwerkes

entgegen.

Kriegsbedingt stiegen die Anforderungen an das neue Bw, insbesondere durch den Lokaustausch mit den besetzten Ostgebieten und dem Sudetenland derart an, daß man sich gezwungen sah, am Bahnbetriebswerk weiter zu bauen. Für diese Arbeiten kamen auch Kriegsgefangene zum Einsatz. Stufenweise erfolgte die Umsetzung von Lokomotiven und Personal des alten Bw an der Peterstraße nach der Hamburger Straße um die großen Kapazitäten des neuen Bw voll auszunutzen.

Die durch das starke Anwachsen des Lokverkehrs veränderten Arbeitsbedingungen entsprachen in keiner Weise den sozialen Anforderungen der dort Beschäftigten. Sämtliche elektrischen Weichen mußten weiterhin örtlich bedient werden, was Verzögerungen im Umlauf mit sich brachte. Auch waren für die Bediensteten als Dienst- und Aufenthaltsräume meist nur einfache Wagenkasten vorhanden, die aber für die kalte Jahreszeit unzureichend sowie räumlich beschränkt waren.

Widersprüchlich sind die Angaben, inwieweit das alte Bahnbetriebswerk an der Peterstraße nach der Vollinbetriebnahme des neuen Bw ab Anfang der 40er Jahre noch genutzt wurde. Tatsache ist, daß es nicht geschlossen wurde. Aus den vorhandenen Fotos nach der Kriegszerstörung im April 1945 ist bekannt, daß in den zerstörten Lokschuppen noch Dampflokomotiven abgestellt waren. Nach 1945 wurde die Peterstraße in den heute noch üblichen Namen Behringstraße umbenannt.

DAS BAHNBETRIEBSWERK DRESDEN-FRIEDRICHSTADT

Die Zerstörung des Bw Dresden-Friedrichstadt und der Wiederaufbau

Die Auswirkung des Zweiten Weltkrieges waren auch für den Bahnhof Dresden-Friedrichstadt mit den zwei Bahnbetriebswerken verheerend. Erst bei dem Fliegerangriff am 17. April 1945, der den Bahnanlagen im Dresdner Raum galt, wurden der Bahnhof, sowie das alte und neue Bahnbetriebswerk völlig zerstört. Über den Umfang der Zerstörungen des Jahres 1945 und den Wiederaufbau des Bw Dresden-Friedrichstadt an der Hamburger Straße bis zum ersten Halbjahr 1946 liegt ein umfassender Bericht vor. Dieses Schriftstück wird im folgenden fast vollständig als einzigartiges Zeitdokument der heute kaum noch nachvollziehbaren Nachkriegsereignisse wiedergegeben.

Am 4. September 1945 entstanden die Aufnahmen von den Zerstörungen im Bw Dresden-Friedrichstadt. Obwohl seit der Bombardierung bereits fünf Monate vergangen waren, ist das gewaltige Ausmaß der Zerstörungen eindrucksvoll dokumentiert. Diese und die Aufnahmen auf den folgenden Seiten belegen aber auch, wie kompliziert und langwierig sich der Wiederaufbau im Bw gestaltete und mit welchen heute kaum vorstellbaren Schwierigkeiten er verbunden war. Nicht zu vergessen ist dabei die sinnlose Zerstörung Dresdens mit all ihren menschlichen Tragödien, von denen auch die Eisenbahner des Bahnbetriebswerkes nicht verschont blieben.

Die obere Aufnahme zeigt die ausgebrannten Werkhallen, die untere Aufnahme die zerstörte Westhalle mit drei G12 und zwei T 16.   Aufnahmen: DR/Bw Dresden

Bahnbetriebswerk Dresden-Friedrichstadt
Dresden, den 14. Juli 1946

B e r i c h t

über die Zerstörung und den Wiederaufbau des Bw Dresden-Friedrichstadt
Jahresrückblick 1945 u. 1. Halbj. 46

A. Allgemeines

Das Jahr 1945 kann in verschiedene Phasen eingeteilt werden. Bis 7.5. zählt die Zeit des Krieges und damit die Zeit der Zerstörungen. Die Zeit vom 7.5. bis 14.5. war die Zeit des Zusammenbruchs und der vollkommenen Mutlosigkeit und Ratlosigkeit. Ab 14.5. aber beginnt die Phase des großen Wiederaufbaues.

Das Bw erlitt bereits bei einem Luftangriff am 7.10.44 die ersten Zerstörungen. Es fielen damals sechs Bomben mittleren Kalibers dicht beieinander in und in der Nähe der Lokbehandlungsanlagen. Die Zerstörungen konnten in verhältnismäßig kurzer Zeit beseitigt werden.

Bei dem Angriff am 16.1.45 wurde das Bw nicht getroffen, ebenso bei den sehr schweren Angriffen am 13./14.02.45. Die Auswirkungen dieser Angriffe waren in der Hauptsache auf personellem Gebiet zu suchen. Die Zahl der Kranken, Urlauber, unentschuldigt Fehlenden stieg besonders hoch. Nach diesen Angriffen war besonders bei den ausländischen Arbeitskräften ein merkliches Nachlassen der Arbeitsleistungen und ein Ausweichen vor der Arbeit zu spüren.

Ganz empfindlich wurde aber das Bw am 17.4.45 bei dem Großangriff auf die Verkehrsanlagen der Stadt getroffen. Im Bw fielen 16 Bomben schweren und schwersten Kalibers und eine Großzahl von Brandbomben. Diesem Luftangriff fielen sechs Betriebsangehörige zum Opfer.

B. Zerstörungen

Im einzelnen wurden im neuen Bw zerstört:

<u>a) Gleisanlagen</u>: 1000 m Oberbau, vier einfache und eine doppelte Kreuzweiche

<u>b) Lokschuppen</u>: 20000 m² Dachfläche mit allen Dachbindern völlig verbrannt. Eiserne Dachstützen und Dachkonstruktionen ausgeglüht und ve worfen. 2000 m Luft- und Heizungsrohre stark beschädigt. Die gesamt elektr. Installation verbrannt. 71 Rauchabzüge und 500 m Rauchkanäle völlig zerstört. Beide 23 m Schiebebühnen mit den elektr. Motoren und Schaltgeräten ausgebrannt. 500 m Schiebebühnenlaufbahn mit 1500 Holzschwellen verbrannt, die eisernen Lamellen und Schienen stark verbogen. Zehn Untersuchungsgruben der Werkstatt durch Volltreffer zerstört.

<u>c) Werkstatt</u>: 3000 m² Dachfläche mit allen Oberlichtern verbrannt, die eiserne Dachkonstruktion verbogen. Alle drei Laufkräne z. T. ausgeglüht, elektrische Einrichtungen völlig verbrannt. An zehn Werkzeugmaschinen die elektr. Motoren und Schaltgeräte ausgebrannt. Rohrleitungen, elektrische Installationen z. T. völlig vernichtet. Sämtliche Werkzeuge verbrannt und ausgeglüht. Erhalten ge-

ZERSTÖRUNG UND WIEDERAUFBAU

blieben waren nur die Zubringerwerkstatt, Stofflager und Werkzeugausgabe, die Schrank- und Büroräume.

<u>d) Betriebsstofflager:</u> Durch unmittelbaren Volltreffer geriet das Betriebsstofflager zuerst in Brand und wurde mit allen unersetzlichen Stoffen und Vorräten, insbesondere Schutzkleidung, Stiefeln, Decken und Uniformen völlig vernichtet.

<u>e) Verwaltungsgebäude und Baracken:</u> Das Verwaltungsgebäude erhielt unmittelbar neben die Umfassungsmauer zwei Bombentreffer, wodurch ein Luftschutzraum und der Kantinenkeller verschüttet wurden. In dem verschütteten Luftschutzraum sind unsere Betriebsangehörigen ums Leben gekommen. Das Verwaltungsgebäude wurde durch diesen Treffer z.T. sehr stark beschädigt. Besonders litten darunter die Kantine und zehn Büroräume. Fast alle Fensterscheiben und die Hälfte des Schieferdaches wurden zerstört. Die beiden großen Wohn- und Küchenbaracken des Ausländerlagers „Nizza" brannten völlig nieder.

<u>f) Betr. Wagenwerkstatt</u>

<u>g) Wasserversorgungsanlagen:</u> Durch vier Bombentreffer war die Hauptwasserleitung mit rund 200 m Rohrlänge zerschlagen worden. Da das Bw auf die Versorgung durch die Stadt angewiesen ist und die Stadt selbst in ihrem Netz größere Zerstörungen hatte, war auf absehbare Zeit jegliche Wasserversorgung für das Bw unterbrochen.

<u>h) Elektrische Anlagen:</u> Die gesamte elektrische Versorgung war durch die völlige Vernichtung des Bahnkraftwerkes und die gewaltigen Zerstörungen in der Stadt auf lange Zeit unterbrochen. Im Bw und im Bf-Bereich waren zwölf Schaltstellen völlig und 13000 m Erdkabel teilweise, sowie 52 Elektromotoren ausgebrannt.

<u>i) Fahrzeugverluste:</u> Durch Bombentreffer wurden acht Loks total zerstört, 53 Loks völlig ausgebrannt, wichtige Teile der Loks ausgeglüht, die Armaturen auf den Führerständen z.-T. völlig vernichtet. Vernichtet wurden auch beiden Hilfszüge mit allen unersetzlichen Einrichtungen und zwei Wagen mit einem 100 KVA-Notstromaggregat.

C. Wiederaufbau

a) Von einem Wiederaufbau kann erst nach dem 14.5.45 gesprochen werden, da bis dahin die militärischen und politischen Ereignisse nicht einmal den Gedanken nach einem Aufbau zuließen. Ab 14.5. jedoch regte sich das Leben in allen Ecken des zerstörten Bw. Der Wille zum Aufbau war bei den meisten Betriebsangehörigen unverkennbar.

Voraussetzung für die Aufnahme des Betriebes waren die Gleisanlagen. Deshalb wurden alle verfügbaren Kräfte zur Instandsetzung des zerstörten Oberbaues eingesetzt. Allein im Bw-Gelände waren die ausschließlich von eigenen Bediensteten gestellten Gleisbau- und Schiebebühnenkolonnen bis zu 80 Mann stark. Zuerst mussten sechs Bombentrichter zugeschüttet werden, die unmittelbar neben den Gleisen lagen. Dazu wurden rund 300 m Erdmassen bewegt. Fahrzeuge, Schienen, und Weichen ragten wild durcheinander, verbogen und zerrissen. Mit primitiven Geräten – es waren keine Sauerstoff-

Blick auf die zerstörte Westhalle mit der Schiebebühne. Aufnahme: DR/Bw Dresden

**Mitte: Blick in die Osthalle mit 98 006, 38 207 und 58 1798, einer weiteren G 12 und einer 52.
Unten: die zur Seite geschleuderte Meyer-Lok 98 006.** Aufnahmen: DR/Bw Dresden

DAS BAHNBETRIEBSWERK DRESDEN-FRIEDRICHSTADT

Schneidegeräte vorhanden – musste die Wagen, Schienen und Weichen zerlegt und beseite geschafft werden. Von weit entlegenem Bahnhofsgelände wurden Schienen ausgebaut und ins Bw transportiert. Fast 1000 m Gleis und fünf Weichen wurden in sechs Wochen wieder hergestellt.

b) Das Innere des Lokschuppens bot ein erschütterndes Bild der Zerstörung. Auch hier galt es zuerst die Schuttmassen zu beseitigen. Die Aufgabe bestand darin, nach Fertigstellung des Oberbaues die eingeschlossenen Maschinen frei zu bekommen und die verhältnismäßig gut erhaltene Werkstatt bald in Betrieb zu nehmen. An der ersten Schiebebühne wurde daher mit besonderer Energie gearbeitet. Sämtliche Laufschienen und Unterlegehölzer mussten erneuert werden. Alle Bemühungen, Holz zu bekommen, gingen zuerst fehl. Aufs Geradewohl wurde eine Lokfahrt nach Wülknitz unternommen. Es gelang, das erforderliche Holz zu bekommen. Die Hölzer mussten von Hand zugerichtet und zerlegt werden. Die stark verbogenen Lamellenbleche wurden mühsam an der sofort instandgesetzten hydr. 60 t Presse herangebracht und gerichtet. Die ebenso stark verbogenen Schienen mussten nach Dresden-Altstadt zur Fa. Thomas gebracht und dort gerichtet werden. Die Schiebebühne wurde zunächst provisorisch mit Preßluft bedient. Den bescheidenen Ansprüchen genügte dieser Antrieb. Seit November 45 läuft die Schiebebühne wieder voll elektrisch.

c) Auch in der Werkstatt galt es, die vielen Schuttmassen herauszuschaffen. Die noch gut erhaltenen und betriebsfähigen Werkzeugmaschinen mussten sofort durch Überdachung vor Witterungseinflüssen bewahrt werden. Die verbrannten Motore und Schaltgeräte wurden ausgebaut und von Privatfirmen instandgesetzt. Der Wiederaufbauwille der Werkstatt wurde allerdings gehemmt durch die häufigen Besichtigungen. Es wurde die längst gehegte Befürchtung dann auch zur Tatsache, daß sämtliche Werkzeugmaschinen und sonstige Anlagen ausgebaut werden mussten. Unter dem Befehl des Hptm. Makaroff wurden am 20.7. mit allen verfügbaren Kräften in Tag- und Nachtschicht sämtliche Werkzeugmaschinen ausgebaut, gestrichen, verpackt und verladen. Für alle Bediensteten war der wochenlange Anblick des zur Abfahrt bereitstehenden Werkzeugmaschinenzuges schmerzlich. Es gelang jedoch nach langwierigen Verhandlungen, insbesondere durch den Einsatz der Landesverwaltung, Herrn Gottschalk, die Rückgabe der Werkzeugmaschinen zu 25% zu erreichen. Am 28.9.45 16.00 Uhr traf der so heiß ersehnte Befehl zum Wiederabladen der Maschinen ein. Von neuem Lebensmut beseelt, ging die Belegschaft dran, die Maschinen abzuladen und wieder aufzustellen. Inzwischen hatten sich jedoch die Personalverhältnisse durch Erhöhung der Betriebsleistungen und Abgaben an die Brigaden sehr verschärft, so daß der Wiederaufbau der Werkstatt nur verhältnismäßig langsam voran ging. Ende Oktober waren sämtliche Maschinen wieder eingebaut und voll betriebsfähig. Von den drei stark beschädigten Laufkränen konnten bis Ende des Jahres der 5t-Kran vollständig wieder hergerichtet und in Betrieb genommen werden.

Für die Überdachung der Werkstatt waren etwa 86 m³ Holz erforderlich. Monate vergingen, ohne daß Holz angeliefert wurde. Unter Aufbietung aller möglichen, teilweise unmöglichen Maßnahmen gelang es an Holz heranzukommen. So musste z.B. um ein Fuhrwerk zu bekommen, dem Fuhrwerksbesitzer ein Ztr. Hafer gegeben werden. Diesen Hafer erhielten wir aber nur gegen Überlassung von Maschinenöl an einen Sägewerksbesitzer, der einen Teil des Öles als einen Teil seiner Bereitwilligkeit, das Holz zu schneiden, für sich in Anspruch nahm. Das Bw musste für längere Zeit 10 – 15 AK Stellen, um das Holz im Walde zu verladen. Die Lkw-Stellung war äusserst problematisch. Um jeden Lkw-Tag musste förmlich gerungen werden.

Glas, Dachpappe und Nägel waren und sind monatelang der Grund von vielen schlaflosen Nächten der Bauleitung gewesen. Allein für diese Baustoffe waren 32 persönliche Besuche des DVV bei den höchsten Verwaltungsstellen notwendig gewesen. Trotz Bescheinigungen der SMA (Sowjetische Militäradministration – die Red.) mit Unterschrift und Siegel war es nicht möglich, auch nur die geringsten Mengen von den örtlichen Kommandanturen herauszubekommen. Alles, was erreicht wurde, war nur möglich über Ringtausch und sonstige Gefälligkeiten.

An der Wiederherstellung der ausgeglühten Werkzeuge und der vielen Sondervorrichtungen der Lokausbesserung wurde intensiv gearbeitet. Aus den Schuttmassen des Bw und aus anderen Fabriken konnte unersetzliches Material geborgen und für unsere Zwecke hergerichtet werden. Die Wiederherstellung der Lokomotiven verzögerte sich natürlich durch den Ausbau der Werkzeugmaschinen erheblich. Erst in dem Monat Dezember 1945 konnte das Leistungsprogramm, das uns die SMA auferlegte, erfüllt werden.

Die Hauptsorge war der bevorstehende Winter mit all seinen unausbleiblichen Folgen. Es war uns nicht möglich geworden, vor Eintritt der kalten Jahreszeit das Werkstattdach fertig zu bekommen. Wir mussten also damit rechnen, die Ausbesserungen unter freiem Himmel durchführen zu müssen. Um wenigstens das Auswaschen in einem gedeckten Raum durchführen zu können, wurde noch Anfang Dezember beschlossen, mit einfachsten Mitteln eine Auswaschbaracke aufzustellen. Die Baracke ist im wesentlichen bezugsfertig. Die Werkzeugmaschinen mussten nach ihrer Wiederaufstellung wiederum vor Witterungseinflüssen geschützt werden. Deshalb wurden neue Buden um sie herum gebaut.

d) Als Ersatz für das vernichtete Betriebsstofflager im alten Bw und im neuen Bw wurde sofort die große Wohnbaracke des Lagers Nizza, die durch den Angriff stark gelitten hatte, mit eigenen Kräften dem Zwecke entsprechend ausgebessert und hergerichtet. Für die z.Zt. vorhandenen Vorräte reicht der Raum aus, entspricht aber nicht den Vorschriften für die Lagerung feuergefährlicher Stoffe.

e) Das Verwaltungsgebäude war durch den Angriff vom 17.4. sehr beschädigt und durch die Ereignisse von Anfang Mai sehr verwüstet worden. Das gesamte Büropersonal hat sich beim Aufbau der Büroräume tatkräftig eingesetzt. Am Ende des Jahres macht das Verwaltungsgebäude einen innen und außen sauberen und gepflegten Eindruck.

f) Auch aus den Trümmern der Wagenwerkstatt ließen sich durch den unermüdlichen Einsatz der Betriebsangehörigen wertvolle Werkzeuge bergen. Da der Arztwagen noch erhalten geblieben war, konnte durch den Umbau in kürzester Zeit die Wagenausbesserung wieder aufgenommen werden. Für die Unterbringung der Werkstoffe und Ersatzteile sollte eine großräumige Baracke aufgestellt werden. Zur Aufstellung ist es aber nicht gekommen, da die Errichtung der Auswaschbaracke wichtiger war und dafür Teile der Baracke benötigt wurden. Für die Unterbringung der Garderobeschränke und als Aufenthaltsraum wurde eine kleine Baracke aufgestellt. Die Wagenwerkstatt bessert wieder Wagen der Schadgruppen I – III aus und beteiligt sich mit ihrem Leistungsvermögen an der Wiederherrichtung des Wagenparkes.

g) Die schweren Zerstörungen an dem Stadtwassernetz ließen von vornherein erwarten, daß in absehbarer Zeit für den Lokbetrieb kein Wasser zur Verfügung stehen würde. Es musste versucht werden, aus der Weisseritz Wasser heranzuholen. Das geschah am 13./14.2. nach dem Großangriff auf Dresden. Durch Aufstellen von zwei fahrbaren Feuerlöschzügen. Gleichzeitig wurde durch den Wasserbauzug Gläser begonnen, an der Weisseritz eine ortsfeste Pumpanlage zu bauen. Nach dem 14.5. wurde dieses Bauvorhaben energisch vorangetrieben und es gelang, durch Aufstellung eines elektrischen Pumpenaggregates und Herrichtung der zerstörten Rohrleitungen dem Bw das notwendige Wasser, unabhängig von der Stadt zuzuführen. Lange bevor die Stadt Wasser lieferte, arbeitete die selbstgebaute Wasserversorgungsanlage mit bestem Erfolg.

h) An den Starkstromanlagen wurden alle eigenen Kräfte und Privatfirmen eingesetzt, damit dem Bw für Drehscheibe, Kohlenkran, Werkzeugmaschinen und für die Beleuchtung wieder Strom zur Verfügung stand. Im einzelnen mussten folgende Starkstromanlagen erneuert oder ausgebessert werden: Von den 13 000 m Erdkabel wurden bis Ende des Jahres 11 000 m ausgebessert und dabei 85 Kabelmuffen eingebaut. Von den zerstörten zwölf Schaltstellen wurden zehn wiederhergestellt und von 52 verbrannten Motoren 35 ausgebessert.

D. Personalveränderungen

Die Personalveränderungen des Jahres waren bedingt durch die militärischen und politischen Ereignisse. Die Gesamt-Kopfstärke des Bw betrug Anfang des Jahres rund 1850 Köpfe einschließlich Ausländer.

Nach dem 13./14.2.1945 setzte bereits eine merkliche Arbeitsflucht ein, die sich nach dem Angriff vom 17.4. steigerte. Der Tiefstand an im Dienst Befindlichen wurde im Mai erreicht. Von einer damaligen Kopfstärke von 1600 Beschäftigten waren rund 500 im Dienst, 450 krank, 170 Urlau-

ZERSTÖRUNG UND WIEDERAUFBAU

ber und unentschuldigt Fehlende, 200 Abgeordnete, 250 bei der Wehrmacht. Das war das Spiegelbild der Verhältnisse im Mai 1945. Die Kurven der arbeitenden Bediensteten stiegen aber dann entsprechend der Stabilisierung der Verhältnisse an unter Rückgang der Krankenzahlen und vor allem der unentschuldigt Fehlenden, so daß wir Ende des Jahres eine Kopfstärke von rund 1700 Köpfen, nur noch 140 Kranke, 32 Urlauber und unentschuldigt Fehlende, 107 Abgeordnete und 157 bei der Wehrmacht hatten.

Durch den Ausfall der Marienbrücke war eine Verlagerung des Betriebes nach dem Lokbahnhof Dresden-Neustadt notwendig geworden. Die Kopfzahlen stiegen dort von 160 auf 618 als Höchststand im September. Damit waren erhebliche Schwierigkeiten bei der Unterbringung und Vertretung des Personales verbunden. Nach Wiederinbetriebnahme der Marienbrücke ist die Kopfzahl auf das normale Maß zurückgegangen.

Es verdient festgehalten zu werden, daß das Lokpersonal kurz nach dem Zusammenbruch Übermenschliches geleistet hat. Ausbleibezeiten von zehn und mehr Tagen, ununterbrochen auf der Lok, ohne Schlaf, teilweise ohne die notwendigste Verpflegung und oft unter der rohen Gewalt kleinster russischer Bahnhofskommandanten stehend, waren leider keine Ausnahmen. Viele Verfügungen und Anordnungen auch von russischen vorgesetzten Stellen, diesem Übelstand zu begegnen, verhallten ungehört.

E. Lokomotivbestandsveränderungen

Anfang 1945 standen im Bw 148 Loks, davon 98 betriebsfähig. Der Höchststand im Februar mit 152 Loks, insgesamt, davon 118 betriebsfähig, also ein äußerst günstiges Verhältnis. Nach dem Zusammenbruch waren von 138 Loks insgesamt nur 14 betriebsfähig. Den Hauptanteil bildeten die von der Ausbesserung zurückgestellten neun b-Z-Loks.

F. Ausschau 1946

1945 mußten alle Arbeiten unter denkbar größten Schwierigkeiten ausgeführt werden. Es mangelte an Allem, vor allem Baustoffen, Werkzeugen und Geräten. Nur der Findigkeit einzelner Kollegen war es immer wieder zu danken, daß bis zum heutigen Tage der Wiederaufbau soweit vorangetrieben werden konnte. Das Jahr 1946 wird uns die gleiche Bürde an Arbeit bringen. Die Schwierigkeiten werden nicht kleiner sein. Im wesentlichen werden wir das rein äußere Wiederaufbauprogramm nach folgenden Gesichtspunkten durchführen: (es folgt die Auflistung der Vorhaben – die Red.)

Halbjahresrückschau 01.07.1946

Das erste Halbjahr war gekennzeichnet durch den langsam ansteigenden Betrieb. Damit stiegen auch die Anforderungen an den Maschinendienst. Durch Abordnung zu den Brigaden trat eine weitere Belastung des Personalbestandes ein. Zusätzlich kam der Auftrag vom 23.04.1946 zur Entlassung von 10 % des Gesamtpersonales. Dabei wurden in der Hauptsache die entlassen, die sowieso wegen Interesselosigkeit, Arbeitsunlust oder sonstigen

Oben: Noch im September 1945 lag 38 207 umgeworfen im Bw Friedrichstadt.

Rechts: Im alten Bw Friedrichstadt an der Peterstraße waren die Rundhäuser ebenfalls zerstört. 58 1625 im völlig zertrümmerten Zustand an einem der Schuppentore. Diese Aufnahme entstand am 28. August 1945.

Aufnahmen: DR/Bw Dresden

DAS BAHNBETRIEBSWERK DRESDEN-FRIEDRICHSTADT

Oben: Drei Jahre nach der Zerstörung sind die gröbsten Spuren zwar beseitigt, aber die Folgen noch unübersehbar. Am 1. November 1948, als dieses Bild entstand, sind zwei Loks der BR 86, eine P 8, eine Lok der BR 84, eine mit Tarnanstrich versehene G 10, eine G 12 und eine T 14 auszumachen. Unten: Das zerstörte ehemalige Chemnitzer Haus im Bw Friedrichstadt/Peterstraße.

Aufnahmen: DR/Bw Dresden

Gründen keine produktive Arbeit leisteten. Insgesamt ergab sich am 1.7.1946 im Lokfahrdienst ein Fehlbestand von 83 Köpfen. Im Werkstattpersonal von 110 und im örtlichen Betriebsmaschinendienst von 101 Köpfen. Der Fehlbestand betrug im Bw 295 Köpfe. Die Reichsbahndirektion genehmigte nacheinander die Einstellung von 138 Köpfen. Die Arbeitsämter waren nicht in der Lage, unsere Forderungen zu erfüllen. Vom Tage der Einstellungsgenehmigung bis Juli 1946 konnten nur 55 Köpfe eingestellt werden. Da der Bedarf, insbesondere an Lokheizern unverändert hoch ist, wurden sogar Handwerker aus der Lokausbesserung vorübergehend als Lokheizer eingesetzt. Die bevorstehende Kohlebevorratung von 18000 t erfordert die Einstellung weiterer 80 Köpfe.

Auf sozialem Gebiet ist der Einsatz eines durchgehenden Sanitätsdienstes besonders bemerkenswert. Die Aufenthalts-, Wasch- und Badeanlagen wurden in einen tadellosen Zustand versetzt.

Trotz großer Ernährungsschwierigkeiten war es im ersten Halbjahr 1946 immer noch möglich gewesen, den Betriebsküchenbetrieb aufrecht zu erhalten. Durch den Unterricht über Unfallverhütung und besonderen Unterricht über die Betriebsführung wurden die persönlichen Unfälle sowie die Betriebsunfallzahlen in erträglichen Grenzen gehalten.

Der Gesamtbestand an Lok beträgt am 01.07.1946 =159, davon

Betriebspark 102

Ausb.-Park 57

Der Ausbesserungszustand beträgt im Bw etwa 15 %, im Raw 18 %.

Von dem für 1946 vorausschauend gestellten Arbeitsplan wurden folgende Maßnahmen erfüllt:

Auswaschbaracke, Stoffbaracke, Werkstattdach, Schiebebühne I, beide Werkstatt-Laufkräne, sechs Untersuchungsgruben z.T., elektrische Beleuchtungsanlage, Verbesserung des Werkzeugmaschinenparkes und Steigerung der Lokausbesserung, Verbesserung der Lokpflege und Lokunterhaltung.

Infolge der äußerst gespannten Finanzlage mußten im Juni sämtliche Bauvorhaben abgebrochen werden. Am 21.6.1946 fand eine Besichtigung durch eine Kommission der HV statt. Der Kommission wurden in eindringlicher Weise die Notlage und die Schwierigkeiten vorgetragen und die dringendsten Bauvorhaben in den Vordrgrund gestellt. Wir haben der HV eine Reihenfolge der Bauvorhaben übermittelt und hoffen, wenigstens einen Teil noch 1946 verwirklichen zu können. Dabei handelt es sich um folgende Vorhaben: (es folgt die Auflistung der Vorhaben – die Red.)

Wegen der Mittelknappheit müssen wir allerdings annehmen, daß wir von den genannten, dringenden Bv 1946 nichts mehr ausführen werden und wir uns wieder, wie im vergangenen Jahr, auf eigene Kräfte verlassen müssen. Wir werden unsere Kräfte auf die Errichtung des Auswaschschuppens und auf die Überdachung der Wagenuntersuchungsgruben richten müssen.

gez. Schwarzer 6371

TRJ

ZERSTÖRUNG UND WIEDERAUFBAU

Der Inhalt dieses Schreibens bezieht sich allerdings nur auf das neue Bw Friedrichstadt an der Hamburger Straße.

Für das alte Bahnbetriebswerk an der Peterstraße lassen sich die Kriegszerstörungen lediglich an Hand einiger Fotos vom 29. August 1945 wie folgt kurz rekonstruieren:
- Lokschuppen 1 und 2 (Haus Bodenbach und Chemnitz): In ihren Grundmauern noch erhaltenes Maschinenhaus, Lokschuppendach durch Brand teilweise eingestürzt.
- Lokschuppen 3 (Haus Leipzig): Maschinenhaus total zerstört.
- Verwaltungsgebäude:
In seiner Bauform noch erhalten, aber total ausgebrannt. Ebenfalls den Bomben standgehalten haben die sechs 30 m hohen Schornsteine der Lokschuppen.

Der größte Teil der zerstörten Lokschuppen des alten Bw an der Peterstraße wurde in den 50er Jahren abgetragen und beräumt. Zuletzt im Jahre 1968 die Grundmauern und ein Schornstein des ehemaligen Leipziger Hauses, nahe der Walterbrücke. Als einziges konnte die 23-m-Drehscheibe des Chemnitzer Hauses wiederverwendet werden. Bereits im Sommer 1945 wurde sie von der Peterstraße in das neue Bw an der Hamburger Straße umgesetzt. Wegen fehlenden Zements konnte die Drehscheibengrube nicht betoniert werden. Deshalb gelangte die Drehscheibe erst im September 1948 als Drehscheibe II zum Einbau. Auch der Klinkerbau des Verwaltungsgebäudes des alten Bw an der Peterstraße wurde in den 50er Jahren wiederaufgebaut. Gegenwärtig haben der Ingenieurbaubetrieb der Deutschen Reichsbahn und die Starkstrommeisterei ihren Sitz auf dem ehemaligen Gelände des Bahnbetriebswerkes, das damit seit 1893 ständig durch die Eisenbahn genutzt wird.

Auch auf dem Rangierbahnhof Dresden-Friedrichstadt zeigten die Aufräumungsarbeiten erste Erfolge. Bis zum 9. Juli 1945 standen bereits wieder zwölf Gleise für Ein- und Ausfahrten und acht Gleise für Ausfahrten zur Verfügung. Aber erst am 8. Dezember 1947 konnte der Ablaufberg wieder in Betrieb genommen werden.

Wie aus dem Erläuterungsbericht über die Kriegszerstörungen des Bahnbetriebswerkes Dresden-Friedrichstadt hervorgeht, wurden am 20. Juli 1945 sämtliche Werkzeugmaschinen der Friedrichstädter Lokbetriebswerkstatt auf Befehl des russischen Militärs abgebaut und als Reparation abgefahren, so daß eine Instandsetzung von Lokomotiven nicht mehr möglich war.

Die Rbd Dresden sah sich deshalb genötigt, die Lokomotivinstandhaltung der im Bw Dresden-Friedrichstadt beheimateten Lokomotiven ab September 1945 auf auswärtige Dienststellen im gesamten Rbd-Bezirk zu verteilen. Dazu wurde am 18. September 1945 folgende Verfügung erlassen:

Die zerstörte 93 964 im Bw Dresden-Friedrichstadt am 29. August 1945. Aufn.: Bw Dresden

Reichsbahndirektion Dresden Dresden, den 18. September 1945
27 M 16 Ful

1.) MA Bautzen, Chemnitz, Dresden 1 und 2, Plauen (Vogtl) und Zwickau (Sachs), Bw Zittau, Löbau, Bautzen, Bad Schandau, Pirna, Dresden-Alt, Freiberg, Nossen, Cehmnitz-Hild, Chemnitz Hbf, Glauchau, Reichenbach und Werdau - je besonders -
Betr: Lokunterhaltung der Dresdener Lok

Durch den Ausbau von Werkzeugmaschinen aus dem Bw Dresden-Friedrichstadt ist die Lokunterhaltung der im Dresdener Raum beheimateten Lok sehr schwierig geworden. Zur Senkung des Lok-Ausbesserungsstandes mußten wir daher anordnen, daß die Bw mit gut eingerichteten Werkstätten außerhalb Dresdens zusätzlich für die Unterhaltung der im Dresdener Bw beheimateten Lok mit herangezogen werden. Wir gehen im folgenden die von uns in mehreren Einzelverfügungen angeordnete Unterstützung der Dresdener Bw durch auswärtige Dienststellen nochmals zusammenfassend bekannt Folgende Bw haben für das Bw Dresden-Friedrichstadt folgende Lok instandzusetzen:

Lfde Nr	Dienststelle Bw	Anzahl der Auswaschlok wöchentlich	Auswaschtag	Anzahl der L 0 Lok monatlich	Zuzuführen sind mögl. Gattung
1	Bad Schandau	1	montags	–	38^{10-40}, 52, 91^{3-18}
2	Bautzen	2	dienstags donnerstags	–	52, 58 91
3	Löbau	–	–	1	75, 94
4	Zittau	2	freitags sonnabends	–	52 38, 64
5	Pirna	3	montags mittwochs freitags	–	38^{10-40}, 52 86, 93^{5-12}
6	Nossen	6	werktäglich 1 Lok	–	38^{2-3} 52
7	Freiberg	–	–	1	86, 91
8	Dresden-Alt	–	–	1	38, 41, 93
9	Cehmnitz-Hilb	2	dienstags donnerstags	2	52, 55 58, 86 94
10	Chemnitz Hbf	–	–	1	38, 75 41, 64
11	Glauchau	2	mittwochs sonnabends	–	38, 52 58, 86
12	Reichenbach	–	–	2	38, 52, 55, 56, 57, 58, 94

Die Auswaschlok werden ohne Vormeldung vom Bw Dresden-Friedrichstadt in Marsch gesetzt. Bw Dresden-Friedrichstadt sorft für rechtzeitige Zuführung der Lok und zwar so, daß die Lok am Vortage abends in dem Auswasch-Bw eintreffen. An diesen Lok sind folgende Arbeiten auszuführen:
1) Auswaschen
2) fällige Fristarbeiten, (Arbeiten werden vom Bw Dresden-Friedrichstadt angegeben),
3) die laufenden Unterhaltungsarbeiten, die der Lokführer auf dem grünen Ausbesserungszettel vermerkt. Die Reparaturzettel übergibt der Überführungslokführer der Lokdienststelle des Auswasch-Bw. Das Auswasch-Bw sorgt dafür, daß bis zur Zuführung der nächsten Auswaschlok die vorhergehende Auswaschlok fertiggestellt ist. Die Lok, die L 0-Ausbesserung erhalten, sind vom Bw Dresden- Friedrichstadt vorzumelden und zwar läuft die Erstschrift direkt vom Heimat-Bw zum Ausbesserungs-Bw, die Zweitschrift läuft vom Heimat-Bw über MA an RBD und hat den Zusatz zu bekommen: „Lok wird vom Bw … ausgebessert und ist am … zugeführt worden."

Die Bw-Werkstättengruppenverwalter sind dafür verantwortlich, daß die Ausbesserungs-Bw ihre vorgeschriebene Sollleistung erfüllen. Bw Dresden-Friedrichstadt hat durch die Lokleitung ggf. durch Einschaltung der Ozl (Lokdst) die Überführungsfahrten der Lok zu und von den auswärtigen Bw überwachen und darüber einfache Aufschreibungen fertigen zu lassen. Sollten in den Lok- Überführungen wiederholt Verzögerungen festgestellt werden, so sind uns derartige Fälle sofort unter Mitteilung der näheren Umstände zu melden.
4) Ozl (Lokdienst) z K u Überwachung der Zuführungsfahrten bzw. Ausnutzung dieser Fahrten.
5) Baktr 1 und 2 - je bes – z K.

(gez) Pfarr

DAS BAHNBETRIEBSWERK DRESDEN-FRIEDRICHSTADT

Bw Dresden-Friedrichstadt im Jahr 1950. Damals versammelte man sich anläßlich der Übergabe einer G12 zu Ehren des damals gerade stattfindenten „Deutschlandtreffens" in Berlin. Zu erkennen sind 58 1408, 58 2020, und weitere zwei G 12. Parolen am Tender und ein Stalinbild gehörten zu den zeitgemäßen „Zutaten" jener Zeit ...

Aufnahme: DR/Bw Dresden

Der außergewöhnlich strenge und lange Winter 1946/47 hatte für den gesamten Eisenbahnverkehr und für den Wiederaufbau des Bw Dresden-Friedrichstadt große Schwierigkeiten gebracht. Um jedoch den weiteren Aufbau planmäßig weiterzuführen, stellte die Rbd Dresden für das Jahr 1947 einen Arbeitsplan für Bauvorhaben auf. Danach waren im Bw Dresden-Friedrichstadt 1947 nachstehende Arbeiten auszuführen:
- Radreifenfeuer (Juni 1947)
- Wiederherstellung der Lokschuppen und Werkstatt (1. Dezember 1947)
- Innenausbau im Rahmen der vorhandenen Mittel (31. Oktober 1947)
- Richten der eisernen Stützsäulen für Mittelteil, Herstellen des Daches über Mittelteil der Werkstatt 31. Oktober 1947
- Anbringen der Schuppentore

Bereits am 1. Oktober 1947 sollten sämtliche Arbeiten für die Winterfestmachung der Lokeinrichtungen für einen störungsfreien Betrieb im Winter 1947/48 (Lokschuppen, Lokbehandlung, Wasserversorgungsstellen) abgeschlossen sein.

Bemerkenswert ist, daß diese Bekanntmachung vom stellvertretenden Chef der sowjetischen Militärverwaltung in Deutschland, Generaloberst P. Kurotschkin, unterschrieben wurde.

Die Dachfläche über der Ost- und Mittelhalle wurde erst 1952 geschlossen. Nach 1947 sprach man schon gar nicht mehr vom Wiederaufbau des dritten Teils der Lokhalle, dem Westfeld. Nach 1945 von den Trümmern beräumt, dienten die 22 Lokstände nach Instandsetzung der Westfeldschiebebühne von 1946 bis 1947 lediglich zum Abstellen der Betriebsloks unter freiem Himmel.

Die Entwicklung des Bw Dresden-Friedrichstadt ab 1950

Die zwei Nachkriegsjahrzente blieben nahezu ohne Baugeschehen im Bw Dresden-Friedrichstadt. Alle Anstrengungen richteten sich auf die Gesundung des Lokbestands zur Sicherung eines geordneten Betriebes bei der Deutschen Reichsbahn. Darunter fiel auch die Einführung der Kohlenstaubfeuerung an Güterzuglokomotiven der BR 58 im Bw Dresden-Friedrichstadt. Mit der Lok 58 1408 traf im Oktober 1950 die erste Kohlenstaublok in Dresden ein. Zunächst mußten die Lokomotiven direkt aus dem Kohlenstaubtransportwagen gebunkert werden. Erst 1952/53 entstand an den Gleisen 536/538 (dem heutigen Standort des Hilfszuges) eine Kohlenstaub-Großbunkeranlage. Diese Anlage entsprach jedoch nicht den Sicherheitsbestimmungen und mußte 1959 umgerüstet werden. Die Abnahme dieser zweiten Kohlenstaubanlage erfolgte am 16. Juli 1959. Nachdem das Bw Dresden-Friedrichstadt 1967 seine letzte Kohlenstaublok abstellte, wurde die Bunkeranlage noch im selben Jahr abgerissen.

Ab Oktober 1960 wurde in den Dresdner Bw's damit begonnen, Neubaudiesellokomotiven aus DDR-Produktion einzusetzen. Von Anfang an waren alle Rangierlokomotiven der BR V 15 und V 60, ab 1963 auch Streckenloks der BR V 180, dem Bw Dresden-Pieschen zur Unterhaltung zugeteilt. Da für 1965 die Schließung des Bw Dresden-Pieschen vorgesehen war, verlagerte man die Diesellokunterhaltung schrittweise in das Bw Dresden-Friedrichstadt. Die Aufnahme der Diesellokunterhaltung im Bw Dresden-Friedrichstadt, zunächst für die Baureihe V 15 und V 60, erfolgte im November 1963 mit sechs Arbeitskräften. Der abgetrennte Werkstattbereich mit zehn Lokständen wurde im Mittelfeld des großen Rechteckschuppens, an der Nordseite zur Hamburger Straße auf den Gleisen 1 bis 5 eingerichtet. Ab 1. Januar 1966 wurden dann sämtliche Diesellloks des Dresdener Raumes im Bw Dresden-Friedrichstadt unterhalten. Nach Eröffnung des elektrischen Zugbetriebs von Freiberg nach Dresden mit Anschluß des Rangierbahnhofs Dresden-Friedrichstadt am 25. September 1966, blieben die Gleise des Bw Dresden-Friedrichstadt zunächst noch ohne Fahrleitung. Ein Triebfahrzeugpark an E-Loks war zu diesem Zeitpunkt für das Bw Dresden noch nicht vorgesehen. E-Loks wurden im sogenannten Komplex mit dem Bw Karl-Marx-Stadt gefahren.

Weitere bedeutende bauliche Veränderungen im Bw Dresden-Friedrichstadt kamen erst nach der Bildung des Bw Dresden ab 1967 zur Ausführung. Dabei wurde berücksichtigt, daß im ehemaligen Bw Dresden-Friedrichstadt (fortan als Betriebsteil Hamburger Straße – BTH – bezeichnet) auf Grund des teilweise gut erhaltenen und großzügig angelegten Gebäudekomplexes nicht nur der Verwaltungssitz eingerichtet, sondern zugleich in der Phase des Traktionswechsels ein modernes, zukunftsorientiertes Bahnbetriebswerk für die Konzentration der gesamten Diesel- und E-Lok-Unterhaltung um Dresden aufgebaut werden sollte.

Erste Pläne dazu gab es bereits im Jahr 1964. Danach sollte im Bw Dresden-Friedrichstadt ein Unterhaltungswerk ausschließlich für elek-

ZERSTÖRUNG UND WIEDERAUFBAU

trische Triebfahrzeuge gebaut werden. Aus Sicht der DR-Planer der damaligen Zeit ein übertriebenes Projekt, das sich in keiner Weise an den Tatsachen der eigentlichen Entwicklung der Traktionsumstellung bei der Reichsbahn orientierte. Merkwürdigerweise hat man aber zu DDR-Zeiten aus vorausgegangenen Fehlern nur wenig gelernt. Als am 1. März 1968 eine Grobübersicht über das Investvorhaben Unterhaltungswerk Dresden, welches auf dem Gelände der Westfeldruine gebaut werden sollte, dem Vorsteher des Bw Dresden auf dem Tisch kam, handelt es sich um das alte Projekt aus dem Jahr 1964. Daraufhin sah sich der Vorsteher des Bw Dresden veranlaßt, am 22. September 1969 noch einmal mit Nachdruck eine dringend notwendige Projektbearbeitung beim Verwaltungsleiter der Rbd anzumahnen.

Nach der neuen Aufgabenstellung sollte das Unterhaltungswerk hauptsächlich für V-Triebfahrzeuge und nur zu einem geringen Teil von E-Loks genutzt werden.

Ungeachtet der noch strittigen Organisationsfragen für das Unterhaltungswerk Dresden ging man ab 1967 im BTH ernsthaft an die Umgestaltung und Modernisierung der Bw-Anlagen für den zukünftigen Einsatz und Unterhaltung moderner Lokomotiven. Der dazu ermittelte Investitionsaufwand aller Bauvorhaben belief sich auf 10,9 Millionen Mark. Das waren zwei Millionen Mark mehr als die Baukosten für den Neubau des gesamten Bw Friedrichstadt in den 30er Jahren.

Für die zu erwartenden langfristigen Bauvorhaben wurden am 1. Mai 1967 betriebseigene Baubrigaden gebildet. Der Abriß der Westfeldruine war dann am 17. August 1967 beendet. Bei drei Sprengungen vom 12. September bis 19. Oktober 1967 wurden die Wände und Pfeiler der Lokschuppenruine, sowie die Kompressorstation beseitigt. Am 16. November 1967 erfolgte die Sprengung von fünf 44 m hohen Schornsteinen.

Stehen blieb lediglich ein Schornstein für die Heizloks am Stand 16, 17 und 18 im Bereich des Ostfeldes. Am 3. Mai 1982 mußten von diesem Schornstein wegen Baufälligkeit mittels Hubschrauber 3 m abgetragen werden.

Durch die begonnene Verlagerung der Dampflokunterhaltung von Friedrichstadt nach Altstadt mußte im Jahr 1969 im BTH der Bau und die Aufstellung zwei stationärer Dampfspender erfolgen. Neben der üblichen Gebäudeheizung mußte diese Heizanlage auch das im Aufbau begriffene Unterhaltungswerk Westfeld mit Heizenergie versorgen. Zum Einsatz kamen von 1969 bis 1989 ständig zwei Lokkessel der BR 58. Anstelle der 1967 abgebrochenen Kohlenstaubanlage entstand 1969 eine moderne Besandungsanlage für Lokomotiven. Zu einer weiteren dringlichen Aufgabe wurde seit der Übernahme der Diesellokunterhaltung im BTH die Schaffung einer Großtankanlage. Zuerst entstand ein Zwischentanklager mit Hochtanks als Provisorium, das am 28. August 1969 fertiggestellt war. Die Übergabe der Großtankanlage mit einem Fassungsvermögen von drei Millionen Liter Dieselkraftstoff erfolgte am 5. Oktober 1970. Und am 1. Mai 1971 ging schließlich auch eine neue Zapfanlage in Betrieb.

Ebenfalls 1970 abgeschlossen werden konnte die Beschaffung und die Montage einer Unterflurradsatzdrehmaschine (URD) auf dem Gleis 48 der Mittelhalle. Die Übergabe und Inbetriebnahme der URD durch die Firma Hegenscheid an die DR erfolgte am 24. März 1970. Das erste bearbeitete Triebfahrzeug war die Diesellok V 100 067.

Nach vier Jahren Bauzustand im BTH war im Frühjahr 1971 die neue Triebfahrzeughalle auf dem Westfeld fertiggestellt worden. Eine wichtige Voraussetzung für die Unterhaltung der seit 1970 im Bw Dresden eingesetzten dieselelektrischen Loks der BR 120.

1971 sprach man allerdings nicht mehr von einem Unterhaltungswerk – Uw –, sondern seitens der Maschinenwirtschaft wurde der Begriff – TE – Triebfahrzeugerhaltung, eingeführt. Die Einweihung der neuen TE-Halle am 1. Mai 1971 wurde mit der Einfahrt der Lok 118 281-5 vollzogen. An der Einweihung nahm auch der damalige Verkehrsminister Otto Arndt teil, der eigens mit dem Salontriebzug Bauart „Hamburg" 183 252 bis in den Betriebshof des Bw Dresden angereist war. Mit dem Ausbau des Westfeldes wurde auch eine Schiebebühnenfeldverlängerung Richtung Ablaufberg erforderlich. Das war wohl auch der Grund, warum die Schiebebühne zwischen Mittelhalle und Westfeld nicht mehr überdacht wurde, wie es der Zustand von 1939 bis zur Zerstörung 1945 war. In der neuen TE-Halle befinden sich heute nur noch 14 Lokomotivreparaturstände statt der 22 Stände mit je 26 m Länge zur Dampflokzeit.

1971 waren damit die wesentlichsten großen Bau- und Investitionsvorhaben im BTH abgeschlossen. Weitere Baumaßnahmen bezogen sich in erster Linie auf die Schaffung technologischer Vorraussetzungen zur Triebfahrzeugunterhaltung. So war die Fertigstellung der Schuppenspannungsprüfanlage Voraussetzung, daß ab Mai/Juni 1975 die E-Lok-Triebfahrzeugun-

Die große Hochbunker-Bekohlungsanlage im Bw Dresden-Friedrichstadt. Am 14. Juni 1970 wurden hier die beiden Loks 52 6659 und 58 1691 bekohlt. Die beiden linken Gleise waren zum Bekohlen der Dampfloks vorgesehen, während auf das rechte Gleis die O-Wagen mit der angelieferten Lokomotivkohle geschoben und mittels Kran ausgeladen wurden.

Aufnahme: Günter Meyer

DAS BAHNBETRIEBSWERK DRESDEN-FRIEDRICHSTADT

Seit 1983 ist 91 896 in der Obhut Friedrichstädter Eisenbahnfeunde. Heute steht sie am Eingang zum Bw in der Hamburger Straße. Aufnahme: Rainer Heinrich

terhaltung im Bw Dresden BTH, zunächst für die im Wendezugbetrieb eingesetzten E-Loks der BR 242 und auch der BR 211 eingeführt werden konnte.

In einem Maßnahmeplan des Dienststellenleiters vom 20. September 1968 wurde die Bildung von Verschrottungsbrigaden für das Bw Dresden festgelegt. Ziel war es, ungenutztes Grundmittel, also nicht mehr transportfähige Lokomotiven, zu verschrotten und einen jährlichen Schrotterlös von 35 000 Mark zu erreichen. Bis in die jüngste Zeit wurden dort Diesellokomotiven der BR 220 zerlegt. Die spektakulärste Aktion der Verschrottungsbrigaden fand jedoch am 20. Februar 1980 statt. An diesem Tag wurde mit drei Lokomotiven (120 178, 120 264 und 1 x BR 106) der große Portalkran der Friedrichstädter Bekohlungsanlage umgezogen und anschließend verschrottet.

Erstmals kamen beim Neubau der TE-Halle im Bw Dresden Rolltore aus Aluminiumsegmenten mit elektrischem Antrieb zum Einbau. Ab 1975 rüstete man schrittweise auch die alten Holzschuppentore der Mittelhalle zur Schiebebühne I im Westfeld und die 19 Lokstände zur Schiebebühne II Ostfeld, sowie alle Zufahrten zur großen Lokhalle mit Rolltoren aus.

Da nach dem Neuaufbau des Westfeldes bereits seit 1970 dort eine neue Schiebebühne in Betrieb war, erfolgte im Zeitraum vom 20. Januar 1981 bis 5. Mai 1981 der Neubau der Schiebebühne II auf dem Ostfeld. Als erste Lok befuhr 119 045-3, welche kurz zuvor fabrikneu aus Rumänien angeliefert worden war, die neue 23 m lange Schiebebühne.

20 Jahre nach Ausscheiden der letzten Dampfloks aus dem Betriebspark des Bw Dresden-Friedrichstadt quollen noch immer dicke schwarze Rauchschwaden aus dem einzigen Schornstein über der Lokhalle, an dem die schon erwähnten Heizlokomotiven angeschlossen waren. Die einseitig nur auf Rohbraunkohle ausgerichtete sozialistische Energiepolitik stand damit im Gegensatz zur fortschrittlichen und modernen Entwicklung, die das Bw Dresden Betriebsteil Friedrichstadt im selben Zeitraum genommen hatte. Nahezu jährlich wurden die alten Dresdner Lokheizkessel mit einem Aufwand von mehreren 100 Tausend Mark im Raw Meiningen wieder „auf Vordermann" gebracht. Erst nach der Wende war es möglich, diese „Dreckschleudern" durch den Einsatz moderner Energieträger ein Ende zu setzen. Als erste Dienststelle in der Rbd Dresden erhielt das Bw Dresden im Betriebsteil Hamburger Straße eine mit Öl betriebene Heizungsanlage, die im Februar 1990 in Betrieb ging. Standort der zwei Heizcontainer ist gegenwärtig noch der Betriebshof.

Über 60 Jahre befanden sich auf dem Freigelände in Friedrichstadt zwei 23-m-Drehscheiben, die auch nach dem Ausscheiden der Dampfloks ihre Daseinsberechtigung hatten. So wurden Schleppploks für den Rangierbahnhof Friedrichstadt, die nur auf einer Seite mit der automatischen Rangierkupplung versehen waren, betrieblich bedingt, des öfteren auf der Drehscheibe gedreht. Im Rahmen der planmäßigen Instandsetzungsarbeiten, kam im Sommer 1992 die Drehscheibe II zum Ausbau, so daß heute nur noch eine Drehscheibe im BTH zur Verfügung steht.

In den 80er Jahren, im Anfangsstadium der Einführung der Computertechnik in den Dienststellen der DR, war das Bw Dresden das erstes der Rbd Dresden, in dem ab 1987 mit Hilfe von Computern die gesamte Triebfahrzeugeinsatztechnologie bearbeitet wurde. Insbesondere die aufwendige Arbeit des Operativtechnologen konnte durch rechnergestützte Programme wesentlich vereinfacht werden. Den entscheidenden Durchbruch in der Nutzung der Computertechnik brachte aber erst der Jahresfahrplan 1992/93, wo seitdem in allen Bahnbetriebswerken der Reichsbahn nach bundesdeutschem Standard die computergestützte Basistechnologie für den Triebfahrzeugeinsatz im großen Umfang angewendet wird.

Zum Abschluß der Betrachtungen über die Entwicklung des Bw Dresden-(Friedrichstadt) soll eine Maßnahme nicht unerwähnt bleiben, die sich in den 80er Jahren vollzog. Zu der Gruppe engagierter Eisenbahner, welche seit 1975 die Dresdner Museumsloks betreuen, gehört auch eine Anzahl erfahrener Lokführer und Schlosser, die aus dem ehemaligen Bw Friedrichstadt hervorgegangen sind. Sie begannen im Jahr 1983 die zuletzt auf der Torgauer Hafenbahn eingesetzte preußische T 9^3 91 896 im Bw Dresden BTH aufzuarbeiten. Auf einer großen Fahrzeugausstellung im August 1984 auf dem Bahnhof Radebeul Ost konnte die Lok erstmals einer breiten Öffentlichkeit zugänglich gemacht werden. Da diese Maschine nicht zu den Eisenbahnmuseumsfahrzeugen der DR bzw. des Verkehrsmuseums Dresden gehörte, war es möglich, 91 896 im Jahr 1985 als Lokdenkmal unmittelbar am Eingang des Bw Dresden an der Hamburger Straße aufzustellen.

Kolonnenloks und Brigadeeinsatz des Bw Dresden-Friedrichstadt

Lokkolonne 10 Bw Dresden-Friedrichstadt

Nach den Festlegungen der Potsdamer Konferenz im Juli 1945 konnte die Sowjetunion in ihrem Besatzungsgebiet die festgelegten Reparationsleistungen umfangreiche Demontagen in der Industrie und im Verkehrswesen vornehmen. Mit diesen Reparationsleistungen hatte Deutschland einen Teil seiner Kriegsschulden an die sowjetische Siegermacht abzugelten. Mit Befehl Nr. 8 der sowjetischen Militäradministration (SMAD) vom 11. August 1945 wurde der seit 9. Mai 1945 durchgeführte Bahnbetrieb ab 1. September 1945 wieder in die Verwaltung der Deutschen Reichsbahn gelegt. Die SMAD sicherte sich aber auch weiterhin den Einfluß auf den Bahnbetrieb. Eine dieser Maßnahmen war die Unterhaltung eines eigenen Lokomotivparks, den sogenannten Kolonnenloks für die SMAD durch die DR.

Diese Lokomotiven waren ausschließlich für die Bespannung der Güterzüge zur Abfuhr der Reparationslieferungen in die UdSSR bestimmt. Im Bereich der Reichsbahndirektion Dresden hatte die SMAD in den großen Bahnbetriebswerken in Dresden, Chemnitz, Zwickau und Reichenbach ab Sommer 1945 solche Lokkolonnen eingerichtet. Die Kolonne 10 war dem

KOLONNENLOKS UND BRIGADEEINSATZ

Bw Dresden-Friedrichstadt zugeordnet und hatte ausschließlich Loks der BR 58$^{10-40}$ im Bestand. Die geforderte Sollstärke der Lokkolonne von 30 G 12-Maschinen konnte wegen des hohen Schadbestandes im eigenen Bw infolge des Zweiten Weltkrieges nicht aus eigenem Aufkommen abgedeckt werden. Über die Hälfte der Friedrichstädter Kolonnenloks wurde deshalb in den Sommermonaten aus dem Rbd Bezirk nach Friedrichstadt umgesetzt. Von den 19 unbeheimateten G 12 Maschinen kamen sieben Loks aus Chemnitz-Hilbersdorf, vier Loks aus Bautzen, drei Loks aus Glauchau, zwei Loks aus Zwickau und jeweils eine Lok aus den Bahnbetriebswerken Görlitz, Reichenbach und Senftenberg. Der Kolonnenlokeinsatz begann im Monat November 1945 an drei verschiedenen Tagen mit jeweils zehn Lokomotiven wie folgt:

1. Brigade ab 15. November 1945:
    58   403, 404, 418, 438, 442, 444, 1041, 1159, 1187, 1933
2. Brigade ab 22. November 1945:
    58   1530, 1532, 1586, 1601, 1679, 1758, 1812, 1821, 1850, 1984
3. Brigade ab 23. November 1945:
    58   417, 437, 1035, 1056, 1206, 1263, 1547, 1648, 1719, 2044

Die Bereitstellung von Loks und Personal für die Lokkolonne bedeutete auch für den Wiederaufbau der Betriebs- und Verkehrsanlagen ein Hemmnis. Allein im Bw Dresden-Friedrichstadt wurden bis Ende 1945 82 Lokführer und 25 Lokheizer zur Kolonne abgezogen, ebenso 40 Wagenmeister.

Angemerkt werden muß, daß nicht jede der auf der Rbd-Liste als Brigadelok gekennzeichnete Maschine auch zum Einsatz kam. Änderungen sind beispielsweise bei vier Lokomotiven bekannt:

58 1024 Aus Rbd Erfurt im Juli 1945 nach Dresden-Friedrichstadt umgesetzt, war bei der Lokzählung am 14.09.1945 noch vorhanden. Kehrte aber im selben Monat von einer Fernfahrt nicht zurück und kam auf die Suchliste der Rbd.

58 1287 Vom 22.11.1945 bis 27.11.1945 war die Maschine als russische Brigadelok bereitgestellt, wurde aber wegen Fehlens der elektrischen Lichtanlage zurückgegeben.

58 1202 Die Lok wird beim Bw Zwickau wie auch beim Bw Dresden-Friedrichstadt als Brigadelok geführt. Aus nicht bekannten Gründen blieb die Lok im November in der Rbd Dresden zurück.

58 2021 Als schadhaft abgestellte Rückführlok konnte sie bis November 1945 durch das Bw Riesa nicht betriebsfähig hergerichtet werden. Im Betriebsbuch ist auch kein Kolonnenlok-Vermerk enthalten.

Die Lokomotiven 58 1202 und 1287 wurden technisch nachgebessert und am 8. Dezember 1945 an die Lokkolonne 15 im Bw Berlin-Lehrter Bf abgegeben. Nur von kurzer Dauer (23.11.1945 – 18.12.1945) war der Kolonnenlokeinsatz der Lok 58 1547. Die Lok gehört ab Dezember 1945 wieder zum Betriebspark des Bw Dresden-Friedrichstadt. Bereits im Februar 1946 vom Brigadeeinsatz nicht zurückgekehrt ist die 58 1648. Weitere Lokveränderungen gab es im Mai 1946.

58 1187 von Mai 1945 – 25.03.1946 warten auf L4
58 1778 ab 01.05.1945 an Kolonne 25 Bw Cottbus
58 1850 ab 16.05.1945 wieder Bw Dresden-Frie.
58 1679 ab 01.08.1946 wieder Bw Chemnitz-Hilb.

Als Ersatz kamen die Maschinen 58 405, 1578, 1890, 2111 und 58 2112 zum Einsatz. Fünf Lokomotiven wechselten am 28. Dezember 1946 auf andere Lokkolonnen:

58 442 an Kolonne 31 Bw Magdeburg Hbf
58 447, 444, 1719 und 1984 an Kolonne 32 (Ort?)

Am 1. Januar 1947 verfügte die Friedrichstädter Lokkolonne 10 noch über 25 G 12-Maschinen. Bereits ab August 1947 ist der Kolonnenlokeinsatz rückläufig. Fast auf den Tag genau nach zwei Jahren wurde am 24. November 1947 die Lokkolonne 10 des Bw Dresden-Friedrichstadt aufgelöst. Von den zuletzt noch eingesetzten Lokomotiven gingen zwölf Maschinen im November 1947 wieder in den Betriebspark der Bw Riesa, Werdau, Bautzen, Hilbersdorf und Dresden-Friedrichstadt über. Als letzte kehrte erst am 4. Dezember 1947 58 1035 und am 9. Dezember 1947 58 1933 vom Kolonneneinsatz zurück.

Die Dampflokbestandsliste der Rbd Dresden von 1945 enthält neben den Kolonnenloks der BR 58$^{10-21}$ auch 83 Lokomotiven der BR 52 aus der Rbd Dresden, die von der sowjetischen Besatzungsmacht als Brigadeloks bestimmt worden waren. Bekannt sind 19 52er aus dem Bestand des Bw Dresden-Friedrichstadt, von denen die meisten im Sommer 1945 in den Bw Chemnitz, Hilbersdorf und Zwickau gesammelt und ab dem zweiten Halbjahr 1945 in den Lokkolonnen, überwiegend der Rbd Berlin, zum Einsatz kamen. Nur wenige ehemalige Dresdner 52er kehrten nach Auflösung sämtlicher Lokkolonnen im Juli 1954 zur Deutschen Reichsbahn zurück. Eine dieser Lokomotiven ist die Bautzener Denkmallok 52 8056-5, welche unter der ehemaligen Betriebsnummer 52 6778 zwischen 1945 und 1947 von der SMAD genutzt wurde.

<u>Kolonnenloks der BR 52 aus dem Bestand des Bw Dresden-Friedrichstadt:</u>
52   315, 1427, 1520, 1581, 1608, 1737, 3956, 4373, 4847, 5896, 5966, 6144, 6173, 6737, 6778, 7443, 7480, 7512

Abgestellte Schadloks der BR 58 im Jahr 1946 im Bw Dresden-Friedrichstadt. Betriebsfähige Maschinen kamen zu den Kolonnen, die im Dienst der SMAD für den Abtransport der Reparationsgüter eingesetzt wurden.
Aufnahme: DR/Bw Dresden

DAS BAHNBETRIEBSWERK DRESDEN-FRIEDRICHSTADT

Brigadeeinsatz

Es ist ein Irrtum anzunehmen, daß mit der Auflösung der Friedrichstädter Lokkolonne Ende 1947 auch der sogenannte „Brigadeeinsatz" von Lokpersonal endete. Vielmehr wurde 1948/49 der Kolonnenpark neu organisiert. Die Rbd Dresden verfügte zwar über keine Lokkolonnen mehr, mußte jedoch für noch bestehenden Kolonnen in der Rbd Cottbus und Berlin Personal stellen. Das betraf Lokpersonal genauso wie Zugführer und Wagenmeister.

Nachdem am 12. Februar 1948 mit Befehl Nr. 32 die Leitung des Bw Dresden-Friedrichstadt vom sowjetischen Militär wieder in die Führung eines deutschen Vorstehers übertragen wurde, war zugleich ein spürbarer Rückgang an Bereitwilligkeit zum Brigadeeinsatz der Dresdner Eisenbahner die Folge. Mit Gründung der DDR 1949 wurde unter dem Aspekt der politisch-ideologischen Massenarbeit versucht, die geforderte Mindestbesetzung für den Brigadeeinsatz zusammenzubekommen. Der Aufruf an Jugendbrigaden und Parteigenossen muß aber nur zeitweise den Personalbedarf gedeckt haben. Aus diesem Grund sah sich die politische Verwaltung des Reichsbahnamtes Dresden genötigt, mit Rundschreiben an alle Dienststellen des Dresdner Raumes noch einmal auf die Dringlichkeit des Brigadeeinsatzes hinzuweisen. Andererseits ist bekannt, daß verschiedene Bewerbungen von Lokführern zum Brigadeeinsatz nicht berücksichtigt wurden. Einzelne Lokführer des Lokbahnhofs Dresden-Neustadt hatten beispielsweise mehrfache Bewerbungen mit bis zu zwölf Paßfotos abgegeben, ohne berücksichtigt zu werden. Es bleibt offen, ob in diesen Fällen die politische Unzuverlässigkeit im Vordergrund stand.

Dresden-Friedrichstadt-Sammelbahnhof für Abgabeloks 1945

Neben den Kolonnenloks gab es einen weiteren Bestand an beschlagnahmten Fahrzeugen, die nicht in Lokkolonnen eingereiht wurden, sondern als Abgabelok, z.B. Beute- oder Reparationslieferung nach Osten verbracht wurden.

Beispielsweise enthält die Dampflokbestandsliste der Rbd Dresden vom Sommer 1945 insgesamt 116 beschlagnahmte Lokomotiven, zumeist als „Abgabelok" deklariert. Diese Liste umfaßt neben Schlepptenderloks auch Tendermaschinen. Bekannt sind 88

Bahnbetriebswerk/Baureihe	55	57	86	89²	91	93	Summe
Dresden-Friedrichstadt	1	–	10	5	1	1	= 18
Dresden-Altstadt	–	–	–	1	–	4	= 5
Aue	–	–	3	–	–	–	= 3
Buchholz	–	–	1	–	–	–	= 1
Bad Schandau	–	1	–	–	–	–	= 1
Bautzen	–	–	1	–	5	–	= 6
Chemnitz Hbf	1	–	–	–	–	–	= 1
Chemnitz-Hilbersdorf	2	1	5	–	–	1	= 9
Freiberg	–	–	3	–	3	–	= 6
Glauchau	1	–	2	–	–	–	= 3
Greiz	–	–	2	–	–	–	= 2
Kamenz	–	–	–	–	1	–	= 1
Pockau-Lengefeld	–	–	3	–	–	–	= 3
Pirna	–	–	3	–	4	4	= 12
Reichenbach	–	2	–	–	3	–	= 5
Rochlitz	–	–	3	–	–	–	= 3
Riesa	1	1	–	–	–	–	= 2
Schwarzenberg	–	–	2	–	–	–	= 2
Zittau	–	2	–	–	–	–	= 2
Zwickau	1	1	–	1	–	–	= 3
Summe:	7	8	39	7	17	10	88

Zu den nach 1945 nach Osten abgerollten Lokomotiven, die über den Sammelbahnhof Dresden-Friedrichstadt gesammelt wurden gehörte auch 89 238, die zum Vorkriegsbestand des Bw Dresden-Altstadt gehörte. Das Bild zeigt die Maschine während des Zweiten Weltkrieges.
Aufnahme: Otte/EK-Archiv

Dampflokomotiven nachgenannter Baureihen, die über den Sammelbahnhof der SMAD in Dresden-Friedrichstadt abgefahren wurden (Tabelle unten):

Baureihe	Abgabelok insgesamt aus der Rbd Dresden	davon liefen Abgabeloks über den Bf Dresden-Frie.	von den Friedrichstädter Abgabeloks waren		
			s	A	B
55	13	7	2	4	1
57	8	8	1	2	5
86	49	39	–	7	32
89	9	7	–	2	5
91	21	17	–	3	14
93	16	10	–	1	9
Summe:	116	88	3	19	66

s = schadhaft abgestellt   A = schadhaft in Ausbesserung befindlich   B = betriebsfähig

Die vielgeäußerte Meinung, daß es sich bei den Abgabeloks um Fahrzeuge im ausmusterungsreifen Zustand handelte, die als Schrottlieferungen in die Sowjetunion gebracht wurden, ist falsch. Zwei Drittel der Lokomotiven waren betriebsfähig. Besonders schmerzlich war der Verlust bei den Loks der BR 86. Die oft erst wenige Jahre alten Einheitsloks waren fast alle betriebsfähig. Die zur Abgabe vorgesehenen Loks wurden in den Monaten September und Oktober 1945 auf dem Bahnhof Dresden-Friedrichstadt gesammelt, von dem aus sie nach Osten abgefahren wurden. Von der Abgabe betroffen waren 20 sächsische Bw. Besonders das Bw Dresden-Friedrichstadt mit 18, Pirna mit zwölf und Chemnitz mit neun Lokomotiven.

... und tschüß!

Das letzte markante Gesicht aus den fünfziger Jahren verabschiedet sich in nächster Zeit endgültig von Deutschlands Schienen! Nur noch wenige Exemplare des ehemaligen Nebenbahnretters werden diesen Sommer überleben, wir müssen dem guten alten Schienenbus „Lebewohl" sagen ...

Das Eisenbahn-Kurier-Filmteam setzt diesem unter Eisenbahnfreunden in den letzten Jahren so beliebt gewordenen Fahrzeug mit einem herrlichen Film ein Denkmal. Einmalige Bilder werden die Ferkeltaxe so zeigen, wie sie wirklich ist und war: In heißer Mittagshitze über verträumte Nebenstrecken rumpelnd, auf der Hauptbahn den großen Schnellzügen davoneilend, im strapaziösen Schülerverkehr ächzend und märchenhafte kleine Bahnhöfe passierend.

Erleben Sie das Flair einer fast vergangenen Epoche bei der Deutschen Bundesbahn, erleben Sie aber auch den „Reichsbahn"-Bruder des legendären VT 798, den kleinen VT 771, der – nur wenige Jahre jünger – die Karriere seines größeren DB-Bruders vielleicht noch übertrumpfen wird: Betrachten Sie die kleinen „Blutblasen" in den aktuellen RegionalBahn-Farben, wie sie geschäftig über hübsche Nebenstrecken eilen und mit ihrem modernen Design neue Bahnkunden anlocken ...

Lassen Sie sich faszinieren von einem abwechslungsreichen Film, der diese praktischen und insgeheim so geliebten Schienenbusse zumindest im Bild der Nachwelt erhält und sie nicht in Vergessenheit geraten läßt...

Best.-Nr.: 5117 • DM 29,80 • erscheint 6/1994 • Subskriptionspreis bis 31.05.'94: 26,50
EK-Verlag GmbH • Postfach 5560 • 79022 Freiburg • Fax 0761-7031050

DAS BAHNBETRIEBSWERK DRESDEN-FRIEDRICHSTADT

Das Heizhaus Dresden-Friedrichstadt zur Länderbahnzeit

Auf eine nähere Darstellung des Lokeinsatzes des Bw Dresden-Friedrichstadt zur Länderbahnzeit soll bewußt verzichtet werden. Zu vielfältig waren in den Anfangsjahren die hier beheimateten Lokgattungen mit oft nur wenigen gebauten Maschinen sächsischer Herkunft oder fremder Lokfabriken. Nur wenige sächsische Güterzug-Lokgattungen kamen zu besonderem Ruhm und erhielten 1925 noch eine Reichsbahnnummer. Deshalb sollen auch nur die wichtigsten Friedrichstädter Güterzugloks kurz Erwähnung finden.

Nach dem Übergang zum Verbundsystem im sächsischen Lokomotivbau dominierten in Friedrichstadt zunächst C-gekuppelte Schlepptenderloks der sä. Gattung VV (fünf V). Von der Gattung VV wurden von 1895 – 1920 insgesamt 165 Maschinen gebaut. Die DRG übernahm noch 130 Loks, welche die Baureihenbezeichnung $53^{6\text{-}7}$ erhielten. Noch in den 20er Jahren waren diese Lokomotiven zahlreich in Friedrichstadt vertreten und dominierten neben preußischen Güterzugloks. Die meisten VV schieden zwischen 1925 und 1930 aus.

Nach 1900 machte dann der Bau von Güterzuglokomotiven in Sachsen einen großen Sprung, denn man ging von der Achsfolge C gleich zur Achsfolge 1'D (Gattung IX V, IX HV – DRG BR 56^5 und 56^6) und E-Bauart (Gattung XI V, XI HV, XI H – BR 57^0, 57^1 und Gattung XI HT – BR $94^{20\text{-}21}$) über. Den Abschluß bildete 1917 die 1`E h3 Lokomotive (Gattung XIII H) die der preußischen G12 entsprach.

Interessanterweise sind die sächsischen Lokomotiven sehr oft fotografiert worden. Das alte Bw Friedrichstadt an der Peterstraße war dabei eine bevorzugte Kulisse für die bekannten Fotografen Contius und Hubert. Die mögliche Lokstationierung aus dieser Zeit läßt sich dadurch recht gut rekonstruieren. Zu den bemerkenswerten deutschen Lokomotivkonstruktionen zählen die beiden Loks der sä. Gattung XVH TV Nr. 1351 und 1352. Diese 1916 gebauten C C h4v-Tenderlokomotiven waren für den schweren Güterzugdienst und Verschubbetrieb im Erzgebirge gedacht. Lange Zeit waren beide Maschinen in Friedrichstadt beheimatet und zeitweise im Schiebedienst auf den Rampen in Tharandt und Klotzsche eingesetzt. 1925 von der DRG als 79 001 und 002 übernommen, schieden die Loks bereits 1932 außer Dienst.

Eine weitere charakteristische Friedrichstädter Lok war die Gattung XIH. 1905 in ganzen acht Exemplaren gebaut und 1925 in 57 101-105 umgezeichnet, fanden die Lokomotiven viele Jahre als Schlepplok auf dem Rangierbahnhof Dresden-Friedrichstadt Verwendung.

Lokeinsatz des Bw Dresden-Friedrichstadt 1920-1945

Mit Bildung der Deutschen Reichsbahn Gesellschaft im Jahr 1920 bestand das Heizhaus Peterstraße am Rangierbahnhof Dresden-Friedrichstadt gerade 25 Jahre. Aber gerade unter der Regie der Reichsbahn vollzogen sich in den Jahren zwischen den beiden Weltkriegen zahlreiche Umstrukturierungen, die eine Veränderung des Friedrichstädter Lokbestandes mit sich brachten. Zu nennen ist die große Ausmusterungswelle sächsischer Lokomotiven zwischen 1920 und 1930, die Umstrukturierung des Bw Dresden-Pieschen im Jahr 1933 zum Triebwagen-Bw und die damit verbundene Verlagerung des Dampflokeinsatzes auf die übrigen Dresdner Bahnbetriebswerke. Ab Sommerfahrplan 1936 konzentrierte das Bw Dresden-Altstadt auf hochwertigen Schnellzugdienst, womit 32 Dampfloks zum Bw Dresden-Friedrichstadt wechselten. Mit dem Neubau des Bw Dresden-Friedrichstadt an der Hamburger Straße hielten ab 1939 Einheitsgüterzuglokomotiven in großem Umfang in Dresden Einzug.

Die Besetzung des Sudetenlandes im Herbst 1938 und die Wirren des Zweiten Weltkrieges taten schließlich ein Übriges. Das Bw Dresden-Friedrichstadt entwickelte sich nicht nur zu einem der wichtigsten Bw der Rbd Dresden, es war auch das einzige Bahnbetriebswerk in Sachsen, welches zwischen beiden Weltkriegen überwiegend preußische Lokomotiven beheimatete. Waren von 1920 – 1935 hauptsächlich acht verschiedene Dampflokbaureihen in Friedrichstadt präsent, kamen nach 1935 mit der BR 38^2, 75^5 und BR 93 drei weitere Vertreter aus der Länderbahnzeit und mit den BR 50, 52, 84 und 86 vier Einheitslokomotivbaureihen hinzu. Von einer generellen Erneuerung des Lokomotivparks zu dieser Zeit kann aber nicht gesprochen werden, weil vor allem die Einheitslokomotiven kriegsbedingt oft nur kurze Zeit in Dresden-Friedrichstadt stationiert waren.

Durch Lokabgaben infolge des verlorenen Ersten Weltkrieges entstand auch in Sachsen nach

Im Jahre 1916 wurde bei Hartmann in Chemnitz die Lok 878 der Gattung XI HV gebaut und beim Heizhaus in Friedrichstadt stationiert. Die DRG zeichnete die Lok in 57 206 um. Im Gegensatz zu ihren preußischen Schwesterloks der Gattung G 10, die ab 1920 in Friedrichstadt Einzug hielten, war diesen Loks kein langes Leben beschieden. Die Aufnahme von 57 206 entstand nach 1925 in Dresden-Friedrichstadt.

Aufnahme: Slg.Otte/EK-Archiv

DER LOKOMOTIVEINSATZ VON 1920 BIS 1945

1918 ein Defizit an leistungsfähigen Güterzuglokomotiven. Für den Verkehr auf den sächsischen Strecken reichten die wenigen 1'D und E-Lokomotiven nicht mehr aus. Schon frühzeitig wurde deshalb in Sachsen auf preußische Lokomotiven zurückgegriffen. Bemerkenswert dabei ist, daß durch die Maßnahme nicht nur leistungsfähige Güterzuglokomotiven der preußische Gattung G 10 und G 12 sondern auch ältere Gattungen (G 3, G 5, G 7) in Dresden-Friedrichstadt zu finden waren.

Den Anfang der preußischen Güterzuglokomotiven in Friedrichstadt machten zunächst auch wiederum nur C-gekuppelte Maschinen der preußischen Gattung G 3 und G 5. Überwiegend um 1890 gebaut, hatten die Loks zu Beginn der Dresdner Zeit bereits bis zu 30 Dienstjahre absolviert, so daß bisher nur eine G 3 Maschine bekannt ist (53 7146), die in Dresden noch eine DR-Nummer erhielt, während alle anderen Friedrichstädter G 3-Maschinen (ca. 15) in den Jahren 1923/1924 ausgemustert wurden.

Auch von der pr. G 5 brachten es nur wenige Loks auf eine Dienstzeit von zehn Jahren in Dresden. Zwar wurden noch mindestens zehn Friedrichstädter G 5 mit der Reichsbahnnummer versehen, schieden aber bereits 1928 aus. Als dritte preußische Güterzuglokomotive und als erste mit der Achsfolge D war die G 7^2 zu nennen, die ab 1925 in Dresden-Friedrichstadt erschien und Anfang der 30er Jahre durch die Heißdampflokomotiven der Gattung G 8 abgelöst wurde.

Einer alten Leonhardt-Postkarte verdanken wir das Motiv der sächsischen XVH Nr. 1351, der späteren 79 001, die im Heizhaus an der Waltherbrücke aufgenommen wurde. Die außergewöhnliche Maschine war bis 1932 im Dienst.
Repro: Günter Meyer

Ab 1920 wurden mit der pr. G 10 (BR 57^{10}) und der pr. G 12 (BR 58^{10-20}) die ersten preußischen E- bzw. 1'E-Maschinen in Friedrichstadt beheimatet. Diese Gattungen bestimmten zwei Jahrzehnte das Bild der Zugförderung im Dresdner Raum. Während die ersten G 10 durch Umbeheimatung nach Dresden gelangten, kamen von den Lieferserien der Baujahre 1921-1924 20 Maschinen, noch mit Länderbahnnummer, nach Dresden-Friedrichstadt.

Borsig 1922
57 2562 Halle 5610
57 2563 Halle 5611
57 2564 Halle 5612
57 2565 Halle 5613
57 2566 Halle 5614
57 2567 Halle 5615

Henschel 1922
57 3077 Halle 5992
57 3078 Halle 5993
57 3079 Halle 5994

Borsig 1922
57 3115 Halle 5946
57 3117 Halle 5948
57 3118 Halle 5949
57 3119 Halle 5950
57 3120 Halle 5951

Borsig 1922
57 3121 Halle 5952
57 3122 Halle 5953
57 3123 Halle 5954
57 3127 Ost 5456
57 3128 Ost 5457
57 3129 Ost 5458

Krupp 1922
57 2962 Halle 5824

Von den Erstbeheimatungen waren 1936 keine Loks mehr im Bw Dresden-Friedrichstadt. Von 1920 bis 1937 konnten bisher 41 Loks der Baureihe 57 ermittelt werden, die dort stationiert waren. Im angegebenen Zeitraum lag der Friedrichstädter Betriebspark bei durchschnittlich 15 Loks. Am 15. Mai 1936 waren es 16, ein Jahr später 13 Loks.

Im November 1938 wurden die verbliebenen Friedrichstädter G 10 an sudetendeutsche Bw verfügt. So leistete 57 1311 bis 4. Januar 1941 im Bw Aussig/Elbe Dienst, bevor viele G 10 ab 1941 zum Osteinsatz kamen. Bereits ab 1940 verfügte Dresden-Friedrichstadt über keine G 10 mehr. Anfang 1945 gelangten nochmals acht 57er (365, 367, 1081, 2962, 3082, 3084, 3206, 3297) nach Friedrichstadt, wobei es sich bei 57 365 und 367 nicht um G 10, sondern um ehemalige österreichische Reparationsloks an die PKP handelte. Bei der Lokzählung am 10. Oktober 1945 wurde nur noch 57 1081 als betriebsfähig ausgewiesen.

Erst Anfang der 30er Jahre machte Friedrichstadt Bekanntschaft mit der preußischen Heißdampf-Güterzuglokomotive der Gattung G 8 (BR 55^{16-22}), die als Ersatz für ausgemustere preußische und sächsische Güterzuglokomotiven anrollten. Vor 1930 zählte Friedrichstadt noch nicht zu den sächsischen G 8-Standorten. Am 1. Juni 1937 waren in Friedrichstadt zwölf G 8 beheimatet. Die meisten Maschinen kamen aus Umbeheimatung von anderen Bw's der Rbd Dresden nach Friedrichstadt.

Die G 8 ereilte 1938 dasselbe Schicksal wie die G 10. Nach Besetzung des Sudetenlandes mußten kurzfristig zahlreiche Lokomotiven mit niedrigem Achsdruck abgegeben werden. Andere Maschinen wurden 1941 von der Abgabe an die Ostfront erfaßt. Die in Aussig stationierten 55er waren auch noch während des Krieges auf der Strecke Tetschen – Dresden-Friedrichstadt im Einsatz. Ab 1944 gelangten mindestens vier G 8 wieder nach Dresden-Friedrichstadt. 55 1607 am 16. September aus dem Raw Cottbus (L 2, vorher Bw Aussig), 55 2024 am 15. Juli vom Bw Aussig, 55 2047 am 27. August 1944 aus Lemberg und 55 2574 am 1. November 1944 von Magdeburg.

Anfang 1945 verfügte Friedrichstadt über 24 Lokomotiven der Baureihe 55, am 31. August 1945 schrumpfte der Bestand auf neun Loks. Darunter waren auch drei polnische Rückführloks der Gattung G 8^1, die eine DR-Betriebsnummer erhielten:

55 2613 ex PKP Tp 4-41
55 3341 ex PKP Tp 4-416
55 3461 ex PKP Tp 4-448

Auflistung bekannter Lokomotiven im Bahnbetriebswerk Dresden-Friedrichstadt 1920-1925 (unvollständig)

Gattung sä. VV		Gattung pr. G 5	
1014	(53 602)	1828	
1016	(53 604)	4024	(54 343)
1019	(53 607)	4028	
1035	(53 628)	Cas 4153	(54 204)
1041	(53 634)	Opp 4163	(54 247)
1047	(53 640)	Kön 4178	(54 239)
1051	(53 644)	Dre 4214	(54 814)
1054	(53 647)	Hl 4221	
1055	(53 648)	Dre 5241	(54 896)
1068	(53 656)	Ost 4260	(54 829)
1076	(53 663)	4281	(54 951)
1083	(53 666)	**Gattung pr. G 7^2**	
1099	(53 676)	Fft 4607	(55 710)
1115	(53 691)	Opp 4633	(55 977)
1158	(53 725)	Bsl 4638	(55 1165)
		Cas 4647	(55 1021)
Gattung pr. G 3			
3119		**Gattung sä. IV**	
3158		1273	(55 6018)
3175			
3194		**Gattung sä. IV T**	
3198		1726	(71 321)
3221			
3365	(53 7146)	**Gattung sä. XI u. XI HV**	
3396		711	(57 021)
3479		712	(57 022)
		878	(57 206)

DAS BAHNBETRIEBSWERK DRESDEN-FRIEDRICHSTADT

Vier G 8 wurden durch die SMAD beschlagnahmt. Im Zuge der Gattungsbereinigung 1947 gelangten noch folgende Loks aus Dresden-Friedrichstadt zur Abgabe:

55 1644	05.1947	an Rbd Cottbus
55 2113	17.05.1947	an Rbd Cottbus
55 2160	20.01.1947	an Bw Senftenberg
55 2574	18.08.1947	an Bw Engelsdorf
55 2613	26.04.1947	an Bw Aschersleben
55 3341	13.05.1947	an Bw Aschersleben
55 3513	31.05.1946	an Bw Bernburg
55 7260	13.05.1947	an Bw Aschersleben

Weiterhin wurde 55 1607 im April 1945 schadhaft abgestellt, stand vom 2. Juni 1946 bis 31. August 1948 unter „z". Am 17. März 1948 wurde die Lok nach Cottbus abgegeben und schließlich am 25. Oktober 1950 im Raw Leipzig verschrottet.

Ab 1917/1919 begann auch in Sachsen die Beschaffung der 1'E-h3-Güterzuglokomotive nach dem Vorbild der pr. G 12. Von den bis 1924 in Deutschland gebauten ca. 1500 Maschinen waren neben Sachsen (62 Loks der späteren BR 58[4]) noch die Staatsbahnen Badens (58[2-3]) und Württemberg (58[5]) beteiligt. Für das Bw Dresden-Friedrichstadt sind bisher keine Erstbeheimatungen der von Hartmann gelieferten G 12 bekannt. Dafür fanden sich in dem Dresdener Bw bereits zum Anfang der 20er Jahre ausschließlich preußische G 12. Der Anfangsbestand von 17 Maschinen hatte sich 1930 bereits verdoppelt. Durchschnittlich 36 58er gehören bis 1944 ständig zum Bw Friedrichstadt. Nach 1945 erhöhte sich die Anzahl weiter, wobei insgesamt 55 Jahre lang G 12-Lokomotiven ununterbrochen in Dresden-Friedrichstadt beheimatet waren.

Nicht einmal die Anlieferung der Einheitsloks der BR 50 ab 1940 und der BR 52 ab 1943 konnte die G 12 in Friedrichstadt verdrängen. Die leistungsfähigen Dreizylinderloks blieben von Anfang an für die aus dem Elbtal herausführenden Eisenbahnstrecken jahrzehntelang ein unentbehrliches Zugmittel. Einen Namen machte sich die G 12 darüber hinaus als Schiebelok im Lokbahnhof Tharandt und Dresden-Neustadt. Als Schlepplok auf dem Rangierbahnhof Dresden-Friedrichstadt kam die G 12 erst nach Ausscheiden der BR 55 zum Einsatz.

Von 1939 bis 1944 sind erstmalig und auch nur für kurze Zeit, insgesamt acht sächsische XIII H in Friedrichstadt stationiert (58 407, 409, 427, 434, 453, 455, 457, 461).

Am 27. März 1927 gelangte mit 58 2044 eine Lok zum Bw Dresden-Friedrichstadt, die von Februar 1923 bis April 1925 von den Franzosen beschlagnahmt worden war. Der Umverteilung von Lokomotiven der BR 55 und 57[10] in sudetendeutsche Bw folgte der Zugang von sieben 58er nach Dresden-Friedrichstadt:

58 1975	16.01.1939	von Reichenbach
58 2052	25.02.1938	von Hilbersdorf
58 2097	20.08.1939	von Hilbersdorf
58 2098	26.07.1939	von Hilbersdorf
58 2101	25.09.1939	von Hilbersdorf
58 2108	22.07.1939	von Hilbersdorf
58 2111	22.12.1039	von Hilbersdorf

Als einziger Zugang westlicher Rbd'en traf 58 1507 am 30. Juni 1940 von Crailsheim in Dresden als Ersatz für die am 21. Januar 1940 nach Beuthen abgegebene 58 1974 ein. Auch Friedrichstädter G 12 Maschinen blieben vom Kriegseinsatz nicht verschont. 58 1968 und 2098 kamen von Februar 1941 bis Anfang 1944 in Bulgarien zum Einsatz. 58 1074 und 1500 wurden 1943 an die Rbd Ost abgegeben, gelangten aber wieder zurück nach Dresden. Am 24. Januar 1944 mußten 58 1035, 1375 und 2073 an das Bw Hirschberg/Riesengebirge umbeheimatet werden. Alle drei Lokomotiven trafen aber bereits am 11. April 1944 über Görlitz/Schlauroth wieder in Friedrichstadt ein. In den Kriegsjahren 1944 und 1945 nahmen dann die Lokbewegungen der BR 58 derart zu, daß heute eine genaue Analyse nicht mehr möglich ist. Ende 1944 bis Anfang 1945 trafen alleine in Friedrichstadt mindestens 20 Rückführloks aus östlichen Direktionen ein:

58	1039, 1114, 1185, 1187, 1225, 1287, 1359, 1421, 1438, 1603, 1719, 1764, 1821, 1862, 1925, 1936, 1957, 2050, 2133.

Als im März 1945 aus der Rbd Dresden über 130 Dampflokomotiven in westliche Direktionen abgefahren wurden, befanden sich darunter auch sieben Friedrichstädter G 12. 58 1625 und 2073 fielen am 17. April 1945 einem Bombentreffer zum Opfer und wurden ausgemustert. Am 31. August 1945 zählten 73 G 12 zum Bestand des Bw Dresden-Friedrichstadt.

Als Mitte der 30er Jahre das Reisezug-Bw Dresden-Altstadt seinen Bestand an Loks der sächsischen BR 38[2-3] (Rollwagen) halbierte, erhielt Dresden-Friedrichstadt diese Loks als Hilfszug-Bespannung zugeteilt. Für die Jahre 1937 – 1940 sind die Loks 38 203 und 260 zu nennen.

Mit der Inbetriebnahme des neuen Bahnbetriebswerkes an der Hamburger Straße ging ein Teil der seit 1936 hier eingesetzten 93er nach Altstadt zurück oder wurde Anfang der 40er

Blick aus einer Friedrichstädter G 12 im Frühjahr 1939 am Abzweig Freital-Ost. Die talwärts fahrende G 12 muß den entgegenkommenden Vorortzug mit einer 93 abwarten. Beide preußischen Baureihen bestimmten nach der Gründung der Deutschen Reichsbahn ganz wesentlich den Lokbestand des Bahnbetriebswerkes Friedrichstadt.

Aufnahme: Georg Otte

DER LOKOMOTIVEINSATZ VON 1920 BIS 1945

Jahre kriegsdienstpflichtig. Als Ersatz waren deshalb ab 1940 weitere 38$^{2-3}$ in Friedrichstadt zu beobachten. Von den 15 verschiedenen Betriebsnummern zählten bis 1945 ständig fünf Loks zum Bestand des Bw Dresden-Friedrichstadt, darunter ab März 1943 auch die vom Sudetenland zurückgekehrten 38 253, 316 und 317 vom Bw Aussig/Elbe und 38 228 vom Bw Bodenbach. Anfang 1945 besaß Friedrichstadt acht Rollwagen. 38 207 wurde am 17. April 1945 durch einen Bombenvolltreffer zerstört.

Das neue Bw Dresden-Friedrichstadt an der Hamburger Straße hatte erst wenige Monate den Betrieb aufgenommen, als im Sommer 1940 mit der Neuanlieferung der Güterzugloks der BR 50 an die Rbd Dresden begonnen wurde. Das war aus vielerlei Gründen erforderlich, lief doch in den Kriegsjahren nahezu jeder Lokaustausch aus der Direktion Dresden mit dem Sudetenland und den Ostgebieten über das Bw Dresden-Friedrichstadt. An dieser Stelle wird deshalb auf das EK-Baureihenbuch „Die Baureihe 50" (Band 1: DR) verwiesen, in dem Leser weitere detaillierte Informationen zur BR 50 in der Direktion Dresden und zum Bw Dresden-Friedrichstadt findet.

Die Rbd Dresden erhielt von 1940 bis 1943 141 fabrikneue Lokomotiven der BR 50 zugeteilt. Insgesamt 80 Lokomotiven hatten davon im Bw Dresden-Friedrichstadt Betriebsanlauf. Aus der Lieferserie von Borsig trafen im Juni und Juli 1940 mit 50 163 – 173 die ersten elf 50er in Friedrichstadt ein. Weitere zehn Maschinen von Henschel mit den Nummern 50 599-608 folgten im November 1940. Bis Jahresende waren 34 Loks der BR 50 in den Bw Adorf, Dresden-Friedrichstadt und Riesa stationiert.

Neuanlieferungen BR 50 Bw Dresden-Friedrichstadt:

1940	1941	1942
50 163-173	50 1401,1401	50 2200-2209
599-608	1404,1405	2599-2608
	1540	2887-2892
	1505,1506	2913-2917
	1542-1544	2920-2924
		3028-3037
		2798-2800

Die BR 50 war in Dresden zunächst ein Ersatz für die abgegebenen Lokomotiven der BR 55 und 57^{10}. Ab 4. Mai 1942 bestanden beim Bw Dresden-Friedrichstadt zwei Umlaufpläne mit je fünf Loks der BR 50. Wende-Bw waren Bodenbach/Tetschen, Senftenberg, Riesa, Elsterwerda, Engelsdorf und Schlauroth. Rangierdienste waren in Dresden-Neustadt Gbf, Hainsberg, Freital-Potschappel und Arnsdorf vorgesehen. Die tägliche Laufleistung je Lok lag bei nur 220 km! Im zweiten Halbjahr 1941 begann auch beim Bw Dresden-Friedrichstadt die Abgabe von Loks der BR 50 in östliche Direktionen für die Verkehrssteigerung anläßlich des Rußland-Feldzuges. Ein weiteres Merkmal der Kriegsstationierung bei Neuanlieferungen waren die oft nur kurzen Beheimatungen in Friedrichstadt, zum Beispiel bei 50 2608 (11.03.42 –31.05.42) und 50 2889 (20.10.42 – 21.10.42).

Am 31. Dezember 1942 beheimatete das Bw Dresden-Friedrichstadt 18 50er, davon standen zehn Loks im Osteinsatz. Für Ende 1943 sind mit 50 281, 438, 1193, 1507, 1734, 1829, 2544 noch sieben 50er für Friedrichstadt bekannt, jedoch sind auch diese Maschinen ab 1944 in Dresden nicht mehr nachweisbar.

Zur Aufbesserung des Lokbestandes erhielt die Rbd Dresden bis Ende 1943 insgesamt 154 Loks der BR 52 zugewiesen. Auch das Bw Dresden-Friedrichstadt erhielt wieder Neuanlieferungen. Nummernmäßig bekannt sind:

1943: 52 107, 108, 3107, 4850, 4885, 6299, 6300, 6306, 6664, 6738, 7168, 7169, 7170, 7437
1944: 52 1582, 2818, 6187, 7438, 7444, 5285, 5286, 5288, 5289.

Es muß aber davon ausgegangen werden, daß die Zahl der Neuanlieferungen in Dresden noch weit über denen der BR 50 lag. Auch für Anfang 1945 läßt sich die Gesamtzahl der Loks der BR 52 in der Rbd Dresden und der Dresdener Bw nur unbestimmt nennen. Es kann eine Anzahl von 597 Loks für die Rbd angenommen werden. Den mit Abstand größten Lokbestand hatte das Bw Dresden-Friedrichstadt mit 78 Loks der BR 52. Weitere sechs Loks beheimatete das Bw Dresden-Altstadt und fünf Loks wurden für den Lokbahnhof Dresden-Neustadt genannt. Damit verfügten alleine die Dresdner Bw's über 89 Kriegsloks der BR 52, gefolgt vom Bw Komotau mit 44 Maschinen. In den Monaten März und April 1945 wurden 22 52er aus den Dresdner Bahnbetriebswerken in westliche Direktionen abgefahren. Mindestens fünf Loks gingen an die Rbd Berlin. Am 31. August 1945 verfügte das Bw Dresden-Friedrichstadt noch über 46 Loks der BR 52, davon 25 betriebsfähig. Bemerkens-

Oben: Fabrikneu wurde im Jahr 1940 50 166 an das Bw Dresden-Friedrichstadt geliefert. Die Aufnahme entstand unmittelbar nach der Anlieferung. Aufnahme: Sammlung Frister
Unten: Ein Teil der in Friedrichstadt beheimateten 84er war auf der Müglitztalbahn eingesetzt, hier 84 003, eine der Loks mit Luttermöller-Triebwerk. Aufnahme: Hubert

DAS BAHNBETRIEBSWERK DRESDEN-FRIEDRICHSTADT

werterweise wurden keine 52er durch die Luftangriffe 1945 auf Dresden zerstört.

Mit den 1'C-1'-Tenderlokomotiven der BR 75⁵ kam das Bw Dresden-Friedrichstadt erstmalig ab 15. Mai 1936 in Berührung, als vom Bw Dresden-Altstadt 75 546 und 559 übernommen wurden. Beide Loks schieden aber am 30. November 1936 wieder aus dem Bestand, 75 546 nach Werdau, 75 559 nach Zittau. Ebenfalls nur für kurze Zeit weilte die Riesaer 75 567 vom 1. Juli bis 15. Dezember 1936 in Friedrichstadt. Nach vier Jahren Pause trafen am 18. April 1941 erneut vier 75er (75 536, 545 vom Bw Chemnitz-Hbf, 75 542, 565 vom Bw Riesa) in Friedrichstadt ein. Aber auch diese Stationierung blieb nur von kurzer Dauer. Die beiden Riesaer Maschinen gingen am 7. Juli 1941 wieder an ihr Heimat-Bw zurück, im Sommer 1942 auch die beiden Chemnitzer.

Im Jahr 1936 begann im Bw Dresden-Friedrichstadt eine neue Ära mit der Stationierung von Einheitstenderlokomotiven. Nahezu zeitgleich beheimatete man die BR 84 und 86 in Dresden-Friedrichstadt. Die BR 84 war speziell für den Einsatz auf der Müglitztalbahn konstruiert und gebaut worden. Der Umbau der schmalspurigen Müglitztalbahn Heidenau – Altenberg erfolgte in den Jahren 1935 bis 1938.

Am 3. März 1936 traf mit 84 001 die erste der 1936 gebauten vier Maschinen in Dresden-Friedrichstadt ein. Da zu diesem Zeitpunkt die Normalspurstrecke nach Altenberg/Erzgeb. noch im Bau war, setzte man die neuen Lokomotiven für alle anfallenden Leistungen im Dresdner Raum ein. Aber auch für den Arbeitszugdienst auf den fertiggestellten Abschnitten der Müglitztalbahn fanden die Loks Verwendung und zwar vorrangig oberhalb von Glashütte, weil dort wegen der engen Gleisbogenradien von 100 m Halbmesser zunächst nur Loks der BR 98⁰ und 84 zugelassen waren.

Lok 84 012 wurde am 13. August 1937 als letzte von der Wildauer Lokbaufirma BMAG ausgeliefert und in Dresden-Friedrichstadt stationiert. Nach der Aufnahme des durchgehenden Betriebs zwischen Dresden/Heidenau und Altenberg am 26. April 1939 wurden zwei 84er dem neuen Lokbahnhof Altenberg (zum Bw Dresden-Friedrichstadt gehörend) zugeteilt. Zumeist waren 84 005 und 008 als Planloks in Altenberg stationiert. Da für den Betrieb auf der Müglitztalbahn nur die Hälfte der vorhandenen Maschinen benötigt wurde, verkehrten die restlichen Maschinen im Dresdner Vorortverkehr nach Arnsdorf, leisteten Verschiebedienst auf dem Rangierbahnhof Friedrichstadt und bespannten den Friedrichstädter Hilfszug. Nachdem am 16. April 1945 84 009 und 011 durch Tieffliegerbeschuß ausgefallen waren, wurden am 19. April 1945 im Heimat-Bw 84 003, 008 und 010 durch Bomben beschädigt. Bei Kriegsende waren von zwölf Maschinen der BR 84 nur noch 84 004 in Dresden und 84 007 in Altenberg in Betrieb. Bis Ende 1945 waren alle 84er, zumindest buchmäßig und unabhängig von ihrem Zustand zum Bw Dresden-Altstadt umgesetzt. Zur selben Zeit wurden sechs 84er (005, 007,

Oben: Die damals gerade zwei Jahre alte 84 008 am 13. Februar 1939 im Bf Niederschlottwitz.
Unten: Die Dresdner 93 963 etwa 1939 auf der Elbtalstrecke. Aufnahmen: Georg Otte

008, 009, 011, 012) auf Anordnung des sowjetischen Militärs für Reservezwecke auf den Rangierbahnhof Dresden-Friedrichstadt abgestellt.

Neben der BR 84 waren die 86er die zweiten Einheitsloks, die ab 1936 in Friedrichstadt stationiert wurden. Grundlage für den Beginn der Beheimatung in Friedrichstadt war die Neuorganisation der Zugförderung beim Bw Dresden-Altstadt. Stichtag für die Umbeheimatung von zehn Loks der BR 86 vom Bw Dresden-Altstadt zum Bw Dresden-Friedrichstadt war der 15. Mai 1936 (86 043, 044, 045, 048, 049, 050, 118, 138, 139, 149). Am selben Tag gelangte auch die Hilbersdorfer 86 032 und am 3. November 1936 86 034 ebenfalls aus Hilbersdorf nach Friedrichstadt. Durchschnittlich blieben zehn Loks für drei Jahre bis April 1939 in Friedrichstadt. Kurze Gastspiele der 86 001 und 150 waren unbedeutend.

Bereits im Frühjahr 1939 wurden sämtliche Friedrichstädter 86er mit niedriger Ordnungsnummer gegen gleiche Maschinen ab der Ordnungsnummer 86 234 getauscht, die eine zusätzliche Laufradbremse hatten. Grund für diese Maßnahme war die im Dresdner Vorortverkehr geforderte größere zulässige Geschwindigkeit von 80 km/h gegenüber 70 km/h mit Loks ohne Laufradbremse. Die Mehrzahl der Dresdner 86er wurde mit denen des Bw Chemnitz-Hilbersdorf getauscht. So fanden sich ab April 1939 86 236, 248 – 251, 311 – 313 und 315 in Dresden. Am 6. September 1939 hatten mit 86 375-377 noch drei in Wien-Floridsdorf gebaute 86er in Dresden Betriebsanlauf. Im Juli 1940 wurden diese drei Loks an das Bw Karlsbad abgegeben. In den Monaten September bis Dezember 1943 erhielt Dresden-Friedrichstadt schließlich noch den kompletten Nossener 86er Bestand (86 544-546, 549, 551). Im EK-Buch „Die Baureihe 86" befinden sich auf S. 157 die Dresdner 86er-Umläufe vom 4. Mai 1942 abgebildet.

DER LOKOMOTIVEINSATZ VON 1920 BIS 1945

Danach wurden im Sommerfahrplan 1942 in sieben Dienstplänen insgesamt 15 86er, davon drei Loks von der Lokstation Königsbrück, planmäßig eingesetzt. Die Friedrichstädter Umläufe sahen u.a. den Verschub im Elbhafen auf dem Personenbahnhof Dresden-Neustadt, den Rangierdienst in Klotzsche und Streckendienst östlich von Dresden vor. Am 31. August 1945 verfügte das Bw Dresden-Friedrichstadt über 16 Loks der BR 86. Neun Maschinen waren betriebsfähig.

Im Oktober 1945 fungierte das Bw Dresden-Friedrichstadt als Sammelbahnhof für Abgabeloks der SMAD. Unter den 88 beschlagnahmten Loks, die in die UdSSR rollten, befanden sich allein 39 Maschinen der BR 86, davon zehn vom Bw Dresden-Friedrichstadt.

Mit der Tenderlok der sä Gattung V T (DR-Baureihe 89^2) verfügte das Bw Dresden-Friedrichstadt über eine sächsische Dampflokbaureihe, die nicht nur aus der Länderbahnzeit übernommen worden war, sondern auch zwischen 1920 und 1945 mit drei bis fünf Maschinen ständig zum Betriebspark gehörte. Die Bestandszahlen von Juni 1937 bestätigen, daß die V T zu dieser Zeit überwiegend im Rangierdienst auf den Dresdner Reiseverkehrsanlagen eingesetzt wurde. Denn anders läßt es sich nicht erklären, daß 1937 das Bw Dresden-Altstadt über 13, das Bw Dresden-Friedrichstadt nur über drei (89 204, 251, 254) sä. V T verfügt.

Infolge von Abgaben an Lokomotiven der BR 55, 57^{10}, 91 und 94 entstand in Friedrichstadt ein Defizit an Verschublokomotiven, die durch den Zugang von ca. zehn V T ausgeglichen wurden. Mit Sicherheit bekannt sind sechs Loks. So finden wir im Oktober 1940 außer den drei vorgenannten Loks noch 89 219, 222, 229, 245, 247, 288. Noch möglich sind 89 231, 238, 262, 268 und 282. Den drei Abgaben an andere Bw bis 1944 stand nur ein Zugang gegenüber:

89 204 25.10.1941 Abgabe nach Kamenz
89 288 26.07.1944 Abgabe nach Freiberg
89 245 04.04.1944 Abgabe nach Zwickau
89 249 20.08.1944 Zugang von Rochlitz

Die Lok 89 282 war Anfang 1945 im Lokbahnhof Meißen im Dienst. Am 31. August 1945 verfügten die Dresdener Bw über folgende 89er der Gattung V T:

Dre.-Frie.: 89 222, 231, 238, 247, 249, 251, 254, 282 **(8)**
Dre.-Alt: 89 233, 239, 258, 259, 262, 286, 291, 292, 293 **(9)**

Dem Bw Dresden-Friedrichstadt war noch die im Sommer 1945 nach Freital vermietete 89 219 zuzurechnen. Diese Bestandszahlen waren der letzte Höhepunkt in der Stationierungsgeschichte diese sächsischen Dreikupplers in den Dresdner Bw.

Bereits Ende des Ersten Weltkrieges erhielt die Direktion Dresden preußische $T~9^3$-Lokomotiven zugewiesen. Bekannt sind nach 1925 die Lokomotiven 91 878, 933 und 1554. In den Jahren 1928/1930 wurden die Loks 91 614, 615, 943 und 944 als Verschubloks in Friedrichstadt gemeldet. Seit 1926 war auch 91 1800 vom Maschinenamt Breslau 2 beim Bw Dresden-Piesсhen im Dienst.

Am 5. Oktober 1935 übernahm das Bw Dresden-Friedrichstadt vom Bw Dresden-Piesсhen Lok 91 1557. Am 26. Juli 1937 wurde die Lok an das Bw Riesa weiterverfügt. Am Stichtag 1. Juni 1937 zählte sie noch zum Bestand des Bw Dresden-Friedrichstadt, wo noch weitere sieben T 9 geführt wurden (91 482, 526, 614, 709, 1105, 1327, 1557, 1682). Gleichzeitig dürfte das Jahr 1937 einen der höchsten $T~9^3$-Bestände für Friedrichstadt aufweisen. Mit dem Zugang der BR 86 wurde die $T~9^3$ aus ihrem angestammten Dresdener Einsatzgebiet verdrängt. Im Oktober 1938 gelangten zwei Friedrichstädter $T~9^3$ ins Sudetenland, wobei 91 943 zum Bw Falkenau und 91 1327 nach Bw Karlsbad rollten.

Weiterhin wechselten 91 482 und 1105 nach Pirna und 91 526 nach Freiberg. 1941 verringerte sich der Bestand weiter durch Osteinsatz. Betroffen sind davon die Friedrichstädter 91 709 (zur Rbd Oppeln) und 91 1683.

91 709 kehrte 1944 wieder nach Dresden zurück und wurde am 21. März 1945 vom Bf Arnsdorf in die Rbd Regensburg abgefahren. Am 31. August 1945 befanden sich lediglich vier $T~9^3$ in Dresden:

91 1104 Bw Dresden-Altstadt, betriebsfähig
91 1329 Bw Dresden-Frie., Einsatz in Dre.-Neustadt
91 1514 Bw Dresden-Friedrichstadt, schadhaft
91 1816 Bw Dresden-Friedrichstadt, betriebsfähig

Mit den Reparationsabgaben nach Osten wurden im Oktober 1945 17 $T~9^3$ aus dem Raum Dresden im Bw Dresden-Friedrichstadt gesammelt und in die UdSSR abgefahren. Darunter befanden sich auch die oben angeführten 91er.

Mit der Umstrukturierung der Zugförderung im Zusammenhang mit der Anlieferung hochwertiger Schnellzuglokomotiven der BR 01 beim Bw Dresden-Altstadt, wurden am 15. Mai 1936 insgesamt 17 preußische Tenderloks der BR 93 (pr. T $14/14^1$) zum Bw Dresden-Friedrichstadt umgesetzt:

93 542, 607, 612, 613, 942, 946, 950, 951, 958, 960, 963, 964, 968, 1065, 1068, 1070.

Die Friedrichstädter 93er-Zeit war aber nur von kurzer Dauer. Mit der Inbetriebnahme des neuen Bw an der Hamburger Straße waren nur noch 93 542, 612, 943, 951, 960, 964, 968, 1070 und die ex Pirnaer 93 1254 vorhanden. 93 613, 942, 946, 950, 963, 1065 und 1068 gingen nach Altstadt zurück. 93 607 übernahm 1940 das Bw Pirna und 93 958 wechselte nach Kamenz.

Von den Friedrichstädter 93ern kamen die Loks 93 844, 943, 951, 960, 1070 und 1255 ab 1941 zum Osteinsatz und blieben verschollen. Am 10. März 1938 kam die Panzerlok 93 058 vom Bw Berlin-Anhalter Bahnhof zum Bw Dresden-Friedrichstadt und wurde dem hier stationierten Panzerzug zugeteilt. Im Dezember 1941 und November 1942 erhielt 93 058 im Raw Königsberg eine Ausbesserung. 1942 erhielt die Lok Frostschutz und zwei Zusatztender. Im Juni 1944 befand sich die Lok im Raw Gleiwitz. Danach wechselte die Panzerlok in die Rbd Villach.

Im Herbst 1945 wurden noch einmal bis zu zehn 93er in Friedrichstadt, teils aus eigenem Bestand und teils von den Bw Dresden-Altstadt, Pirna und Kamenz zusammengezogen. Davon wurden sieben Loks durch das sowjetische Militär genutzt. Zur Gattungsbereinigung 1947 waren in den Dresdener Bw und Pirna noch zwölf T $14/T~14^1$ vorhanden, allein sechs Maschinen gehörten zum Bw Dresden-Friedrichstadt und wechselten im Juni 1947 in die Rbd Berlin und Schwerin.

Wichtigste Verschublok auf dem Rangierbahnhof Dresden-Friedrichstadt war von 1921 bis 1947 die preußische T 16^1 (BR 94^{5-17}).

Die sonst in Sachsen übliche Tenderlok der Gattung XI HT (BR 94^{20}) von Hartmann kam vor dem Zweiten Weltkrieg in Dresden nicht zum Einsatz. Ihre Stationierung begann in Friedrichstadt erst nach Abzug der preußischen Bauart. Dafür waren im Sommer 1921 in Dresden-Friedrichstadt die ersten T 16^1 beheimatet. Sämtliche bisher bekannten 13 Maschinen kamen noch mit ihrer alten Länderbahnnummer zur Auslieferung. Die ältesten Maschinen, 94 1047 (ex Trier 8177) und 94 1048 (ex Trier 8178) wurden am 8. Juni 1920 von Schwarzkopf geliefert. Ihre Stationierung in Dresden-Friedrichstadt begann aber erst am 1. Juni 1921. Alle weiteren T 16^1 dürften, soweit aus den Betriebsbüchern ersichtlich, fabrikneu in Dresden in Dienst gestellt worden sein. Das waren:

1921: 94 1133, 1220 von BMAG/Schwarzkopf
1922: 94 1279, 1297, 1300 von Henschel
1301 – 1303, 1305, 1325, 1329 von BMAG/Schwarzkopf
1923: 94 1630 von BMAG/Schwarzkopf
1924: 94 1662 von BMAG/Schwarzkopf

Am 23. Mai 1936 verließ 94 1302 Dresden in Richtung Aalen, so daß am 1. Juni 1937 nur noch zwölf T 16^1 in Friedrichstadt waren. Im Sommer 1938 leisteten 94 1047 und 1048 für vier Wochen Dienst beim Bw Neunkirchen bzw. Hamburg. Nach ihrer Rückkehr wurden die beiden Loks im Frühjahr 1942 kurzzeitig beim Bw Dresden-Altstadt eingesetzt. Ein Jahr später, im April 1943, wanderten sie endgültig in die Rbd Halle zum Bw Falkenberg ab. Die große T 16^1-Abgabewelle erfaßte Friedrichstadt im Oktober 1940 mit der Ostabgabe von acht T 16^1 (94 1220, 1297, 1300, 1301, 1303, 1305, 1630, 1662).

94 1300, 1303 und 1305 kamen zur Direktion Danzig, wo 94 1300 und 1305 nach 1945 bei der PKP verblieben. Die restlichen sechs Maschinen zählen nach 1945 wieder zum DR-Bestand.

In den Kriegsjahren 1942 – 1944 gingen dem Bw Dresden-Friedrichstadt mit den drei belgischen Mietloks SNCB 9818, 9844, 9847 (2. Februar 1942), 94 1279 vom Bw Reichenbach/V. (24. Oktober 1943) und den Ostrückführloks 94 758, 763, 876, 1325 (1944 aus den Rbd Oppeln und Breslau) acht T 16 zu. Im Juli 1945 fiel 94 1329 unter die Abgabe an Rbd Halle.

DAS BAHNBETRIEBSWERK DRESDEN-FRIEDRICHSTADT

straße. Vom Jahr der Indienststellung ab 1910 bis zur Übernahme durch die DRG im Jahr 1920 hatte sich am Einsatzbestand von acht Loks an der Peterstraße nichts geändert. Nachdem 1925 gültigen Umzeichnungsplan erhielten die Friedrichstädter die Betriebsnummern 98 001, 002, 004, 008, 009, 011, 013 und 014 zugeteilt.

Die restlichen sieben Maschinen waren im benachbarten Bw Pieschen beheimatet. Neben der sä V T (BR 89²) waren die Windbergloks fast zwei Jahrzehnte die einzigen Tenderlokomotiven sächsischer Herkunft in dem mit preußischen Lokomotiven vollbestückten Bw Dresden-Friedrichstadt.

Bereits 1928 wurde mit der Abgabe der 98 008 nach Chemnitz-Hilbersdorf erstmalig eine Windberglok außerhalb Dresdens eingesetzt. Das Jahr 1932 war für die BR 98⁰ in zweierlei Hinsicht bedeutungsvoll. Zum einen wurden von der Pieschener 98er-Gruppe 98 003, 010,

In den Zähllisten vom 31. August 1945 sind für das Bw Dresden-Friedrichstadt fünf T 16¹ aufgeführt (94 758, 763, 1133, 1279 und 1325). In Wirklichkeit gehörten aber mit den belgischen T 16¹ drei weitere Loks dieser Gattung zum Bestand. Sechs von acht T 16 waren betriebsfähig. Ganz anders die Situation im Bw Dresden-Altstadt, wo die fünf T 16¹ alle schadhaft abgestellt waren.

Für den Einsatz auf der Tharandter Rampe erschienen im Januar 1923 beim Bw Dresden-Friedrichstadt fabrikneu die schweren 1'E-1'-Tenderloks 93 003 und 95 004. Am 3. Januar 1924 folgte als dritte Lok ebenfalls fabrikneu 95 035. Für den 1. Januar 1930 ist auch 95 026 kurzzeitig im Dresdner Bestand zu finden. Über zwölf Jahre, bis 1936, gehörten ständig drei preußische T 20 zum Bw Dresden-Friedrichstadt. Es ist anzunehmen, daß ihr Abzug mit der Anlieferung der Einheitsloks der BR 84 zu sehen ist. Im Betriebsbuch der 95 003 ist für diesen Zeitraum der Lokbahnhof Freital des Bw Dresden-Friedrichstadt als Einsatzort genannt. Mit dem Dienst der T 20 als Schiebelok auf der Hauptstrecke Tharandt – Klingenberg – Colmnitz, konnte deren Durchlaßfähigkeit erheblich gesteigert werden. Die T 20 fanden auch Verwendung als Schlepplok auf dem Rangierbahnhof Friedrichstadt. Alle drei 95er wurden 1936 wie folgt umgesetzt:

95 003   am 29.05.1936 nach Neuenmark-Wirsberg
95 004   am 31.05.1936 nach Pressig-Rothenkirchen
95 035   am 12.10.1936 nach Pressig-Rothenkirchen

Die Nachfolge der BR 95 im Tharandter Schiebedienst trat trotz Anlieferung der BR 84 die BR 93 an, die zum selben Zeitpunkt vom Bw Dresden-Altstadt nach Dresden-Friedrichstadt umbeheimatet wurde.

Die Geschichte der im Volksmund als „Windberglok" oder „Kreuzspinne" bezeichneten Meyer-Lokomotiven der Gattung I TV (spätere BR 98⁰) begann im Bw Dresden-Friedrichstadt bereits zur Länderbahnzeit im alten Bw Peter-

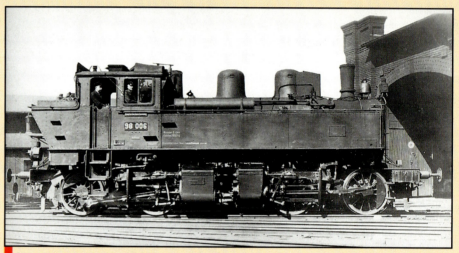

Oben: 98 006 mit einer klassischen Windbergbahn-Garnitur als P 2476 am 1. Juni 1936 bei Freital-Potschappel. Die ehemalige Pieschener Lok kam nach einem „Gastspiel" in Bautzen ab 1933 wieder nach Dresden-Friedrichstadt. Aufnahme: Carl Bellingrodt/EK-Archiv
Mitte: Dieselbe Lok im alten Bw Friedrichstadt an der Peterstraße. Aufn.: Bellingrodt

Unten: Selten sind die Betriebsaufnahmen der Dresdner 95. Georg Otte verdanken wir dieses seltene Bild, als er aus seiner talwärts rollenden G 12 bei der Durchfahrt im Bf Edle Krone die bergwärts fahrende 95 003 aufnahm (1934/35). Aufnahme: Georg Otte

DER LOKOMOTIVEINSATZ VON 1945 BIS 1967

012 und 015 an das Bw Dresden-Altstadt umbeheimatet. 98 005 und 006 gingen kurzzeitig nach Bautzen und fanden sich ab 1. Juni 1933 auch wieder in Friedrichstadt ein.

Wie schon bei der BR 84 beschrieben, wurde auch nur die Hälfte der wartungsintensiven Windberglokks auf ihrer Stammstrecke benötigt. Im Zuge der Umbeheimatung von Pieschen nach Friedrichstadt schieden 98 003, 010 und 015 bereits nach 20 Betriebsjahren aus. Auch aus dem Friedrichstädter Bestand hatte man zum selben Zeitpunkt mit 98 004, 008 und 013 drei Maschinen abgestellt, so daß ab 1933 nur noch acht Windbergloks im Dienst standen. Aber die Reduzierung ging mit Abgabe von 98 002 am 2. November 1934 und 98 005 am 1. Oktober 1934 nach Hilbersdorf weiter. Von diesem Zeitpunkt bis Ende 1945 waren im Bw Dresden-Friedrichstadt nur noch 98 001, 006, 009, 011, 012 und 014 beheimatet. Im Einsatz auf ihrer Stammstrecke, der 13,2 km langen Windbergbahn Freital-Birkigt – Possendorf waren ständig vier Maschinen. Drei vom Lokbahnhof Freital-Potschappel und eine vom Heimat-Bw aus. Als siebte Lok wurde 1940 von der verstaatlichten Oberhohndorfer Kohlebahn bei Zwickau eine Lok derselben Gattung I TV übernommen und mit der Betriebsnummer der 1933 ausgemusterten 98 015 in Zweitbesetzung eingereiht.

Bei dem Bombenangriff am 17. April 1945 wurden die im Bw Dresden-Friedrichstadt stehenden 98 006 und 014 beschädigt, mußten aber nicht ausgemustert werden.

Mit der Umbeheimatung dieser sieben Windberglokks am 15. November 1945 zum Bw Dresden-Altstadt endete der 35 Jahre dauernde Einsatz dieser interessanten Dampflokgattung beim Bw Dresden-Friedrichstadt.

Der Lokeinsatz des Bw Dresden-Friedrichstadt 1945 – 1967

Wie schon beim Bahnbetriebswerk Dresden-Altstadt beschrieben, vollzog sich auch beim Bw Dresden-Friedrichstadt nach 1945 eine Entwicklung im Dampflokpark, die ein Mehrfaches an Lokgattungen gegenüber der Vorkriegszeit aufwies.

Mit der Gattungsbereinigung 1947 schieden mit den Baureihen 52, 55, 56[20], 74, 91, 93, 94[5] und 98[0] zunächst acht Lokbaureihen aus dem Betriebspark aus. Dafür kamen die Baureihen 44, 56[1], später auch wieder die BR 50, 52 und 89 (T3) neu hinzu. Ein weiterer wichtiger Umstand des Lokeinsatzes beim Bw Dresden-Friedrichstadt nach 1945 war die zeitweise Zuordnung von Lokbahnhöfen. So gehörten neben den Lokbahnhöfen Tharandt und Dresden-Neustadt ab Mai 1947 auch die Lokbahnhöfe Meißen, Coswig und Altenberg zum Bw Dresden-Friedrichstadt. Für die Lokgestellung in Meißen und auf der Müglitztalbahn erklärt sich auch die Beheimatung von zahlreichen Personenzuglokomotiven der BR 38[2], 38[10-40], 75[5] und 86 bis in die 50er Jahre.

Dieses Bild, irgendwann in den Jahren nach 1945 entstanden, charakterisiert gut die bewährte schwere Nachkriegszeit: Die kriegsbeschädigte 98 014 wurde wieder instandgesetzt, und das Fahrrad nahm man mit auf Arbeit, damit es nicht „weggetragen" wurde.
Aufnahme: DR/Bw Dresden

Die Hauptlast im Zug- und Rangierdienst des Bw Dresden-Friedrichstadt lag auch nach der Gattungsbereinigung auf bewährten Güterzuglokomotiven aus der Länderbahnzeit. Besonders die BR 58[10-20], einschließlich der Kohlenstaub-Umbaulok, bestimmten nahezu zwei Jahrzehnte das Bild des Friedrichstädter Lokparks. Die Dreizylinder 56[1], vor allem im Nahgüterzugdienst und im schweren Rangierdienst verwendet, blieb dagegen bis zum Eintreffen der ersten Reko-Maschinen nur eine Übergangslösung. Erstmals im großen Umfang fußte nach 1945 die sächsische Tenderlok der BR 94[20] als Ersatz für die preußische T 16. Nicht ganz aufgegeben hatte man nach 1945 die Stationierung von Einheitslokomotiven in Friedrichstadt. Die Baureihen 44, 84 und 86 bildeten aber immer nur eine Minderheit. Als erste verschwand 1952 die BR 84. Am 30. September 1955 endet die zwanzigjährige ununterbrochene Stationierung der BR 86 in Friedrichstadt. Mit der Abgabe der 86er Gruppe nach Pirna wechselte der Lokbahnhof Altenberg vom Bw Dresden-Friedrichstadt nach Pirna.

Auf die 44er im Lokbahnhof Tharandt konnte erst ab 1957 verzichtet werden, als genügend G 12 für den Schiebedienst zur Verfügung standen. Nach siebenjähriger Unterbrechung, begann im Jahr 1951 auch wieder die Stationierung von Einheitslokomotiven der BR 50 in Friedrichstadt. Anders als die G 12, wurde die BR 50 ausschließlich vom Heimat-Bw in Friedrichstadt und auch nur im Streckendienst eingesetzt.

Am 3. Januar 1956 übernahm das Bw Nossen den Lokbahnhof Meißen. Damit verschwanden schließlich die letzten Reisezuglokomotiven der BR 38[2] und 38[10-40] aus den Friedrichstädter Bestandslisten. Während der Zugehörigkeit der Lokbahnhöfe Meißen und Altenberg zum Bw Dresden-Friedrichstadt, hatte dieses Bahnbetriebswerk übrigens seinen höchsten Lokbestand im Nachkriegszeitraum. Die Zahl von im Dezember 1955 beheimateten 130 Dampfloks wurde später nie mehr erreicht.

Lokbestand Bw Dresden-Friedrichstadt im Dezember 1955:

BR 38	7x	BR 58 Kst	13x
BR 44	3x	BR 84	1x
BR 50	19x	BR 89	8x
BR 56	18x	BR 94	15x
BR 58	45x	BR 98	4x

Neben den Reichsbahnbaureihen verfügte das Bw Dresden-Friedrichstadt bis in die 50er Jahre noch über Fremdloks im Betriebspark. Als letzte Fremdlok wurde erst im August 1957 die ehemalige belgische 9818 (die spätere 94 1801) an die Rbd Erfurt abgegeben. Mit der Beheimatung von Reko Loks der BR 58[30] ab 1959 und 50[35] ab 1961 begann in Friedrichstadt die längst fällige Modernisierung und Verjüngung des Dampflokparks. Anders als beim Bw Dresden-Altstadt, erhielt Dresden-Friedrichstadt keine Neubau-Dampfloks aus der DDR-Produktion. Die kurzzeitige Verwendung der BR 65 im Jahr 1961 in Friedrichstadt blieb die Ausnahme. Dagegen hielten ab Mitte der 60er Jahre zunehmend Neubaudiesellloks in Dresden-Friedrichstadt Einzug. In nur zwei Jahren, von 1965 bis 1966 schieden die meisten Loks der BR 38[2], 58-Kohlenstaub, 89[2], 91[3] und 94[20] aus dem Friedrichstädter Betriebspark, so daß bei der Bildung des Bw Dresden am 1. Januar 1967 nur noch die Baureihen 50, 58[10-20], 58[30] und 94[20] übernommen wurden.

Baureihe 22

Der Einsatz der BR 22 im Güterzug-Bw Dresden-Friedrichstadt mit jeweils einer Lok ist für die Jahre 1962 bis 1965 belegt.

1962: 22 005, 22 056
1963: 22 081, 22 082
1964: 22 007, 22 016
1965: 22 026, 22 063

Die acht verschiedenen 22er wurden überwiegend vom Bw Dresden-Altstadt gestellt und liefen oft nur wenige Tage bis max. sechs Wochen. Die BR 22 diente ausschließlich als Ersatz

DAS BAHNBETRIEBSWERK DRESDEN-FRIEDRICHSTADT

für die Reko-50 zur Beförderung der Eilgüterzüge von Dresden-Friedrichstadt nach Seddin. Auf der Hinfahrt wurde der Dg 5451 anfangs über Falkenberg, später über Doberlug nach Seddin geführt. Von Seddin fuhr die Lok als Lz nach Berlin-Schönefeld und kam als „Leer-Vorspannlok" an schweren D-Zügen zurück nach Dresden. Die Rückfahrt der Lok ändert sich von Fahrplan zu Fahrplan. 1965 war Dg 5080 die Rückleistung. Die Planlast für den Eilgüterzug nach Seddin lag bei 600 t und die Höchstgeschwindigkeit betrug 90 km/h.

Baureihe 38²

Nach dem Zweiten Weltkrieg wurde in Friedrichstadt wieder eine Rollwagengruppe aufgebaut, die noch bis 1956 zum Betriebspark gehörte. Auffällig unter den 14 verschiedenen Loks waren fünf Langzeitbeheimatungen.

38 206	28.06.1945 – 26.08.1956
38 216	21.10.1945 – 03.01.1956
38 255	28.09.1945 – 16.04.1956
38 260	09.12.1939 – 16.09.1950
38 307	06.10.1950 – 03.01.1956

Eingesetzt wurde die BR 38² im Rangierdienst, als Hilfszuglok und vor Leig-Zügen. Mindestens ein Rollwagen war ständig dem Lokbf. Meißen zugeteilt. Als häufige Wende-Bw sind Elsterwerda und Riesa zu nennen. 38 250 wurde vom 4. November bis 18. Mai 1956 als Heizlok im Bw Dresden-Pieschen verwendet. Von 1962 bis 1966 kamen kurzzeitig nochmals fünf Rollwagen (38 209, 268, 298, 312, 332) ausschließlich als Hilfszuglok beim Bw Dresden-Friedrichstadt stationiert. Als letzte bis 21. August 1966 Lok 38 332.

Baureihe 38¹⁰⁻⁴⁰

Die preußische P 8 gehörte vor 1945 nicht zum Betriebspark des Bw Dresden-Friedrichstadt, sondern war ausschließlich in Dresden-Altstadt stationiert. Kriegsbedingt trafen ab Ende 1944 Rückführloks in Friedrichstadt ein, darunter auch mindestens 15 P 8:

Von RBD Oppeln:

38 1474	10.04.1945
38 1732	1945
38 1966	10.05.1945
38 3053	04.12.1945

Sonstige Rückführloks aus Osten

38 1024	04.04.1945 Rubnik
38 1520	02.07.1945 Osten
38 2293	04.04.1945
38 2450	04.04.1945
38 2453	1944
38 2457	10.05.1945
38 2471	16.07.1945 Kohlfurt/RAW Cs
38 2908	05.1945
38 3170	31.10.1945
38 3171	15.03.1945 Kohlfurt

Am 31. August 1945 zählten 24 Maschinen zum Bestand, davon waren zehn Loks betriebsfähig. Die meisten P 8 wurden schadhaft abgestellt, 38 3053 sogar bis 1948. Die betriebsfähige Aufarbeitung war meist mit dem Abgang aus Dresden-Friedrichstadt verbunden. 1946 verließen elf, 1947 neun und 1948 drei preußische 38er Friedrichstadt. Im Zuge der Gattungsbereinigung wurden 1947 sieben P 8 an andere Direktionen abgegeben:

38	1782, 4045	April 1947 an Rbd Magdbg.
38	2086	14.04.1947 an Bw Stendal
38	2453, 2892, 3856	April 1947 an Rbd Halle
38	3053	23.03.1948 an Bw Dessau

Nach 1948 beheimatete Friedrichstadt noch fünf 38er. Diese fünf Maschinen (38 1508, 2293, 2457, 3170, 3171) gingen geschlossen am 31. Januar 1951 zum Bw Dresden-Altstadt. Ab 1946 kamen die Friedrichstädter P 8 als Ersatz für die infolge der Gattungsbereinigung abgegebenen 93er mit bis zu vier Loks zum Einsatz. Damit war ihre Verwendung im Dresdner Vorortverkehr zwischen Meißen und Pirna bestimmt. Die Abgabe der P 8 im Jahr 1951 nach Altstadt darf aber als verfrüht angesehen werden. Denn bereits am 1. September 1952 trafen von dort mit 38 3171 und 3341 nochmals zwei P 8 in Friedrichstadt ein, die bis Anfang 1956 ausschließlich beim Lokbahnhof Meißen im Dienst standen. Erst am 3. Januar 1956 wurde der Lokbf. Meißen dem Bw Nossen unterstellt. Mit diesem Datum wechselten die Loks 38 3171, 3341 sowie 38 216 und 307 auch zum Bw Nossen. Danach beheimatete Dresden-Friedrichstadt nur noch 1962 (38 1071, 2350) und 1963 (38 2664) für wenige Tage P 8 als Lokhilfe.

Baureihe 44

Es ist schon bemerkenswert, wenn eines der bedeutendsten Bahnbetriebswerke der Rbd Dresden, dazu noch am größten Rangierbahnhof gelegen, kaum Güterzugloks der BR 44 in seinen Listen führte. Die Spezialisierung im Dresdner Raum lag eben auf der BR 58. Dennoch blieb das Bw Dresden-Friedrichstadt nicht ganz von der BR 44 „verschont". Im März 1945 nahmen neun Ostrückführloks auf dem Weg zur Abgabe an westliche Direktionen den Weg über unser Bahnbetriebswerk. Aber die Stationierung der BR 44 in Dresden mit Einsatz im Zugdienst begann noch 1945 und endete mit Auslauf des Winterfahrplans im Mai 1957.

Daß Dresden-Friedrichstadt nie als 44er Bw bekannt wurde, ist kein Wunder. Denn über den Zeitraum von zwölf Jahren waren meist immer nur eine Lok in Betrieb und max. drei Loks im Bestand. Verwendet wurden die 44er-Jumbos im Lokbahnhof Tharandt als Schiebeloks für die Rampe nach Kingenberg-Colmnitz. In den Nachkriegsjahren fehlt es in Dresden infolge des hohen Schadbestandes und Kolonnenlokparks an Lokomotiven der BR 58. Deshalb mußte zeitweise auf die 44er zurückgegriffen werden. Sieben der zwölf eingesetzten Maschinen (44 106, 109, 116, 338, 453, 500, 591, 689, 1018, 1166, 1182, 1245) stellte das Bw Chemnitz-Hilbersdorf. Am 25. Mai 1947 trafen aus Lübbenau 44 1018 und 1182 ein. 44 106 kam aus Leipzig-Wahren (1953) und 44 1245 von der Kolonne 3 Berlin-Pankow (1948) nach Dresden. Keine 44er war länger als zwei Jahre im Einsatz. Mit 44 109 wurde am 13. Juni 1957 die 44er-Zeit in Dresden beendet.

Baureihe 50

Die Nachkriegsgeschichte der BR 50 im Bw Dresden-Friedrichstadt ist so umfangreich, daß sie hier nicht im einzelnen nachgezeichnet werden soll. Von 1951 bis zur Bildung des Bw Dresden 1967 waren 72 verschiedene Loks dieser Baureihe, darunter 13 Reko-Maschinen, in Friedrichstadt beheimatet. Zunächst mußte das Bw Dresden-Friedrichstadt von 1945 bis 1950 ohne diese Lokomotiven auskommen. Selbst die wenigen Stationierungen (max. drei Loks) bis Anfang 1954 sind meist im Zusammenhang mit dem Kolonnenlokpark zu sehen. Aber ab Sommer 1954 kam dann Bewegung in den 50er-Bestand des Bw Dresden-Friedrichstadt.

Zunächst liefen im August 1954 aus Zittau die Loks 50 1608, 1554, 2226 und 2376 zu. Am 1. Oktober 1954 trafen aus dem Bw Güstrow sieben 50er (50 096, 769, 1092, 1274, 1336, 1571, 2349) sowie die Nossener 50 1598 ein. Damit verfügte das Bw Dresden-Friedrichstadt über einen Anfangsbestand von 14 Loks dieser Baureihe. Die weitere Bestandsentwicklung geht aus der Tabelle hervor:

Bestand jeweils am 1. Januar:

1955	1956	1957	1958	1959	1960
11	18	17	18	21	22

1961	1962	1963	1964	1965	1966
22	22	24	23	23	22

Im Dezember 1955 wurden zwölf Loks im Zugdienst eingesetzt. Bis 1960 verfügte Friedrichstadt ständig über die Hälfte des 50er-Bestandes der Direktion. Ab 1959 fielen zehn Friedrichstädter 50er unter das Reko-Programm dieser Baureihe. Die meisten umgebauten Loks kehrten aber nicht nach Dresden zurück. Erst am 6. April 1961 traf mit 50 3567 die erste Reko-Lok in Dresden-Friedrichstadt ein. Weitere Reko 50er folgten mit 50 3654 und 3656 im April, 50 3666 im Juni, 50 3670 und 3672 im Juli sowie 50 3678 und 3684 im August.

Im November 1961 waren von den 14 Altbau-50ern zehn Maschinen sowie sämtliche Reko-Loks im Einsatz. Letztere zum Ableisten ihrer Garantiefrist. 1962 trafen mit 50 3702 und 3704 noch weitere Loks in Friedrichstadt ein, gleichzeitig wurden im Rahmen der Bauartbereinigung sämtliche Reko-50er bis 1964 an die Rbd Magdeburg abgegeben, als letzte 50 3647 am 28. Mai 1964 nach Stendal.

Im Gegenzug kamen sieben Altbau 50er vom Bw Brandenburg nach Friedrichstadt. Die 60er Jahre galten als Glanzzeit der 50er Beheimatung im Bw Dresden-Friedrichstadt. Über Jahre bestanden die Dienstpläne 1 und 2 mit je sieben Loks der BR 50. Die bekanntesten Dresdner 50er-Leistungen waren die Beförderung der Leergüterzüge (Lgo) ins Braunkohlegebiet nach Senftenberg über Königsbrück und die Rückleistung der Kohlezüge über Kamenz-Arnsdorf mit zwei Loks. Durchgangsgüterzüge wurden überwiegend auf der Achse Bad Schan-

DER LOKOMOTIVEINSATZ VON 1945 BIS 1967

Von 1947 bis 1965 waren in Dresden-Friedrichstadt die dreizylindrigen preußischen 56er im Einsatz, die nach dem Zweiten Weltkrieg im Zuge der Gattungsbereinigung des Jahres 1947 in der Rbd Dresden zusammengezogen worden waren. 56 172 wurde am 5. Mai 1961 auf dem Gelände des Bw Dresden-Pieschen aufgenommen.

Aufnahme: Georg Otte

dau – Elsterwerda bespannt. Der Plan 1 hatte das Eilgüterzugpaar 5075/5072 nach Seddin im Umlauf, mit Rückleistung über Falkenberg. Die Planlast Seddin – Falkenberg betrug 1400 t und weiter bis Dresden 1200 t. Im Sommerfahrplan 1966 liefen die Loks 50 694, 759, 1002, 1333, 1490, 1909, 2349 im Dienstplan 1. Fünf Loks wurden in den Jahren 1965/66 nach Pirna umgesetzt. So erklärt sich auch die ab diesem Zeitpunkt einsetzende Bestandsreduzierung.

Baureihe 52

Unter den Lokomotiven der BR 52, die sich im August 1945 in den Dresdner Bw befanden, waren keine Loks aus Neuanlieferungen. Von der sowjetischen Besatzungsmacht wurden im Laufe des zweiten Halbjahres 1945 zahlreiche Lokomotiven der BR 52 als sogenannte Brigadeloks benutzt, die in den Lokkolonnen zum Einsatz gelangten. Darunter befanden sich auch 27 Maschinen des Bw Dresden-Friedrichstadt. Bedeutende Veränderungen in der Friedrichstädter 52er-Stationierung zeichneten sich im Jahr 1946 ab. Waren Anfang 1946 noch 46 Loks vorhanden, lag die Zahl Ende 1946 nur noch bei zwölf Maschinen. Die Reduzierung ist auf die Verlegung zweier Lokkolonnen Ende 1946 von der Rbd Dresden an die Direktion Berlin und Greifswald zurückzuführen, denen 20 Dresdner Kolonnenloks der Baureihe 52 angehörten.

Kolonne 13 an Bw Seddin mit folgenden Loks:
52 315, 636, 819, 1409, 1569, 3956, 4847, 4903, 5994, 7443, 7775

Kolonne 14 an Bw Angermünde mit folgend. Loks:
52 624, 1570, 1581, 3759, 5966, 6144, 6677, 6793

Im Zuge der Gattungsbereinigung 1947 verschwanden nicht nur alle Loks der BR 52 aus Friedrichstadt, sondern aus der gesamten Rbd Dresden. Von den Dresdner Bw waren ab April 1947 von der Abgabe am 17. März 1948 noch die Loks 52 539, 1415, 1737, 2009, 2709, 4926, 5885, 6172, 6778, 7009, 7248 und als letzte 52 7336 betroffen:

Die zwölf Loks gelangten sämtlich zur Rbd Cottbus. Abgesehen von vier kurzzeitigen Beheimatungen in den 50er Jahren gehörten Güterzuglokomotiven der BR 52 erst wieder ab 1969 ständig zum Bw Dresden-Friedrichstadt.

Baureihe 56

Das Bw Dresden-Friedrichstadt bekam im Rahmen der Gattungsbereinigung 1947 erstmals Lokomotiven der Baureihe 56[1] zugeteilt. Neben Riesa gelangten über das Bw Dresden-Friedrichstadt der Hauptteil von Lokomotiven der BR 56 zur Rbd Dresden. In der Zeit vom 18. April 1947 bis 27. April 1947 trafen mit Lokzügen 14 Maschinen aus der Rbd Berlin in Dresden-Friedrichstadt ein. Bis Ende 1947 nahmen 21 Lokomotiven dieser Baureihe den Weg über Friedrichstadt. Davon waren allerdings nur ganze neun Lokomotiven betriebsfähig. Aus dem Friedrichstädter Schadparkbestand wurden 1947 und 1948 die meisten Loks der BR 56 der Ausbesserung zugeführt und anschließend teilweise in andere Bahnbetriebswerke der Rbd Dresden stationiert. Vier Schadloks wurden am 3. September 1949 von Friedrichstadt nach Dresden-Altstadt umgesetzt. Ab 1948 pegelte sich der Friedrichstädter 56-Bestand auf 16 Lokomotiven ein und blieb in dieser Höhe für einen Zeitraum von zehn Jahren im wesentlichen unverändert.

Erst ab 1958 war eine merkliche Reduzierung des Friedrichstädter 56-Bestands auf sechs Maschinen zu verzeichnen. Diese Maschinen waren wegen ihres Achsdrucks von 17 t nicht universell einsetzbar. Güterzuglokomotiven der BR 50 und später auch der Reko-58 übernahmen deren Leistungen. 1965 wurde dann mit der Abgabe der letzten betriebsfähigen Friedrichstädter Lok 56 112 an das Bw Dresden-Altstadt die Beheimatung dieser preußischen Lokomotiven im Bw Dresden-Friedrichstadt beendet. Noch bis 1967 waren sechs Maschinen der BR 56 im Schadpark des Bw Dresden-Friedrichstadt abgestellt. Im Zeitraum von nahezu 20 Jahren beheimatete das Bw Dresden-Friedrichstadt insgesamt 43 verschiedene Loks der BR 56. Diese Zahl wurde in keinem anderen Bw der Rbd Dresden erreicht.

Eingesetzt wurden die Maschinen im Rangier- wie auch im Streckendienst. Für letzteres hatte das Bw Dresden-Friedrichstadt zwei Dienstpläne mit je vier Loks. Im Streckendienst liefen die 56er auch nach Senftenberg über Königsbrück mit Rückleistung über Ortrand. Güterzüge wurden auch nach Bad Schandau und Zittau sowie zeitweise nach Großenhain und Elsterwerda bespannt. In einem dritten Dienstplan waren die Planloks 56 123 und 183 zum Nachschieben der Züge von Dresden-Neustadt nach Dresden-Klotzsche, sowie zeitweise auch auf der Tharandter Rampe eingesetzt. Beide Lokomotiven waren für diesen Zweck mit der „Kellerschen Kupplung" ausgerüstet. Nach 1958 ka-

DAS BAHNBETRIEBSWERK DRESDEN-FRIEDRICHSTADT

Oben: Kurz vor Aufnahme des elektrischen Betriebes zwischen Dresden und Freiberg lichtete Günter Meyer 58 447 wischen Bk Felsenkeller und Freital-Potschappel ab.
Unten: 58 1934 und eine weitere G 12 bei Edle Krone im Juli 1966.   Aufn.: Günter Meyer

men die Friedrichstädter 56 zunehmend nur noch für untergeordnete Dienste zum Einsatz.

Baureihe 58[2-5,10-21]

Nach 1945 hatte das Bw Dresden-Friedrichstadt überwiegend Güterzuglokomotiven der BR 52 und 58 im Bestand. Während die BR 52 bis 1947 abgegeben wurde, lastete auf der G 12 bis zum Zugang der 50er im 1954 der Hauptteil des Güterverkehrs. Entsprechend groß waren auch die Bestandszahlen. Von 73 Maschinen am 31. August 1945 befanden sich 57 am Ort und 16 Loks außerhalb schadhaft abgestellt. Bis 1967 waren selten unter 50 G 12-Maschinen in Friedrichstadt beheimatet. Hinzu kam, daß von 1951 bis 1967 durchschnittlich weitere 15 Loks der BR 58 mit Kohlenstaubfeuerung (58-Kst) und von 1958 bis 1970 auch die rekonstruierten 58[30] in Dresden-Friedrichstadt beheimatet waren. Mit diesen drei Varianten der BR 58 ergaben sich Bestandszahlen, welche die G 12-Vorkriegsbeheimatung noch weit übertrafen.

Bestand jeweils am 1.Januar:

1960	1961	1962	1963	1964	1965	1966	1967
71	73	75	77	80	84	81	61

Mit Recht konnte deshalb das Bw Dresden-Friedrichstadt als eines der größten und bedeutensten G 12-Bw der Deutschen Reichsbahn gelten.

Einige Zahlen sollen die Bedeutung der G 12- Stationierung für Dresden noch verdeutlichen. Bisher konnten 267 verschiedene G 12 ermittelt werden, die zu irgendeinem Zeitpunkt einmal im Bw Dresden-Friedrichstadt beheimatet waren. Allein 190 Loks verrichteten nach Kriegsende hier Dienst. Durch die Gattungsbereinigung wurden am 28. Juni 1947 von der Rbd Berlin dem Bw Dresden-Friedrichstadt mit 58 002 und 005 die einzigen bei der DR noch vorhandenen preußischen G 12[1] überstellt. Während 58 002 später im Raw Zwickau zerlegt wurde, wechselte 58 005 am 17. April 1948 zum Bw Adorf/Vogtl. Dort war dieser „Außenseiter" als Heizlok vorgesehen, fand sich aber 1951 wieder im Betriebspark des Bw Dresden-Friedrichstadt. Noch vor 1955 gelangte 58 005 schließlich als Heizlok in das Bw Zwickau.

Mit der Abgabe von fünf Loks der BR 84 im Juli 1951 an das Bw Schwarzenberg erhielt das Bw Dresden-Friedrichstadt im Austausch dafür vier Schwarzenberger G 12 (58 458, 1703, 1766, 2101). Und als nur drei Jahre später einige 84er wieder nach Dresden-Altstadt zurück kamen, mußte dafür das Bw Dresden-Friedrichstadt im März 1954 58 1502 und 1934 nach Schwarzenberg abgeben. Dieser Vorgang belegt, daß die Reichsbahn damals auf keine Betriebslok verzichten konnte. Von der PKP hatte die DR im Jahr 1956 13 ehemalige G 12 (Ty 1) zurückerhalten. Über die Hälfte der Maschinen wurde nach ihrer Rückkehr dem Betriebspark des Bw Dresden-Friedrichstadt zugeordnet. Die Loks 58 1247, 1678, 1765, 1888, 1961, 2144 und 2146 trafen sämtlich in den Monaten Februar bis April 1956 in Dresden ein. Interessant ist weiterhin, daß mit 58 1862 und 2094 zwei Friedrichstädter G 12 ab Juni 1949 schadhaft abgestellt wurden und erst im Rahmen der Rekonstruktion als 58 3004 1958, bzw. 58 3021 1959 wieder in den Betriebsbestand kamen.

Betriebspark rostgefeuerte 58 Bw Dre.-Frie.

Zeitraum	Bestand insgesamt	davon im Einsatz
Monat 12/55	45x	22x
Monat 11/61	39x	17x

Erst nach 1945 kam die G 12 planmäßig als Schlepplok auf dem Rangierbahnhof Dresden-Friedrichstadt zum Einsatz. Dazu wurden 1950 alle Schlepplokomotiven mit Sprechfunk ausgerüstet. Benötigt wurden fünf Loks. Weitere vier G 12 waren als Schiebeloks im Lokbahnhof Tharandt und Dresden-Neustadt sowie im Lokbahnhof Meißen zum Nachschieben der Züge nach Deutschenbora stationiert, so daß durchschnittlich zehn rostgefeuerte 58er im Streckendienst liefen.

Am 1. Juni 1965 wechselte der Lokbahnhof Tharandt vom Bw Dresden-Friedrichstadt zum Bw Dresden-Altstadt. Ab diesem Datum wurden die zu diesem Zeitpunkt planmäßig im Lokbahnhof Tharandt eingesetzten 58 423, 1038, 1170, 1225, 1711, 1937 nach Altstadt umgesetzt. Nach dem Abstellen sämtlicher 58-Kst nahm im Herbst 1967 auch die Bestände der rostgefeuerten G 12 beim Bw Dresden-Friedrichstadt ab. Aber erst ab Sommerfahrplan 1970 wurde die Dresdener G 12 ausschließlich als Schlepplok auf dem Rangierbahnhof Dresden-Friedrichstadt verwendet, bis sie ab Winterfahr-

DER LOKOMOTIVEINSATZ VON 1945 BIS 1967

plan 1973/74 durch Dieselloks der Baureihe 120 ersetzt wurden.

Am 28. März 1970 ereignetesich auch einer der letzten Bahnbetriebsunfälle auf dem Bahnhof Dresden-Friedrichstadt: 58 1906 fiel um 10.30 Uhr mit überhöhter Schleppplast am Haken in die Grube des Drehwinkels auf dem Friedrichstädter Ablaufberg. Noch im Frühjahr 1970 wurde die Lok abgestellt.

Die Baureihe 58-Kohlenstaub

Nachdem im Jahr 1950 die Kohlenstaubfeuerung des Systems Wendler zur Serienreife entwickelt worden war, wurden bei der DR bis 1952 insgesamt 55 Loks der ehemaligen preußischen G 12 auf Kohlenstaubfeuerung umgebaut und in den Bw Halle-G, Senftenberg und Dresden-Friedrichstadt stationiert. Nur acht Kohlenstaub-G 12 hatten im Bw Dresden-Friedrichstadt Betriebsanlauf, die sämtlich das Raw Zwickau umbaute:

58 430	30.11.1951	58 1769	08.11.1952
58 455	29.08.1951	58 1809	20.11.1951
58 541	20.10.1951	58 1885	27.11.1951
58 1567	17.10.1951	58 2049	06.11.1951

Bis 1955 folgten weitere fünf 58-Kst aus Senftenberg (58 1048, 1112, 1353, 1952, 1990) und 58 1215 vom Bw-Halle-G. Diese 14 Lokomotiven bildeten zehn Jahre lang den Planbestand der Friedrichstädter Kohlenstaub-G 12. Mit 58 1353 befand sich unter den Dresdner Loks auch eine Maschine, die 1928 bereits kurzzeitig Kohlenstaubfeuerung System Stug besaß. In den Jahren 1963-1965 erhielt Dresden-Friedrichstadt nochmals zwölf 58-Kst, vorwiegend vom Bw Halle-G zugeteilt, die auf ihre letzten Betriebstage in Dresden Dienst leisten. Bereits am 30. November 1963 begann mit 58 1112 die Abstellung der ersten Dresdner Kohlenstaublok. Die restlichen 23 Maschinen schieden bis 1967 wie folgt aus:

1964	1965	1966	1967
5 Loks	14 Loks	3 Loks	1 Lok

Ab 1966 wurden schließlich keine Kohlenstaubloks mehr eingesetzt. Lediglich 58 1856, die 1966 an das Bw Arnstadt abgegeben worden war, kehrte am 17. Januar 1967 wieder nach Dresden zurück, wurde aber am 16. November 1967 auch z-gestellt. Acht Friedrichstädter Kohlenstaub G 12 wurden vor ihrer z-Stellung am 27. und 28. Juni 1966 nach Zwickau abgefahren. Die Loks blieben auf dem Vorortbahnhof Lichtentanne/Sachs. bis zu ihrer Verschrottung im Raw Zwickau abgestellt.

Wende-Bw der Friedrichstädter 58-Kst waren überwiegend Bw mit Kohlenstaub-Bunkeranlagen. So liefen die Maschinen hauptsächlich nach Senftenberg, Falkenberg und Leipzig-Wahren. Auch vor Nahgüterzügen nach Freital und Pirna waren sie zu beobachten. Besonders in den Sommermonaten wurden wegen der Waldbrandgefahr bevorzugt Friedrichstädter

Oben: Eine schöne Aufnahme der Friedrichstädter Kohlenstaub-58 1321 mit Kellerscher Kupplung entstand im Sommer 1965 im Bf Dresden-Neustadt. Aufnahme: Georg Otte
Unten: 58 3009 am Hochbunker im Bw Friedrichstadt. Aufnahme: Günter Meyer

58er im Lokbahnhof Tharandt zum Nachschieben der Züge nach Klingenberg-Colmnitz stationiert. Von den 14 vorhandenen Maschinen waren meistens acht bis zehn Loks im Einsatz. Bei durchschnittlich 15 bis 25 Einsatztagen im Monat wurden durchschnittlich 2500 km gefahren. Spitzenleistungen über 5000 km bei Dresdener Kohlenstaubloks blieben aber die Ausnahme.

Die Baureihe 58^{30}

Der Bestand an Güterzuglokomotiven des Dresdner Raum bedurfte in den 50er Jahren dringend einer Modernisierung. Die Hauptlast der Güterzugleistung lag auf der G 12. Und die seit 1954 in Dresden beheimatete Einheitslok der BR 50 stand nur in begrenzter Stückzahl zur Verfügung. Deshalb ist es keineswegs verwunderlich, daß mit Beginn der Rekonstruktion der G 12 die ersten umgebauten Lokomotiven der neuen Baureihe 58^{30} noch im Jahr 1958 beim Bw Dresden-Friedrichstadt beheimatet wurden. Als erste Maschine traf 58 3002 aus dem Raw Zwickau am 26. Juni 1958 in Dresden ein. Bis 1961 hatten noch weitere 16 Maschinen in Dresden-Friedrichstadt Betriebsanlauf. Erste Umbeheimatungen aus Gera und Riesa ließen den Dresdener 58^{30}-Bestand bis 1964 weiter anwachsen. Von 1964 bis 1969 war die Höchstzahl von 24 58^{30}-Lokomotiven ständig in Dresden beheimatet. In keiner anderen Dienststelle erreichte der 58^{30}-Bestand jemals diesen Umfang. Insgesamt haben 31 verschiedene Reko-58er von 1958 bis 1970 in Dresden-Friedrichstadt Dienst verichtet. Durch den Einsatz der 58^{30} beim Bw Dresden-Friedrichstadt konnten letztlich die 58-Kst nach und nach außer Dienst gestellt werden.

DAS BAHNBETRIEBSWERK DRESDEN-FRIEDRICHSTADT

Eingesetzt wurden die 58.30 in vier Dienstplänen mit je vier Maschinen. Entsprechend groß war auch das Einsatzgebiet. So bespannten die Maschinen Züge auf den Strecken von Dresden-Friedrichstadt nach Elsterwerda, Leipzig-Wahren, Bautzen, Zittau, Bad Schandau, Seddin und Engelsdorf. Der Einsatz der Dresdner Güterzuglokomotiven von 1948 bis 1970 in den Leipziger Raum hatte eine Besonderheit: Infolge der Reparationsleistungen war das zweite

Oben: 58 3021 im Jahr 1965 in Dresden-Friedrichstadt. Die ehemalige 58 2094 wurde als Schadlok bereits 1949 abgestellt und 1959 in 50 3021 rekonstruiert.
Unten: 86 715 gelangte mit der sogenannten Gattungsbereinigung 1947 vom Bw Arten zum Bw Dresden-Friedrichstadt. Aufnahmen: Georg Otte

Streckengleis der Linie Leipzig – Riesa – Dresden zurückgebaut worden. Deshalb wurden fast 25 Jahre lang die Güterzüge von Dresden nach Engelsdorf über Nossen – Döbeln und die Rückleistung über Riesa nach Dresden gefahren. Der 58.30-Einsatz auf diesem sogenannten „großen Güterring" war eine bevorzugte Leistung der Dresdener Loks. Bemerkenswert ist, daß planmäßig Zugleistungen mit diesen Lokomotiven über die Steilrampe bei Klingenberg-Colmnitz nach Freiberg nicht gefahren wurden. Bis zur Elektrifizierung des Streckenabschnitts Freiberg – Dresden am 25. September 1966 blieben diese Leistungen der BR 44 des Bw Karl-Marx-Stadt-Hilbersdorf vorbehalten.

Beim Bw Dresden endete der Planeinsatz der 58.30 mit Eröffnung des durchgehenden elektrischen Zugbetriebs von Leipzig nach Dresden am 30. Mai 1970. Die zuletzt noch vorhandenen 24 Reko-58 wurden in den Monaten Mai, Juni und Juli 1970 an die Bahnbetriebswerke Glauchau (17 Loks), Gera (vier Loks) sowie nach Karl-Marx-Stadt Hilbersdorf und Saalfeld abgegeben. Bedingt durch einen Havariefall in der Stromversorgung für die Fahrleitung kamen vom 8. Februar 1971 bis 14. Februar 1971 noch einmal fünf 58.30 kurzzeitig beim Bw Dresden zum Einsatz.

Die Baureihe 65.10

Lediglich als Lokhilfe zur Bespannung von Arbeitszügen weilten auch zwei Neubautenderloks der BR 65 für kurze Zeit in Friedrichstadt:

DER LOKOMOTIVEINSATZ VON 1945 BIS 1967

65 1020   23.03.1961 – 29.03.1961
65 1050   18.09.1961 – 27.09.1961
         02.11.1961 – 05.11.1961

Die Baureihe 75[5]

Im Zeitraum von 1945 bis 1949 gehörten auch die sächsische XIV HT (BR 75[5]) noch einmal zum Bestand des Bw Dresden-Friedrichstadt. Die acht Maschinen sind schnell genannt:

75 501 von Aue	11.04.1945 – 17.01.1947	n. Dre.-Alt
75 510 Rückführlok	08.07.1945 – 20.05.1949	n. Dre.-Alt
75 523 von Aue	06.04.1946 – 12.07.1947	n. Zittau
75 530 Rückführlok	07.03.1946 – 20.05.1949	n.Adorf
75 569 v. Chemnitz Hbf	29.05.1945 –	1946
75 575 v. Chemnitz Hbf	29.05.1945 –	1946
75 579 v. Chemnitz Hbf	01.06.1945 – 26.06.1947	n. Görlitz
75 581 von Aue	08.04.1946 – 26.06.1947	n. Löbau

Zum Zeitpunkt des Zugangs von 75 569, 575, 579 verfügte das Bw Dresden-Friedrichstadt über ganze 14 betriebsfähige Lokomotiven überhaupt! Mit diesen Maschinen wurde u.a. der Eisenbahnbetrieb wieder in Gang gebracht. Allerdings mußten 75 569 und 75 575 Anfang 1946 schadhaft abgestellt werden. Die vorgesehenen Ausbesserungen (L 0) im Raw Chemnitz wurden aber nicht ausgeführt. Erst 1956 kamen beide Loks wieder in Fahrt. Als Ersatz für die beiden ausgefallenen 75er trafen am 6. April 1946 vom Bw Aue 75 523 und 581 in Friedrichstadt ein. 1947 schieden weitere vier 75er aus dem Bestand des Bw Dresden-Friedrichstadt. Übrig blieben noch die zwei Rückführloks. Von diesen befand sich 75 530 seit 12. Februar 1945 im Raw Dresden zur L 2, die erst am 6. März 1946 fertiggestellt wurde. Im Betriebsbuch der Lok ist vermerkt:

„Lok wurde von der früheren AW-Gruppe des Raw Chemnitz am 1. September 1945 in ganz verbranntem Zustand übernommen".

Bis 1949 weilte 75 530 noch zweimal im Raw, zuletzt zu einer L4. Anschließend gelangte die Lok zum Bw Adorf. Auch die Rückführlok 75 510 kam erst im Mai 1948 nach einer L 3 wieder in Fahrt und ging als letzte am 20. Mai 1949 an das Bw Dresden-Altstadt. Aber dort blieben die 75er Einzelgänger und schieden bis 1952 ganz aus. Die 1945 in Friedrichstadt noch geführte 75 1205, eine polnische OK 127, stand auf w L 4 und rollte zurück an die PKP.

Die Baureihe 84

Die seit 1936 beim Bw Dresden-Friedrichstadt beheimateten Loks der BR 84 wechselten Ende 1945 alle zum Bw Dresden-Altstadt. Bereits 1946 endete das kurze Gastspiel der schweren Einheitsloks beim Bw Dresden-Altstadt und im Frühjahr 1947 fanden die ersten Maschinen wieder zurück nach Dresden-Friedrichstadt. Als letzte kamen 84 003 und 006 am 29. August 1947 zurück.

Die 84 004 mit Luttermöller-Zahnradgetriebe lief ab 6. Dezember 1946 als 2 C 2-Lok, da Zylinderrollenlager für das Getriebe fehlten. Von 1946 bis Juni 1947 ist sie deshalb als Schiebelok für die Rampe Dresden-Neustadt – Dresden-Klotzsche verwendet worden, bis sie danach abgestellt wurde. Am 11. März 1958 musterte man sie schließlich aus und zerlegte sie 1962 im Bw Dresden-Altstadt.

In den ersten Nachkriegsjahren waren die 84er nicht auf ihrer Stammstrecke im Müglitztal (Strecke Heidenau – Altenberg) anzutreffen. Von den als SMAD-Reserve vorgesehenen Maschinen setzte man bis 1947 die Loks 84 008, 009 und 012 regelmäßig als Schiebelok zwischen Tharandt und Klingenberg-Colmnitz ein, bis einzelne Loks der BR 44 zur Verfügung standen. Die übrigen Maschinen beförderten Güterzüge zwischen Dresden/Pirna und Bad Schandau.

Nachdem die BR 84 ab 1947 wieder im Bw Dresden-Friedrichstadt beheimatet worden war, kamen die Loks ab Sommerfahrplan 1947 wieder planmäßig auf der Müglitztalbahn zum Einsatz. Zu diesem Zeitpunkt waren, abgesehen von den für die SMAD abgestellten Maschinen und 84 004, nur 84 001, 002 und ab Februar 1947 84 010 wieder betriebsfähig. Zum Sommerfahrplan 1947 wurden im Lokbf. Altenberg schließlich noch 84 009 und 011 stationiert.

Eine nochmalige Wende im Einsatzgebiet der BR 84 brachte das Jahr 1949. Für das starke Verkehrsaufkommen auf der Strecke Schwarzenberg-Johanngeorgenstadt durch den Uranerzbergbau im Westerzgebirge wurden leistungsfähige Triebfahrzeuge benötigt. Acht Maschinen der BR 84 wurden deshalb von Februar bis September 1949 zum Bw Schwarzenberg (84 002, 00 – 012) umbeheimatet. Erst zwei Jahre später, in den Monaten Juni und Juli 1951 folgten außer 84 004 noch 84 001, 003 und 005. Mit der Abgabe von 84 001 am 8. Juli 1951 endete der Betriebseinsatz der BR 84 beim Bw Dresden-Friedrichstadt.

Die Baureihe 86

Trotz großer Verluste an 86ern durch Abgabe an die UdSSR blieb die 86er-Gruppe beim Bw Dresden-Friedrichstadt auch nach 1945 noch für zehn Jahre bestehen. In diesem Zeitraum kamen nochmals 27 verschiedene Loks der BR 86 zum Einsatz. Die sieben über das Jahr 1946 geretteten Maschinen wurden größtenteils 1948 an die Bw Aue, Pirna und Rochlitz abgegeben. Im Verlauf der Gattungsbereinigung erhielt das Bw Dresden-Friedrichstadt ab 1947 folgende zwölf 86er zugeführt:

vom Bw Gotha	86 218, 622, 623, 748
vom Bw Wittenberge	86 437
vom Bw Angermünde	86 460, 461, 462, 591, 839
vom Bw Artern	86 715
vom Bw Halle-G	86 501

Am 30. September 1955 endete der 86er Einsatz in Friedrichstadt. Die vorhandenen elf Maschinen rollten komplett zum Bw Pirna.

Die Baureihe 89

Das Kriegsende bedeutete empfindliche Einbußen beim V T-Bestand (BR 89[2]) der Direktion Dresden. Neben fünf Verlusten im Sudetenland beschlagnahmte das russische Militär im Oktober 1945 weitere neun 89er, davon allein sieben aus Dresdener Bw's und fuhr sie nach Osten ab. Noch 1945 war die Hinterlassenschaften an Rangierlokomotiven der Dresdener Bw katastrophaler als bei den meisten Streckenlokomotiven. Um dieser Misere zu begegnen, fanden sich ab 1947, neben wenigen echten Sachsen, ca. 20 Tenderlokomotiven der unterschiedlichsten Bauformen, überwiegend von Privatbahnen und Fremdloks mit Reichsbahnnummer in Dresden ein. Die Stationierung dieser in die BR 89 eingereihten Loks lag im Zeitraum 1953 bis

89 247 vom Bw Dresden-Friedrichstadt am 14. August 1957 am Dresdner Elbe-Kai. Außergewöhnlich der gewaltige Bretteraufsatz für den Kohlevorrat.   Aufnahme: Günter Meyer

DAS BAHNBETRIEBSWERK DRESDEN-FRIEDRICHSTADT

89 222 war eine der langjährigen Friedrichstädter Stammloks der ehemaligen Gattung V T. Am 11. August 1962 zog sie eine herrliche Garnitur O-Wagen durch den Neustädter Personenbahnhof.   Aufnahme: Helmut Griebl

1962 und soll an dieser Stelle nur nummernmäßig erfaßt werden:

89 931, 6125, 6237, 6238, 6306, 7263, 7278, 7567, 7568, 7569

Die meisten Maschinen entsprachen der preußischen Gattung T 3. Keine der Loks hielt es länger als zwei Jahre in Friedrichstadt aus. Im Dezember 1955 waren noch 89 6337, 6125 und 7263 vorhanden. Nach 1960 verblieben nur noch 89 7278 und 7568, 89 7268 wurde als letzte am 20. Dezember 1962 nach Zwickau abgegeben.

Den Stamm an leichten Rangierloks bildeten trotzdem in den 50er und 60er Jahren die sä VT (BR 89²). Von den nach 1945 vom Bw Dresden-Friedrichstadt eingesetzten 89 219, 222 und 247 gehörten die ersten beiden Maschinen bis zu ihrer Ausmusterung 1964 ununterbrochen zu den Friedrichstädter Planloks. 89 247 wechselte zum Bw Pirna und Dresden-Altstadt. In den 50er Jahren wurden dann nochmals langfristig vier VT in Friedrichstadt beheimatet. Das betraf die Loks 89 262 (1952), 89 265 (1953) und 89 247 (1955), jeweils vom Bw Dresden-Altstadt und vom Bw Riesa 89 233 (1957). Diese sechs Maschinen schieden sämtlich erst im Jahr 1964 aus dem Bestand des Bw Dresden-Friedrichstadt:

89 219	29.02.1964	z-Park
89 222	08.04.1964	nach Pirna
89 233	25.03.1964	nach Riesa
89 247	26.08.1964	z-Park
89 262	15.01.1964	nach Karl-Marx-Stadt Hbf
89 265	23.02.1965	nach Pirna

Die Lok 89 247 war bis zu ihrer Abgabe am 25. Februar 1948 im Lokbahnhof Meißen stationiert. Von den übrigen Maschinen kamen neben dem Bw-Verschub ständig bis zu drei Loks vom Lokbahnhof Dresden-Neustadt zum Einsatz. Zu beobachten waren die 89er auf sämtlichen Güterverkehrsanlagen der Neustädter Seite im Güterbahnhof Dresden-Neustadt und Industriegebiet Nord.

Die Baureihe 91

Die preußische T 9³ blieb nach 1945 im Großraum Dresden in den Bahnbetriebswerken Pirna, Bad Schandau, Freiberg und Riesa weiter im Einsatz. Gelegentlich leisteten einige dieser Loks, oft nur für Wochen und Monate, in Friedrichstadt Rangierdienst. Bekannt sind die Schandauer 91 1671 (1950) und die Freiberger 91 1705 (1952). Während im Bw Dresden-Altstadt ab 1956 wieder eine T 9³-Gruppe aufgebaut wurde, war im Bw Dresden-Friedrichstadt erst ab 1960 als Einzelgänger für den Verschub an der Umladehalle Friedrichstadt wieder eine T 9³ zu nennen. Die Rochlitzer 91 1618 traf am 30. November 1960 in Dresden ein und wurde genau ein Jahr später durch die Altstädter 91 456 zum Winterfahrplan 1961/62 abgelöst. Den Abschluß der Stationierung von preußischen Tenderlokomotiven im Bw Dresden-Friedrichstadt bildeten schließlich die Jahre 1964/65. Noch einmal führte das Dresdener Bw folgende fünf T 9³ im Bestand.

91 882	v. Dre.-Alt	28.12.63 – 30.11.65 z verkauft
91 1087	v. Riesa	01.04.64 – 18.03.65 nach Dre.-Alt
91 1451	v. Rochlitz	17.03.64 – 09.12.65 z, +14.02.66
91 1618	v. Riesa	04.02.64 – 08.06.64 nach Pirna
91 1671	v. Reichenb./V	1964 – 30.11.64 z, +12.03.66

Davon beendeten drei Loks in Friedrichstadt ihren aktiven Dienst. 91 882 war im Juli 1964 an fünf Tagen mit 73 km (!) im Einsatz und wurde am 30. November 1965 über das Bw Nossen an das Preßspanwerk der Firma Gebrüder Teilge in Böhringen als Heizlok verkauft. 91 1451 wurde im April und Mai 1965 vermietet. Im Juli 1965 fuhr die Lok an zehn Tagen ganze 15 km! Die Lok wird also im Bw nur zwischen Kohle und Wasserkran gependelt haben. Bei der Lok 91 1671 handelte es sich um eine Reichenbacher Maschine, wobei der letzte Eintrag Bw Dresden-Friedrichstadt im Betriebsbuch nicht enthalten ist. Ob die Lok in Dresden noch im Einsatz war, bleibt fraglich.

Die Baureihe 94

Nach 1945 erlangte die preußische T 16¹ in den Dresdener Bw keine Bedeutung mehr. Zwar blieben noch einzelne Maschinen bis in die 50er Jahre in Friedrichstadt, die Aufgaben im schweren Rangierdienst und die Beförderung von Nahgüterzügen waren nunmehr auf die sächsische XI HT (BR 94²⁰) übergegangen. Nachdem am 28. September 1945 mit 94 2040, 2077, 2083, 2118 und Anfang 1946 94 2016 und 2017 die ersten 94²⁰ in Friedrichstadt beheimatet worden waren, gelangten im Juli und September 1947 mit der Gattungsbereinigung zunächst sechs preußische T16¹ (94 758, 763, 812, 1133, 1220, 1325) an die Rbd Halle und 94 483, eine T 16, an Rbd Magdeburg.

Noch nicht getrennt hatte sich das Bw Dresden-Friedrichstadt von den drei belgischen „Miet"-T 16¹ mit den Nummern 9818, 9844, 9847 (spätere 94 1801, 1804, 1805). 9844 und 9847 blieben von 1947 bis 1953 schadhaft abgestellt und kamen nach Aufarbeitung im Raw Halle zum Bw Leipzig-Plagwitz. Nur die spätere 94 1801 war unter ihrer belgischen Betriebsnummer 9818 als letzte und einzige noch verbliebene Dresdener T 16¹ bis zur Abgabe am 28. August 1957 an das Bw Sangerhausen in Betrieb.

Nach 1945 verblieben der DR noch 129 Lokomotiven der BR 94²⁰, die ausschließlich im sächsischen Raum der Rbd'en Dresden und Cottbus stationiert wurden. Dazu zählten auch 26 Maschinen, die 1947 infolge der Gattungsbereinigung von der Rbd Halle zur Rbd Dresden kamen. Die Hälfte der in den Monaten Juli und September 1947 übernommenen Loks vom Bw Altenburg, Lokbf. Meuselwitz, fanden im Bw Dresden-Friedrichstadt eine neue Heimat. Das betraf 94 2038, 2052, 2053, 2062, 2069, 2091, 2102, 2109, 2114, 2115, 2133 und 2136.

Dazu gesellten sich noch am 30. Oktober 1947 94 2006 aus Löbau und am 9. November 1947 vom Bw Zittau 94 2007. Am 1. Oktober 1948 verfügte das Bw Dresden-Friedrichstadt über 17 Loks der BR 94²⁰, ein Höchstbestand, der später nie mehr erreicht wurde. Ab 1950 pegelte sich der Bestand auf 13 bis 14 Loks ein. 1960 lag der Bestand erstmalig unter zehn Maschinen. Mit der verstärkten Auslieferung der Neubaudiesellloks der BR V 60 kam auch in Dresden das Ende der XT HT. Als Außenseiter galten bereits 1967 die Friedrichstädter 94 2083 und 2115. Zu Jahresbeginn war noch ständig eine Lok auf der Hafenbahn im Einsatz. 94 2115 wurde am 1. Februar 1967 abgestellt und noch

DER LOKOMOTIVEINSATZ VON 1945 BIS 1967

Ende 1967 im Raw Halle verschrottet. Die 1923 gebaute Hartmannlok hatte in 44 Dienstjahren 1 368 462 km Laufleistung erbracht.

Reservelok 94 2083 erhielt von 5. bis 25. April 1967 im Raw Halle noch eine L2, wurde aber nach dem Raw-Aufenthalt nach Zwickau abgegeben und war seit dem 28. September 1945, vom Bw Adorf kommend, ständig in Dresden-Friedrichstadt beheimatet. Die Friedrichstädter Lok 94 2022, seit 1. Juli 1965 außer Dienst, war 1967 in Radebeul-Naundorf abgestellt und wurde mit 94 2115 im Dezember 1967 den Weg zum Verschrotten ins Raw Halle gebracht. Im Zeitraum von 1945 bis 1967 haben insgesamt 30 verschiedene Loks der BR 94[20] im Bw Dresden-Friedrichstadt Dienst geleistet.

Die Baureihe 98

Nachdem 1945 die sogenannten „Windbergloks" der BR 98[0] aus dem Betriebspark des Bw Dresden-Friedrichstadt ausgeschieden waren, gehören ab 1953 erneut Tenderloks der unterschiedlichsten Bauarten aus der Nummernreihe 98 zum Bw Dresden-Friedrichstadt. Die beiden bayrischen Lokalbahnloks 98 865 (1956 im Einsatz) und 98 1108 (1953 im Einsatz) blieben aber nur Einzelgänger. In ihrer Dresdner Zeit waren die Maschinen in Altstadt beheimatet. 98 865 wurde 1956 vom Bw Dresden-Friedrichstadt an die Chemischen Werke in Böhlen verkauft. Seit 1955 im Friedrichstädter Bestand wird 98 7715 geführt, eine Cn2-Lokalbahnlok tschechischen Ursprungs. Die Lok des Baujahres 1889 kam am 20. Juni 1952 nach einer HU im Raw Chemnitz auf sächsischen Gleisen in Fahrt, zunächst beim Bw Dresden-Altstadt. Für das Bw Dresden-Friedrichstadt existiert ab 1956 ein Betriebsbogen. Danach war die Lok nach einer L3 von März bis Dezember 1956 an den Schlachthof Dresden vermietet und leistete dort an 208 Einsatztagen 29170 km. 1957 ist sie zwölf Monate (!) betriebsfähig kalt abgestellt. 1958 wurde die Lok an das Raw Dresden (Januar, Oktober, November) verliehen, danach an die Chemische Fabrik Dohna (Februar, April). Die übrigen Monate dampfte sie als Werklok im Bw Dresden-Friedrichstadt (außer September). Nach nur vier Dienstjahren wurde die Lok am 31. Januar 1959 unter „warten auf Aufnahme Raw zur L4" abgestellt. Daß diese nicht mehr ausgeführt wurde, wundert bei der geringen Einsatzleistung nicht. Nach dreijähriger Abstellzeit im Raw Karl-Marx-Stadt ereilte sie im Dezember 1963 das Schicksal der Zerlegung.

Anfang der 50er Jahre erschienen im Betriebspark der Rbd Dresden mit 98 7051, 7056, 7062 und 7065 vier zweiachsige Tenderloks der sä Gattung VII T. Jahrzehntelang waren diese Maschinen unter ihrer jeweiligen Betriebsnummer in den zwei Dresdner Bahnbetriebswerken im Einsatz und auf keiner Bestandsliste geführt. Die Loks trugen lediglich die Bezeichnung Werklok I und II:

Bw Dresden-Altstadt:
Werklok I, sä. Nr. 1420,   DR Nr. **98 7051**
Werklok II, sä. Nr. 1431,   DR Nr. **98 7056**

Bw Dresden-Friedrichstadt:
Werklok I, sä. Nr. 1440,   DR Nr. **98 7062**
Werklok II, sä. Nr. 1444,   DR Nr. **98 7065**

Die 1925 im Umzeichnungsplan erteilte Betriebsnummern kamen bei den vier Maschinen fast 30 Jahre später zur Anwendung. Die Werklok I und II erhielten erst am 19. November 1953 ihre Nummern 98 7062 und 7065 und zählten ab diesem Zeitpunkt zum Betriebspark der Rbd Dresden. Aus den Betriebsbögen der Loks ist ein teilweise recht interessanter Lebenslauf ersichtlich.

98 7062:
– vermietet Siemens Glaswerk Freital (8/ 9/1954)
– vermietet Raw Dresden-Frie. 26.10.54 – 10.12.55
– vermietet Schlachthof Dresden (5/ 6/1956)
– vermietet Sachsenwerk Dresden (9/10/1956)

Ab 1957 war die Lok überwiegend im Bw-Verschub oder als Wirtschaftslok eingesetzt. Dabei leistet die Lok an 30 Betriebstagen bis zu 4900 km!

Oben: 91 1557 legte am 14. Juli 1961 auf der Dresdner Elbbrücke zwischen dem Hauptbahnhof und Neustadt einen „Fotohalt" ein. Georg Otte nutzte die Gelegenheit wiederum für eine Aufnahme …

Unten: Neben 94 2115 war 94 2083 eine der letzten Friedrichstädter 94.20. Nach einem Raw-Aufenthalt im April 1967 wurde sie nach Zwickau abgegeben. Seit 1945 war sie in Friedrichstadt beheimatet.

Aufnahmen: Georg Otte

DAS BAHNBETRIEBSWERK DRESDEN-FRIEDRICHSTADT

Für die Lok 98 7065 begann der achte Unterhaltungsabschnitt am 1. April 1945 gleich mit einer längeren Abstellzeit von 542 Tagen. Die Lok zählte am 16. April 1945 auch zu den Opfern der Bombardierung des Bw Dresden-Friedrichstadt. Erst am 3. November 1946 war sie wieder betriebsfähig und bis zu ihrer Abstellung 1964 nahezu ununterbrochen im Betrieb. Lediglich im August 1956 war die Lok für 13 Tage an das Sachsenwerk Dresden-Niedersedlitz vermietet.

Mit der Überführung der Werkloks in den Betriebspark ergaben sich auch Pflichten über die genaue Abrechnung der Leistungen und Unterhaltskosten. Das bereitete aber Schwierigkeiten. Aus diesem Grund wurden beide Maschinen ab 1. Januar 1952 wieder als Werklok deklariert. Damit entfiel die Wirtschaftlichkeitsberechnung. Im Betriebsbuch der Lok 98 7065 ist dazu folgender interessanter Eintrag vorhanden:

„Lok zählt als Wirtschaftslok und wird als Werklok in der Lokwerkstatt unterhalten. Lokpflegekosten und Kohlen zählen als Gemeinkosten, falls dort keine Angaben gemacht werden können. Die Lok wird täglich 17,5 Stunden eingesetzt, so daß die geschätzten Kilometer in einem Unterhaltungsabschnitt 208.000 km betragen".

Jahrzehntelang waren die beiden Sachsen unentbehrliche Helfer im Lokschuppen und Betriebshof des Bw Dresden-Friedrichstadt. Insbesondere im Dienst auf der Schiebebühne, wo es oft auf den Zentimeter ankam. 98 7062 wurde am 1. November 1961 abgestellt, während 98 7065 am 26. April 1963 nochmals eine Kesseluntersuchung erhielt. Für die fünf Monate des Raw-Aufenthalts von Dezember 1962 bis April 1963 war erstmalig eine V 15 in Friedrichstadt als Werklok im Einsatz. Im April 1964 leistete 98 7065 ihren letzten Dienst.

Beide Loks, 1890 von Hartmann geliefert, hatten damit über 70 Dienstjahre in Dresdner Bahnbetriebswerken verbracht. Eine längere Dienstzeit kann keine andere Dampflokomotive aufweisen, die jemals im Bw Dresden-Friedrichstadt beheimatet war.

Lokbestand des Bw Dresden-Friedrichstadt vom 31.12.1966 (nur Dampfloks)

50	158 694 759 1002 1030 1195 1333 1490 1608 1815 1909 2146 2349 2378 2536 2740 3113 3145 3508
55	4512
58	201 218 263 411 434 458 1038 1084 1159 1194 1287 1325 1357 1408 1825 1863 1865 1870 1888 1925 1930 2053 2096
58	3001 3002 3003 3004 3005 3006 3007 3008 3009 3010 3011 3013 3015 3016 3017 3018 3019 3020 3021 3026 3028 3029 3044
94	2083 2115

Z-Park:

56	113 (z 25.04.63) 129 (z 09.12.65) 168 (z 29.12.60)
58	428 Kst (z 26.08.65) 430 Kst (z 26.08.65) 454 Kst (z 26.08.65) 1112 Kst (z 25.03.65) 1353 Kst (z 25.03.65) 1567 Kst (z 25.03.65) 1626 Kst (z 26.08.65) 1769 Kst (z 28.10.65) 1809 Kst (z 25.03.65) 1990 Kst (z 26.08.65) 2040 Kst (z 28.10.65) 2049 Kst (z 28.10.65)
89	219 (z 12.03.64)
94	2022(z 12.08.65)

Der Lokbahnhof Dresden-Neustadt

Zu den denkmalgeschützten Objekten der DR gehört seit 1979 auch der Lokbahnhof Dresden-Neustadt, unmittelbar an der Nordost-Seite des gleichnamigen Personenbahnhofs. Genau 67 Jahre wurden die Anlagen des Neustädter Lokbahnhofs, der zum Bw Dresden-Friedrichstadt gehörte, für den Dampflokbetrieb genutzt.

99 7065 war von 1946 bis 1964 fast ununterbrochen im Bw Dresden-Friedrichstadt im Bw-Verschub im Einsatz. Die 1890 von Hartmann gelieferte Lokomotive der Gattung VII T war damit rund 74 Jahre auf sächsischen Gleisen unterwegs. Die obere Aufnahme zeigt die Maschine nach der Abstellung im Jahre 1964, das untere Bild entstand während des aktiven Dienstes am 3. Juni 1960 in Dresden-Friedrichstadt.

Aufnahmen: Georg Otte

DER LOKOMOTIVEINSATZ VON 1945 BIS 1967

Ebenso wie zwischen Tharandt und Klingenberg-Colmnitz wurden zwischen Dresden-Neustadt und Dresden-Klotzsche die Züge nachgeschoben. Die dafür benötigten Druckloks waren im Lokbahnhof Dresden-Neustadt beheimatet und mit Kellerscher Kupplung ausgerüstet. Das Bild zeigt die einen Schnellzug nachschiebende 58 214.

Aufnahme: Helmut Griebl

Seine Entstehung ist mit dem Neubau des Personenbahnhofs Dresden-Neustadt eng verbunden. Der Bau des Maschinenhauses mit vier Doppelständen, der Wasserstation, des Kohleschuppens und der Drehscheibe begann im Jahr 1897 und war 1900 fertiggestellt.

Zur Dampflokzeit waren im Lokbahnhof Dresden-Neustadt ein bis zwei Schiebelokomotiven für die Rampe nach Dresden-Klotzsche sowie mehrere Rangierloks stationiert. Ebenfalls nutzten die Lokomotiven, die Reisezüge aus Richtung Görlitz nach Leipzig (und umgekehrt) bespannten und dabei nicht bis Dresden Hbf durchliefen, den Neustädter Lokbahnhof als Wende- und Restaurierungs-Bw.

Seine größte Bedeutung erlangte der Lokbahnhof Dresden-Neustadt in den Jahren 1945/46. Durch den Ausfall der kriegszerstörten Marienbrücke über die Elbe und die hier ausgebliebenen Kriegszerstörungen, erfolgte die vorübergehende Verlagerung des Betriebs von Friedrichstadt nach dem Neustädter Lokbahnhof. Am 31. August 1945 waren somit in Dresden-Neustadt 41 betriebsfähige Lokomotiven stationiert.

Lok	Anzahl	Lok	Anzahl
BR 38^2	3 Lok	BR 75^5	1 Lok
BR 38^{10}	5 Lok	BR 86	1 Lok
BR 52	12 Lok	BR 89	1 Lok
BR 55	1 Lok	BR 91	1 Lok
BR 58	15 Lok	BR 94	1 Lok

Die Personalstärke stieg von 160 auf 618 Beschäftigte im Sommer 1945. Erst nach Inbetriebnahme der Elbbrücke zwischen Hauptbahnhof und Neustadt normalisierte sich der Betrieb wieder im Neustädter Lokbahnhof, nachdem Loks und Personal nach Friedrichstadt zurückverlegt wurden.

Eine letzte „Blütezeit" erlebte der Lokbahnhof Dresden-Neustadt in den zwei Nachkriegsjahrzehnten. Aus dieser Zeit sind folgende dort stationierte Loks bekannt:

Lok	Zeitraum	Verwendung
56 123	1956 – 1960	Rangierlok Dre.-Neu, Pbf
58 1865	1956 – 1965	Rangierlok Dre.-Klotzsche
58 1888	1956 – 1965	Schiebelok Neust.-Klotzsche
58 1937	1956 – 1965	Schiebelok Neust.-Klotzsche
58 1112 Kst	1962 – 1963	Schiebelok Neust.-Klotzsche
58 1885 kst	1963 – 1965	Schiebelok Neust.-Klotzsche
89 219	1958 – 1964	Industrienanschluß Neustadt
89 222	1958 – 1964	Radebeul-Naundorf
89 265	1958 – 1965	Einschublok und Brückenlok
94 2115	1954 – 1958	Arsenal (russ. Kasernen)
94 2102	1958 – 1963	Elbufer, Militärrampe
94 2112	1962 – 1965	Industriegelände

Ab 1966 erfolgte schrittweise die Ablösung der Rangierloks der Baureihen 89 und 94 durch neu gelieferte Diesellokomotiven der Baureihen V 15 und V 60, so daß ab 27. Mai 1967 die Dampflokbehandlungsanlagen stillgelegt wurden. Diese wurden zunächst konserviert und der Lokomotivschuppen der Brückenmeisterei zur Verfügung gestellt. Die danach auch weiterhin von Dresden-Neustadt aus eingesetzten Dampflokomotiven der Baureihen 50 und 52 waren ausschließlich im Schiebedienst nach Dresden-Klotzsche tätig und wurden vom Friedrichstadt aus eingesetzt. Seit 1973 versehen Loks der Baureihe 120 (jetzt 220) den Schiebedienst.

Wiederum Georg Otte verdanken wir ein Bild der 1888 gebauten, und von 1955 bis 1959 in Dresden-Friedrichstadt beheimate n 99 7715 (ex ö 197, ex CSD 310.1). Wer hatte schon damals auf solch einen Exoten Obacht gegeben, der dazu kaum im Einsatz, noch einige Jahre auf dem Rand stand? Das Foto datiert vom 31. März 1960. Aufnahme Georg Otte

DAS BAHNBETRIEBSWERK DRESDEN-FRIEDRICHSTADT

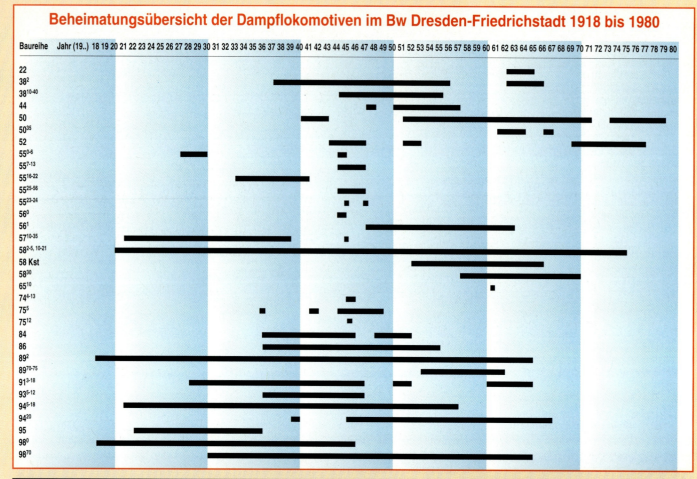

Die Lokomotiven der Baureihe 58 prägten von 1920 bis 1973 den Lokbestand des Bw Dresden-Friedrichstadt. Über viele Jahrzehnte waren die robusten und leistungsstarken Dreizylinderloks aus dem schweren Güterzugdienst nicht wegzudenken, bis sie ihr Gnadenbrot als Schlepploks auf dem Friedrichstädter Rangierbahnhof verdienten. Die Farbaufnahme von Georg Otte zeigt 58 259 im Bw Friedrichstadt.

KNALLHART!

MODERNE BAHN
Bundesbahn Fahrzeug-Lexikon
EK-SPECIAL über Triebfahrzeuge und Wagen der DB   DM 29,80

Gleich bestellen!

Weitere interessante Buchversionen finden Sie auf dem Bestellschein.

EK-Verlag GmbH
Pf. 5560 • 79022 Freiburg
Fax: 0761-7031050

Eine Reihe von EK-SPECIAL- und EK-THEMEN-Heften erscheint wieder in der praktischen und repräsentativen Hardcover-Version. Nutzen Sie die Gelegenheit und bereichern Sie Ihren Bücherschrank um das eine oder andere Schmuckstück. Oder machen Sie Freunden und Kollegen eine kleine Freude und verschenken Sie einen herrlichen Band Eisenbahnliteratur. Lassen Sie sich von den fundierten Informationen eines SPECIAL- oder THEMEN-Heftes – gepaart mit der Robustheit eines Buchdeckels – faszinieren ...

- *Bundesbahn Fahrzeug-Lexikon*
  Best.-Nr.: 716, Preis: DM 29,80, bereits erschienen
- *Betriebswerk Dresden*
  Best.-Nr.: 717, Preis DM 29,80, erscheint Juni '94
- *BLS – Bern-Lötschberg-Simplon*
  Best.-Nr.: 719, Preis: DM 29,80, bereits erschienen

Kennen Sie auch schon unseren „Evergreen"?

- *Die DB gestern & heute*
  Best.-Nr.: 207, Preis: DM 29,80, noch erhältlich

Pins und Krawattennadeln vom SVT 137 234

Der EK-Verlag bemüht sich seit mehreren Jahren um die betriebsfähige Aufarbeitung des historischen Schnelltriebwagens SVT Bauart „Leipzig". Die erste Etappe, die äußere Aufarbeitung, wurde im Herbst 1993 beendet, finanziert durch zahlreiche Eisenbahn-Kurier-Leser und Spenden der Industrie, doch es ist noch enorm viel zu tun. So werden derzeit im AW Kassel die historischen Motoren untersucht, die Vollaufarbeitung der Generatoren und der elektrischen Fahrmotoren steht an, die Verkabelung, die Erneuerung der Armaturen auf den Führerständen, die Erneuerung der kompletten Bremsanlage, Einbau von Indusi und Zugbahnfunk, Instandsetzung der Innenräume einschließlich Küche und vieles mehr.
Sie haben jetzt eine weitere Möglichkeit, die Aufarbeitung unseres SVT wirksam zu unterstützen. Neu in unserem Verlagsprogramm finden Sie schöne Pins und Krawattennadeln in edler Emailleausführung mit dem Motiv des SVT. Verbinden Sie ein pfiffiges „Outfit" mit einem guten Zweck. Pins und Krawattennadeln erscheinen in limitierter Auflage – zögern Sie daher nicht allzu lange und greifen Sie zu. Mit nur 9,– DM für einen der originellen Pins und nur 15,– DM für eine Krawattennadel sind Sie dabei. Sie dürfen aber auch gern großzügig sein, und noch die eine odere andere Mark dazulegen. „Treten Sie ein" in den Freundeskreis zur Erhaltung des einmaligen SVT 137 234 – es lohnt sich! Entschließen auch Sie sich zum Kauf eines dieser beiden wertvollen und ansehnlichen „Schmuckstücke" ...

EK-Verlag GmbH
Postfach 5560
79022 Freiburg
Fax 0761-7031050

Krawattennadel: **15,–DM**

Pin **9,–DM**

DAS BAHNBETRIEBSWERK DRESDEN AB 1967

Der Dampflokeinsatz des Bw Dresden ab 1967

Mit der Bildung des Bw Dresden am 1. Januar 1967 gehörten zum Fahrzeugbestand ca. 120 Dampflokomotiven, die sich wie folgt zusammensetzten:

Baureihe	ehemals Bw Dresden–Alt. Betriebspark	Z-Park	ehemals Bw Dresden–Frie. Betriebspark	Z-Park
01	–	–	–	–
03	7	–	–	–
18	–	5	–	–
22	3	–	–	–
23^{10}	8	–	–	–
38^{10-40}	10	1	–	–
50	1	–	19	–
55	–	1	–	–
56^{1}	1	–	–	2
58	13	–	23	–
58^{30}	–	–	24	–
65^{10}	8	–	–	–
89	1	2	–	–
91	–	1	–	–
94^{20}	–	–	2	1
98	–	8	–	–
Summe	**52**	**18**	**68**	**3**

Im 1967 neu gebildeten Bw Dresden wurde festgelegt, daß im Betriebsteil Friedrichstadt der zukünftige Einsatz und die Unterhaltung von Diesel- und E-Lokomotiven erfolgen sollte.

Die Dampfloks wurden ausschließlich auf den Betriebsteil Altstadt konzentriert, das damit Auslauf-Bw für diese Traktionsart in Dresden wurde. Bereits 1966 begann deshalb die schrittweise Verlagerung von Dampflokunterhaltung und Einsatz von Friedrichstadt nach Altstadt.

Bei den Dampflokomotiven fanden sich 1967 im Bw Dresden noch 15 verschiedene Gattungen. Das darf aber nicht darüber hinwegtäuschen, daß im Zugdienst ausschließlich moderne Einheits-, Reko- oder Neubauloks anzutreffen waren. Alleine die Tatsache, daß die schnelle Ablösung der Dampflok aus dem Betriebspark bis 1970 nicht realisiert und damit der Traktionswechsel im Bw Dresden auch nicht planmäßig durchgeführt werden konnte, erforderte zur Absicherung ständig steigender Zugleistungen im Eisenbahnknoten Dresden auch noch Ende der sechziger Jahre einen weit über dem Plan liegenden Dampflokeinsatz. Vorgesehene Einsparungen an Personal (Tfz-Führer bzw. Heizer sowie Werkstattpersonal-Dampf- und Restaurierungspersonal) traten

DER DAMPFLOKEINSATZ AB 1967

nicht ein. Die Personallage verschlechterte sich laufend. Am 1. Januar 1969 zeigte die Personalsituation folgendes Bild:

Soll an Tfz-Führern	749	Ist an Tfz-Führer	675
Soll an Tfz-Heizern und Beimännern	512	Ist an Tfz-Heizern und Beimännern	399
Unterbestand an Triebfahrzeugführern			74
Unterbestand an Heizern und Beimännern			113

Der Personalfehlbestand betrug somit im Fahrdienst 187 Arbeitskräfte. Zusätzlich behinderte fehlendes Schlosserpersonal den Gesamtablauf in der Dampflokreparatur, wodurch es zwangsläufig zu einem stark vernachlässigten Erhaltungszustand des Triebfahrzeugparkes kam. Im Protokoll einer Untersuchungskommission der Rbd Dresden, die das Bw Dresden am 6. November 1969 inspizierte, wird die prekäre Loksituation wie folgt umschrieben:

„Bei einem Gesamt-Betriebspark von 110 Dampfloks stehen 27 Loks auf „w" und zwölf Loks auf „h". Der Bedarf im arbeitenden Park liegt bei ca. 70 Loks. Dieser Anteil ist wesentlich zu hoch und führt dazu, daß täglich mit einem Unterbestand von 8-9 Dampfloks gefahren werden muß. Bei größerem Anfall an Schadlok wird es äußerst schwierig, die Leistung voll zu fahren, was sich meist in operativer Hektik auswirkt.

Hinzu kommt, daß eine Reihe von Dampflok (36 Lok) mit Fristverlängerungen laufen und die Pflege, Wartung und Unterhaltung der Dampflok infolge hoher Überstunden und Mangel an Arbeitskräften große Schwierigkeiten bereitet. Infolge hohen Leistungsanfalls in den letzten Monaten wurden teilweise Überschreitungen der Planunterhaltungsfristen hingenommen. Dieser Zustand wurde jedoch aus Sicherheitsgründen wieder beseitigt."

Eine weitere Ursache für den hohen Schadbestand an Dampflokomotiven sind Bahnbetriebsunfälle. Alleine im ersten Halbjahr 1969 waren an 20 Vorkommnissen Dampflokomotiven des Bw Dresden beteiligt (Tabelle rechts):

Tfz-Nr.	abgestellt am	Begründung der Abstellung	fertig am
58 1159	04.01.1969	Blechschäden an Umlauf und Verkleidung, Rohrleitungen erneuern Ursache: Fahren ohne Auftrag, Bf Dr-Fr Schuld: Bw Dresden	15.01.1969
58 1825	26.01.1969	Vordere Pufferbohle zertrümmert, Rahmen gestaucht, Blechschäden Ursache: Auffahren von Lok 58 3001 Schuld: Bw Dresden	
58 3001	26.01.1969	Vordere Pufferbohle leicht eingedrückt, Hülsenpuffer beschädigt Ursache: Auffahren auf Lok 58 1825 Schuld: Bw Dresden	26.01.1969
86 560	03.02.1969	Rechts vorn Pufferbohle eingedrückt Ursache: starkes Auffahren auf Lok 86 621 Schuld: wurde als besonderes Vorkommnis abgeschlossen	05.02.1969
86 621	03.02.1969	Links hinten Pufferbohle und Wasserkasten eingedrückt Ursache: siehe 86 560 Schuld: siehe 86 560	09.02.1969
58 3026	27.03.1969	Links Lokumlauf, Luft- und Lichtanlage, Windleitbleche und Führerhaus beschädigt Ursache: Flankenfahrt Rottwerndorf Schuld: Bf Pirna	
58 3021	28.03.1969	schwerer Auffahrunfall Bf Weißig Schuld: BuV	Raw
50 881	29.04.1969	Pufferbohle stark beschädigt Ursache: aufgefahren Schuld: BuV	04.05.1969
50 237	18.04.1969	Bremsgestänge, Fangeisen Ursache: Entgleisung eines Tenderdrehgestells in BtH (Betriebsteil Hamburger Straße), Drehscheibe I Schuld: Bw Dresden	19.04.1969
58 1374	28.05.1969	Pufferbohle leicht beschädigt, Puffer auswechseln Ursache: mangelhafte Bremsbedienung Schuld: Bw Dresden	29.05.1969
58 2051	14.06.1969	Bremsgestänge und Fangeisen schwer beschädigt Ursache: Befahren der Gleisbremse ohne Auftrag Schuld: Bw Dresden	19.06.1969
58 1678	19.06.1969	Rahmen und Lenkgestell verbogen, Lok wurde im „z"-Park abgestellt Ursache: Beladener GG aufgelaufen Schuld: BuV	
58 1201	19.06.1969	Bremsgestänge und Fangeisen beschädigt Ursache: Fremdkörper im Gleis, mangelhafte Gleisbereinigung Schuld: BuV Bf Friedr.	19.06.1969
86 617	17.06.1969	Lok nachmessen und spuren, Bf Dürröhrsdorf entgleist Ursache: Weiche unter Lok gestellt Schuld: BuV	17.06.1969
01 057	23.07.1969	Flankenfahrt, Unfallschaden Schuld: Bw Ösb.	
58 1201	28.08.1969	sechs Achsen entgleist Schuld: BuV	
58 1374	15.08.1969	Puffer im Gleis Schuld: BuV	
58 1678	20.06.1969	Schwere Beschädigung Schuld: BuV	„z"-Park überführt

Links: 01 050 rollt am 20. März 1968 mit dem D 71 Dresden – Berlin – Rostock gerade auf die Dresdner Marienbrücke. Im Hintergrund das Tabak-Kontor.

Aufnahme: Günter Meyer

Linke Seite oben: Die Dresdner 01 137, damals noch mit gekürzten Windleitblechen, wartet im Frühjahr 1969 mit einem Postwagen auf ihren Schnellzug nach Berlin.

Aufnahme: Dieter Wünschmann

DAS BAHNBETRIEBSWERK DRESDEN AB 1967

Oben: 58 259 am 21. April 1969 im Bw Dresden-Friedrichstadt. 32 Loks dieser Baureihe gehörten 1969 noch zum Dresdner Bestand. Unten: Die Neubautenderloks der Baureihe 65 waren u.a. im Reisezugdienst auf der Elbtalstrecke eingesetzt, 65 1043 mit einer sehenswerten Garnitur im Jahr 1967. Aufnahmen: Georg Otte

Dresden war aber der erneute Einsatz der BR 01 im Betriebsteil Altstadt, weil die bis dahin in Dresden vorgehaltene BR 03 zur Bespannung der schweren internationalen Reisezüge, die zwischen Berlin und Ungarn, Bulgarien, sowie der CSSR verkehrten, mit ihrer Leistung gegenüber den Diesellokomotiven zu schwach war. Aus diesem Grund verfügt die Hauptverwaltung Maschinenwirtschaft mit Beginn des Jahres 1967 den Austausch der Dresdener Schnellzugdampfloks der BR 03 gegen die BR 01. Damit setzte das Bw Dresden nach 23 Jahren Pause wieder Altbau-01 ein. Den Anfang machte am 6. Januar 1967 01 114 vom Bw Berlin Ostbahnhof. Ihr folgte am 19. Januar 1967 01 207 aus Erfurt. Ende 1967 zählen fünf 01er (114, 118, 120, 204 und 207) zum Dresdener Bestand. Die großen Pacifics lief anfangs in einem Schnellzugplan gemeinsam mit der BR 03 und verdrängte sie von dort nach und nach in den Reservedienst.

Die letzten Dresdener 03 (060, 100, 121 und 151) wurden von März bis Juli 1970 nach Berlin und Cottbus abgegeben. Dresden beheimatete mit Ausnahme des kurzen Gastspiels der Rekolok 01 515 (zum Jahreswechsel 1971/72) ausschließlich nur 01^{0-2}. Zum Betriebspark zählten durchschnittlich acht Maschinen. Unter den 17 verschiedenen 01, die von 1967 bis 1977 zum Einsatz kamen, befanden sich mit 01 069, 204 und 226 auch drei Maschinen, die bereits vor 1945 einmal in Altstadt beheimatet waren. Bis zur Verdieselung des Gesamtverkehrs Dresden-Berlin im September 1977 wurden meist drei Maschinen planmäßig im Schnellzugdienst eingesetzt. Die Bespannung der Reisezüge nach Berlin wechselte von Fahrplan zu Fahrplan zwischen Dresdener 01 und Berliner 01.

1975 waren folgende Lokomotiven der Baureihe 01 in Dresden beheimatet:

01 2050, 2057, 2066, 2069, 2118, 2120, 2137, 2204, 2207

Im Sommerfahrplan 1975 bespannten die Dresdener 01 die Züge: D 372/D 673, D 176/Gex 2679, D 170/D 371, D 678/D 1279 sowie als V-Lok Ersatz D 378/D 379 (alle Züge Dresden – Berlin). Am 27. März 1975 erhielt das Bw Dresden kurzfristig aus Engelsdorf 03 2234 und aus Frankfurt/Oder die gerade neubekesselte 03 2298, die bis Ende Juli bzw. September 1975 beim Bw Dresden als Ersatz für im Raw befindliche 01er im Einsatz standen. Beide 03 wurden am 30. September 1975 an das Bw Karl-Marx-Stadt abgegeben.

Am 24. September 1977 beförderte 01 2204 letztmalig den D 1076 zwischen Dresden und Berlin und kam in den Morgenstunden des 25. September mit einem Leerreisezug zurück. Dieser Sonntag wurde zum 01-Abschiedsfest im Bw Dresden. Höhepunkt war die Lokparade vor dem Schuppen 1 im ehemaligen Bw Dresden-Altstadt mit sechs 01 und einem gemeinsamen Abschiedspfiff. Keiner anderen Dampflokbaureihe wurde in Dresden solch ein Abschied

Eine Entlastung im Dresdener Lokpark trat erst mit der verstärkten Zuführung von Güterzuglokomotiven der BR 52 ein. Laut Anweisung der Hauptverwaltung Maschinenwirtschaft sollten alle Lokomotiven dieser Baureihe über eine Raw-Ausbesserung in Dresden beheimatet werden.

In dem nochmals zehn Jahre dauernden Dampflokeinsatz des Bw Dresden sind die Angliederung des Bw Pirna 1968 mit seinen 30 Dampfloks und der Austausch der Güterzugloks der BR 50 gegen Loks der BR 52 im Jahr 1970 besonders zu erwähnen. Das herausragendste Ereignis unmittelbar nach der Bildung des Bw

Bw Dresden – Betriebsparkentwicklung jeweils am 01.01. des Jahres

BR/Jahr	67	68	69	70	71	72	73	74	75	76	77	78	79	80
01	–	5	7	8	7	7	8	8	8	8	7	2	2
03	7	4	4	4	–	–	–	2	–	–	–	–	–	–
22	–	3	5	–	–	–	–	–	–	–	–	–	–	–
23^{10}	9	8	3	8	4	3	3	3	–	–	–	–	–	–
38$^{10-40}$	12	7	6	1	–	–	–	–	–	–	–	–	–	–
50	20	16	16	27	13	–	–	5	10	5	5	3	4	5 Hzl
52	–	–	–	10	38	45	46	42	24	15	7	3	–	–
58	37	39	32	19	14	12	11	10	4	1	–	–	–	–
58^{30}	24	23	24	21	–	–	–	–	–	–	–	–	–	–
65^{10}	8	4	1	–	–	–	–	–	–	–	–	–	–	–
86	–	–	19	15	7	5	2	2	1 Hzl	1 Hzl	1 Hzl	1 Hzl	1 Hzl	1 Hzl

DER DAMPFLOKEINSATZ AB 1967

bereitet. So verschwanden alle anderen Dampfloks nach 1967 nahezu unbemerkt aus dem Betriebsgeschehen. Eines der ersten Opfer des Traktionswandels in Dresden war die 65[10]. Nach einer Bestandshalbierung von acht auf vier Maschinen im Jahr 1967 wurde 65 1057 am 26. September 1969 als letzte dieser Baureihe nach Eberswalde abgegeben.

Interessant ist auch die Bestandsaufnahme der preußischen P 8. Es ist erstaunlich, daß sich diese Länderbahnlok so lange im Betriebspark halten konnte. Anfang 1967 war sie sogar mit zehn Maschinen die zahlenmäßig am stärksten vertretene Reisezuglok in Altstadt. 38 1133, 2125, 2958 und 3704 schieden im Laufe des Jahres 1967 aus dem Dienst. Die Loks 38 1966, 2293 und 3341 erhielten 1967 und 38 1709 ein Jahr später noch eine L 2-Schadgruppe und blieben dadurch bis 1969 betriebsfähig. Eine echte Dresdener Stammlok war 38 2293. 1949 in Friedrichstadt als Rückführlok eingetroffen, war sie anschließend ständig in Altstadt beheimatet. Dresdener P8 wurden in ihren letzten Betriebsjahren ausschließlich auf den Strecken Dresden – Zittau und Dresden – Görlitz eingesetzt.

Am 1. Januar 1969 besaß die Rbd Dresden noch 14 betriebsfähige Maschinen dieser Baureihe, die sich auf Dresden (sechs Loks: 38 1272, 1388, 1474, 1709, 2293, 3545) und Riesa (acht Loks) aufteilten. Letzte Dresdner P 8 war am 29. Januar 1970 38 1709, die in den Schadpark wanderte. Der Lebenslauf dieser letzten Dresdner P 8 ist schon deshalb interessant, weil die Lok vom Bw Betzdorf nach einer L2 vom 24. Juli bis 18. August 1945 im Raw Darmstadt am 6. September 1945 zum Bw Gotha verfügt wurde. Im Betriebsbuch findet sich folgender Eintrag:

„9/45 zur Behebung kurzfristigen Lokmangels an die CCCP-Zone ausgeliehen."

Sie kehrte aber nie wieder nach Betzdorf zurück!

15 Jahre, von 1959 bis 1974, gehörten die Neubaudampfloks der BR 23[10] zum Dresdener Betriebspark. Der 23[10]-Bestand verringerte sich bis zum Jahr 1969 auf drei Lokomotiven. Die letzten Loks 35 1026, 1047 und 1107 wurden noch lange Zeit im Reservepark des Bw Dresden als Diesellok- und E-Lok- Ersatz vorgehalten und erst mit Beginn des Sommerfahrplans 1974 nach Karl-Marx-Stadt und Nossen abgegeben.

Am 1. Oktober 1968 erfolgte die Auflösung des Bw Pirna und die Zuordnung als Einsatzstelle des Bw Dresden. Der gesamte Pirnaer Dampflokbestand der Baureihen 50 (9 Loks), 58 (2 Loks) und 86 (19 Loks) ging auf das Bw Dresden über. Vorausgegangen war bereits die Umsetzung der Pirnaer P 8 nach Altstadt. Mit der Indienststellung neu angelieferter V 100 wurden die meisten von Pirna übernommenen 86er im Jahr 1970 (14 Loks) nach Aue, Karl-Marx-Stadt und an die Rbd Erfurt abgegeben.

Oben: Die Baureihe 52 wurde ab Frühjahr 1969 nach langjähriger Unterbrechung wieder in großen Stückzahlen in Dresden beheimatet. 52 3233 wurde im April 1969 in Friedrichstadt fotografiert. Im Hintergrund 52 6932. Unten: Bis 1970 waren die Reko-58 in Dresden unverzichtbar. 58 3010 wurde ebenfalls in Friedrichstadt aufgenommen. Aufnahmen: Georg Otte

In Dresden konnte man noch bis Ende des Sommerfahrplans 1973 86er im Sonderdienst, überwiegend vor Arbeitszügen, beobachten. Als letzte Dresdner 86er sind 86 038, 269, 343 und 723 zu nennen. Diese Maschinen wurden auch sämtlich dort ausgemustert.

Von 1967 bis 1977 waren im Raw Dresden drei Rangierlokomotiven der 1927 gebauten BR 80 als Werkloks im Einsatz. 80 006, 012 und 024 gehörten zwar nicht mehr zum offiziellen DR-Bestand, wurden aber in der Lokwerkstatt von Dresden-Altstadt unterhalten. Die Lok 80 012 und 024 führten im Juli 1976 sogar einen Sonderzug von Dresden nach Coswig.

Die Ausführungen zum Dresdner Dampflokeinsatz nach 1967 sollen mit einigen Betrachtungen zu den Baureihen 50 und 52 schließen.

Neben den 01 waren es gerade diese Güterzuglokomotiven, die in den 70er Jahren das Bild des Dresdner Dampflokeinsatzes prägten und die leider immer im Schatten ihrer großrädrigen Schwestern standen.

Baureihe 50

Mit der Bildung des Bw Dresden 1967 waren 19 Loks der BR 50 vom Bw Dresden-Friedrichstadt und eine Lok vom Bw Dresden-Altstadt vorhanden. Unter den 20 Maschinen befanden sich mit 50 3508 und 3668 auch wieder zwei Reko-50er, die aber noch im Sommer 1967 an die Rbd Schwerin zurückkehrten. Mit dem Winterfahrplan 1966/67 wurde eine Lok der BR 50 vom Betriebsteil Dresden-Altstadt für Reisezugleistungen auf der Müglitztalbahn nach folgendem Umlauf eingesetzt:

DAS BAHNBETRIEBSWERK DRESDEN AB 1967

Die Dresdner 23 1105 passierte im März 1969 mit Volldampf das Einfahrsignal des Bahnhofs Borsdorf, um mit ihrem Schnellzug in wenigen Minuten Leipzig Hbf zu erreichen. Damals wurden die schnellfahrenden Züge der DR planmäßig u.a. aus den fünfteiligen Doppelstockgliederzügen gebildet. Passend dazu gab es die Packwagen, der hier hinter der Lok läuft. Die Aufnahme entstand während der Elektrifizierungsarbeiten auf der Strecke Leipzig – Dresden, die 23er wird auf dieser Strecke bald ohne Arbeit sein.

Aufnahme: Dieter Wünschmann

- P 2806 Dresden – Altenberg/P 2831 Altenberg – Heidenau,
- P 2832 Heidenau – Altenberg/P 2865 Altenberg-Dresden Hbf,
- P 4540/4501 Dresden – Pirna-Dresden.

Durch die Auflösung des Bw Pirna gingen am 28. September 1968 neun Loks der BR 50 dem Bw Dresden zu (50 237, 387, 459, 881, 906, 1195, 1305, 1307, 1608). Die Maschinen wurden zunächst vom Betriebsteil Dresden-Altstadt aus auch weiterhin im Raum Pirna eingesetzt.

Fast zum selben Zeitpunkt, am 1. Oktober 1968, mußten sieben 50er vom Bw Dresden an das Bw Nossen (50 694, 759, 1308, 1909, 2378, 3111, 3113) und drei weitere Loks nach Karl-Marx-Stadt abgegeben werden. Grund dafür war die zeitweise verringerte Kapazität der Dampflokunterhaltung im Betriebsteil Friedrichstadt infolge des Wiederaufbaus des Westfeldes. Erst Ende 1969 kehrten die Loks wieder zurück nach Dresden, nachdem ab 1. Januar 1970 das Bw Dresden wieder die volle Dampflokunterhaltung aufnehmen konnte.

50 759 wechselte am 22. April 1970 als erste Dresdner 50er in den Schadpark. Ab Sommerfahrplan 1970 übernahm schrittweise alle Leistungen der BR 50 die neu in Dresden beheimatete BR 52. Im Verlauf des Jahres 1971 rollten die letzten 13 50er vom Bw Dresden zum Bw Zwickau (Einsatzstelle Werdau), die dort zur Verstärkung des Wismut-Erzverkehrs benötigt wurden.

Nach nur zweijähriger Unterbrechung beheimatete man ab Sommer 1973 erneut Loks der BR 50 in Dresden. Ihre Anzahl war auf zehn Maschinen beschränkt, die von Altstadt aus bis Mai 1979 im gemischten Zugdienst liefen. Zu den Dresdener Stammloks in dieser Zeit gehörten 50 339, 860, 1815, 1945 und 3044. Von September 1976 bis Mai 1979 blieben immer zwei 50er als Sonderloks im Einsatz. Letzte Dresdner Betriebsloks waren 50 1815 und 3109. Die später noch in Dresden-Altstadt vorhandenen Loks der BR 50 wurden ausschließlich als Heizloks verwendet.

Baureihe 52

Im Jahr 1969 begann wieder die Beheimatung der BR 52 im Bw Dresden. Bereits im Oktober 1968 gingen dem Bw Dresden fünf 52 aus den Rbd Berlin und Cottbus zu, diese wechselten aber alle sofort im November 1968 zum Bw Glauchau über. Als im November 1968 das Raw Zwickau die Dampflokausbesserung einstellte, war damit in großem Umfang auch die BR 58 betroffen. Nahezu die Hälfte des Betriebsparkes wurde aus dem Unterhaltungsbestand genommen. Ein weiterer Umstand war, daß nach der Aufnahme des elektrischen Zugbetriebes zwischen Dresden und Leipzig ab Sommerfahrplan 1970 sämtliche 58[30] von Dresden-Friedrichstadt überwiegend an das Bw Glauchau abgegeben wurden. Aus diesen Gründen benötigt das Bw Dresden dringend eine leistungsfähige Güterzuglok, die mit der BR 52 ab Frühjahr 1969 in großem Umfang im Bw Dresden Einzug hielt. So rollten 14 Glauchauer 52er nach Dresden. Die Dresdner 52er-Beheimatung erlangt in den folgenden Jahren einen Umfang, der bisher nur von den klassischen 52er Bw's der Direktionen Cottbus und Berlin bekannt war. Der Höchststand wurde am 5. August 1971 mit immerhin 50 Loks erreicht. Unter der Regie des Bw Dresden kamen insgesamt 74 verschiedene Loks der BR 52 zum Einsatz. Mit dem Zugang der Alt-

Mit den ab 1973/74 wieder in Dresden beheimateten Einheitsloks der Baureihe 50 wurden Ende der siebziger Jahre die letzten Dampf-Güterzugleistungen gefahren. Lok 50 1815, hier mit einem Nahgüterzug am 15. April 1976 zwischen Dresden Neustadt und Dresden Hbf, gehörte zu den letzten beiden im Einsatz befindlichen Altbau-50 in Dresden.

Aufnahme: Rainer Heinrich

DER DAMPFLOKEINSATZ AB 1967

bau-52 wurde ab Sommerfahrplan 1970 schrittweise der Bestand der BR 50 reduziert und bis Herbst 1971 ganz aufgelöst. Ab Sommerfahrplan 1971 war die 52 die alleinige Güterzugdampflokomotive für den Zugdienst. Entsprechend groß war auch der Einsatzbestand. Nach den aufgestellten Dienstplänen wurden bis zu 33 52er planmäßig eingesetzt.

Art des Dienstes	Anzahl der Loks		
Zugdienst BTH (Frie.)	17	Plan 16	5 Loks
		Plan 17	5 Loks
		Plan 18	5 Loks
		Plan 19	2 Loks
Schiebelok Dre.-Neustadt	1		
Zugdienst Est. Pirna	1		
Bereitschaftsdienst			
-Ablöselok	1		
-Hilfszuglok	1		
-Knotenlok	1		
-Dispolok	1		
Sonderdienst			
-Sonderlok Reisezug	1		
-Arbeitszug	4		
Unterhaltung	5		
Summe	33		

Befahren wurden überwiegend die Haupt- und Nebenstrecken östlich der Elbe nach Riesa, Elsterwerda, Senftenberg, Straßgräbchen-Bernsdorf und Bautzen sowie der Nahgüterverkehr innerhalb des Knotens Dresden in Richtung Hainsberg, Altstadt und Klotzsche. Die Pirnaer Lok, auch „Alt-Herrenplan" genannt, fuhr in 24 Stunden dreimal Durchgangsgüterzüge zwischen Dresden und Pirna. Fülleistungen führten die 52er sogar nach Bad Gottleuba. Die Blütezeit der Dresdener 52er dauerte aber nur über wenige Fahrplanabschnitte. Immer mehr übernahmen Diesellok, insbesondere die BR 120 (V 200) den Güterzugdienst.

Auch die BR 50 kam wieder nach Dresden. Bereits ab Winterfahrplan 1973/74 ging der Plan 19 wieder auf die BR 50 über. Letztmalig wurden im Sommerfahrplan 1976 drei 52er planmäßig im Zugdienst und eine als sogenannte Knotenlok eingesetzt. Zum Betriebspark zählten noch 17 Loks. Im Laufe dieses Betriebsjahres wechselten zehn Dresdner 52er in den Schadpark. 52 7631 und 6206 wurden noch als Heizloks verwendet. Am 1. Januar 1978 waren noch 52 1146, 2678 und 6206 vorhanden. Dienstälteste Lok war 52 1146, die vom 9. März 1970 bis zum 9. Februar 1978 in Dresden beheimatet war. ❏

Oben: Die Dresdner 01 2207 mit einem langen Sonderzug 1973 auf dem südlichen Berliner Außenring. Am Windleitblech das FDJ-Emblem, das die Loks in jenem Jahr anläßlich der in Berlin stattfindenden Weltfestspiele trugen. Aufnahme: Dr. Winfried König
Unten: Wegen dieser Parade der Schlepploks in Friedrichstadt verzichtete Günter Meyer am 31. Juli 1971 auf sein Mittagessen, v. l. n. r.: 58 1930, 58 458, 58 1159, 58 1374, 58 1035.

Bei der Bildung des (Groß-)Bw Dresden am 1. Januar 1967 waren die P 8 in Altstadt mit zehn Loks zahlenmäßig die stärkste Baureihe. Als Georg Otte am 7. Juni 1968 die Dresdner 38 1272 in Altstadt aufnahm, waren deren Tage bereits gezählt.
Aufnahme: Georg Otte

Die Marienbrücke heute – die Loks der BR 143 mit ihrem IC gehören zum alltäglichen Bild (Aufnahme von Rainer Heinrich). Vor 25 Jahren, im Sommer 1968, fotografierte Marc Dahlström 01 036 vor einem Schnellzug.

Carl Bellingrodt lichtete dort in den dreißiger Jahren den legendären „Sachsenstolz" (19 015 am 2. Juni 1936 mit P 472) ab. 35 Jahre später, im Jahr 1971, war die von Dieter Wünschmann aufgenommene 52 5732 alltäglich. Die beiden unteren Aufnahmen von Marc Dahlström zeigen 23 1045 vor einem Personenzug, dessen Wagen der Bellingrodtschen Aufnahme kaum nachstehen.

Dresden Marienbrücke – Einst und Jetzt

Dresden Marienbrücke – dort haben sich seit Jahrzehnten die Fotografen immer wieder eingefunden, um den vielfältigen Betrieb auf der Elbbrücke zwischen dem Neustädter und dem Hauptbahnhof abzulichten.

... statt Mozartkugeln:

Krokodile in Österreich und Deutschland
Legendäre Lokomotiven mit markanter Silhouette

Erleben Sie in einmaligen Bildern die alten Elloks der Reihe 1020 der Österreichischen Bundesbahnen und ihre deutschen Schwestern der Baureihe E 94. Lassen sie sich von den großen Elloks mit dem markanten Profil auf den schweren Gebirgsstrecken faszinieren.
Best.-Nr.: 5111, DM 39,90, Subskriptionspreis bis 31. Mai 1994: DM 34,00, erscheint Juni '94

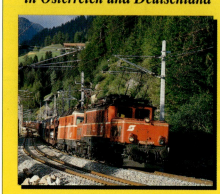

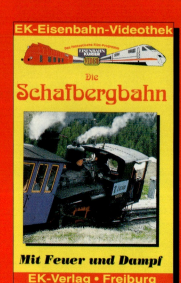

Die Schafbergbahn
Mit Feuer und Dampf

Seit 1893 befördert die Zahnradbahn Urlauber und Naturliebhaber auf den Schafberg bei St. Wolfgang. Während einer Stunde Fahrzeit überwinden die Dampflokomotiven 1192 Höhenmeter, bei einer Streckenlänge von 5,8 Kilometern und Steigungen bis zu maximal 26 %. In diesem Videofilm erzählt eine alte Dampfmaschine von den vergangenen 100 Jahren und schildert den Ablauf eines ganzen Arbeitsjahres.
Best.-Nr.: 5115, DM 29,80, bereits erschienen

12.14
Die Stärkste in Europa

Das letzte Exemplar der Österreichischen Schnellzuglok ist seit seiner Wiederaufarbeitung ein gefeierter Star bei den verschiedensten Sonderfahrten und gilt als die leistungsstärkste Dampflok Österreichs.
Best.-Nr.: 5112, DM 39,90, Subskriptionspreis bis 31. Mai 1994: DM 34,00, erscheint Juni '94

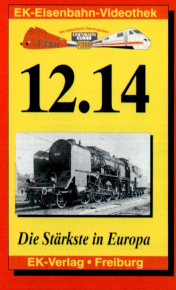

Österreichs Staatsbahnen
Ein Blick zurück

Das Buch umfaßt die geschichtliche Entwicklung der Bahnen auf dem Gebiet der heutigen Republik Österreich. Als Schwerpunkt ist die Zwischenkriegszeit 1919 – 1939 zu nennen. Ausführlich werden jedoch auch die Nachkriegsjahre 1945 – 1955 behandelt. Im großzügig angelegten Bildteil aus der einzigartigen Lokbildsammlung Griebl ist Wert auf weitgehend unbekannte und erstmals veröffentlichte Aufnahmen gelegt.
ca. 250 Seiten, ca. 300 s/w-Abbildungen, Best.-Nr.: 090, DM 89,00, erscheint im Sommer 1994

Winter auf der Mariazellerbahn
Ein eindrucksvolles Wintermärchen

Sehen Sie die kleinen orange-beigen Züge der schmalspurigen Mariazellerbahn, wie sie sich ihren Weg durch gewaltige Schneemassen in Österreichs Bergen bahnen. Lassen sie sich vom Liebreiz dieser bezaubernden Bahn einfangen und begeben Sie sich auf eine faszinierende Reise von St. Pölten nach Mariazell.
Best.-Nr.: 5113, DM 39,90, Subskriptionspreis bis 31. Juli 1994: DM 34,00, erscheint im Mai 1994

**EK-Verlag GmbH • Postfach 5560
79022 Freiburg • Fax 0761-7031050**

Ihr Bestellschein für Fax (0761/70310-50) oder Post

ABSENDER

Kunden-Nummer

Vorname/Name

Straße/Hausnummer

PLZ/Ort

EK-Verlag
Bestellservice

Postfach 5560

79022 Freiburg

☎ 0761/70310-32 (rund um die Uhr)

Hiermit bestelle ich die angekreuzten Zeitschriften/Bücher/Videos. Bitte liefern Sie

❑ mit Rechnung zzgl. Versandkosten

❑ portofrei, einen Verrechnungs-Scheck über _____ DM* habe ich beigefügt (Ausland zzgl. DM 10,– Versandkosten/Spesen):

❑ portofrei und buchen Sie bis auf Widerruf alle fälligen Rechnungsbeträge von meinem Konto ab (nur für Kunden in Deutschland möglich):

Bankleitzahl   Kontonummer

Geldinstitut

* zzgl. _____ DM Spende für die Erhaltung Ihres SVT „Fliegender Leipziger"

Datum / Unterschrift

EK-Zeitschriften und Kalender

EK-SPECIAL

	Nr.		Titel	Preis
❑	1079	13:	**100 Jahre Rhätische Bahn**	24,80
❑	1085	16:	**Die Schienenbusse der DB**	19,80
❑	1154	17:	**Deutsche Museumsbahnen**	19,80
❑	1155	18:	**100 Jahre Berner-Oberland-Bahnen**	24,80
❑	1163	19:	**Modell & Vorbild: Bahnbetriebswerke (Teil 1)**	19,80
❑	1164	20:	**Die DB vor 25 Jahren – 1965**	19,80
❑	1180	21:	**Hochgeschwindigkeitsverkehr**	19,80
❑	1181	22:	**100 Jahre Brig-Visp-Zermatt**	19,80
❑	1209	23:	**Die DB vor 25 Jahren – 1966**	19,80
❑	1182	24:	**Modell & Vorbild: Bahnbetriebswerke (Teil 2)**	19,80
❑	1115	25:	**Der Glacier-Expreß**	24,80
❑	1187	26:	**Die Arlbergbahn**	19,80
❑	1217	27:	**Die DB vor 25 Jahren – 1967**	19,80
❑	1186	28:	**Deutsche Altbau-Elloks (E 04 – E 44)**	19,80
❑	2032	29:	**Bernina-Expreß**	19,80
❑	1227	30:	**Fahrzeuglexikon DB**	19,80
❑	2034	31:	**Die DB vor 25 Jahren – 1968**	19,80
❑	1250	32:	**Deutsche Altbau-Elloks (E 44.5 – E 85)**	19,80
❑	1251 !	33:	**Fahrzeuglexikon Deutsche Bahn 1994** 6/94	19,80

(Im großen EK-Abonnement sind die EK-Special-Hefte enthalten!)

EK-THEMEN

	Nr.		Titel	Preis
❑	1175	1:	**Gotthard, 1. Teil**	24,80
❑	1169	2:	**Die DR vor 25 Jahren – 1965**	12,00
❑	1168	3:	**Modellbahnbau: Auf dem Lande**	19,80
❑	1188	4:	**Die Geschichte der BR 57.10**	19,80
❑	1212	5:	**Die DR vor 25 Jahren – 1966**	19,80
❑	1183	6:	**Gotthard, 2. Teil**	19,80
❑	1184	7:	**Feuer, Wasser, Kohle**	19,80
❑	1185	8:	**125 Jahre Brennerbahn**	19,80
❑	1218	9:	**Die DR von 25 Jahren – 1967**	19,80
❑	2035	10:	**Gotthard, 3. Teil**	24,80
❑	2036	11:	**Plandampf in Deutschland**	19,80
❑	1224	12:	**Die DR von 25 Jahren – 1968**	19,80
❑	1225	13:	**BLS – Simplon**	19,80
❑	1223 !	14:	**Dresdner Bahnbetriebswerke**	19,80

EK-ASPEKTE

	Nr.		Titel		Preis
❑	1260 !	1:	**Museumsbahn-Lexikon**	6/94	29,80

EK-EINZELHEFTE

	1	2	3	4	5	6	7	8	9	10	11	12
1991	❑	❑	❑	❑	❑	❑	❑	■	❑	❑	❑	❑
1992	❑	❑	❑	❑	❑	❑	❑	❑	❑	❑	❑	❑
1993	❑	❑	❑	❑	❑	❑	❑	❑	❑	❑	❑	❑
1994	❑	❑	❑	❑								

■ = vergriffen; DM 12,– / Heft

BUCHVERSION EK-SPECIAL/EK-THEMEN

	Nr.	Titel		Preis
❑	207	**Die DB gestern & heute**	Special 14	29,80
❑	711	**100 Jahre Brig-Visp-Zermatt**	Special 22	29,80
❑	712	**Hochgeschwindigkeitsverkehr**	Special 21	29,80
❑	713	**Bahn & Reise: Der Glacier-Expreß**	Special 25	36,80
❑	714	**Feuer, Wasser, Kohle**	Themen 7	29,80
❑	715	**Bernina-Expreß**	Special 29	29,80
❑	716	**Fahrzeuglexikon DB**	Special 30	29,80
❑	717 !	**Dresdner Bahnbetriebswerke** (6/94)	Themen 14	29,80
❑	719 !	**BLS – Simplon**	Themen 13	29,80

Bitte beachten: Der Inhalt entspricht den EK-Special und EK-Themen

EK-SAMMELMAPPEN

	Nr.	Titel	Preis
❑	1030	**Sammelmappe für 6 EK-Einzelhefte**	15,00
❑	1031	**Sammelmappe für 6 EK-Special-Ausgaben**	16,80
❑	1300 !	**Acryl-Zeitschriftenbox für EK, EK-Special**	16,80
❑	1301 !	**Acryl-Zeitschriftenbox für Stadtverkehr**	19,80

KALENDER 1995

	Nr.	Titel		Preis
❑	918 !	**EK-Reichsbahn-Kalender 1995**	Sommer '94	29,80
❑	919 !	**Bellingrodt-Lokomotiv-Kalender 1995**	Sommer '94	19,80
❑	920 !	**Alpenbahnen in Farbe 1995**	Sommer '94	29,80
❑	921 !	**Deutschlandreise 1995**	Sommer '94	19,80
❑	922 !	**Globetrotter-Kalender 1995**	Sommer '94	39,80
❑	923 !	**Stadtverkehr in aller Welt 1995**	Sommer '94	29,80

Unsere Kalender können Sie abonnieren.

! Neuheit 1994   • z.Zt. nicht lieferbar (Vormerkungen werden notiert)

EK-Bücher

BAUREIHEN-BIBLIOTHEK

	Nr.	Titel	Hinweis	Preis
❏	117 !	Die Baureihe 18.0/19.0	Sommer '94	78,00
❏	115 •	Die Baureihe 18.1	NA '94	68,00
❏	116	Die Baureihe 18.3		78,00
❏	118 •	Die Baureihe 18.4-6	NA '94	89,00
❏	834 !	Die Baureihen 38.0 und 38.4 (Bayer. P 3/5)	Sommer '94	68,00
❏	140 !	Die Baureihe 38.10		89,00
❏	545	Die Baureihe 50: DR, Bd. 1		88,00
❏	546	Die Baureihe 50, Bd. 2: DB		88,00
❏	873	Die Baureihe 53.70-71 (preuß. G 3)		78,00
❏	539	Die Baureihe 54.0 (preußische G 5)		58,00
❏	872	Die Baureihe 64		68,00
❏	142 !	Die Baureihe 74	Herbst '94	78,00
❏	547 •	Die Baureihe 78	NA '94	89,00
❏	186	Die Baureihe 86		78,00
❏	725	Die Baureihe 99.5-6 (sächs. IV K)		78,00
❏	119 !	Die Baureihe 99.73-79	Sommer '94	79,00
❏	446 !	Einheitselektroloks E 10, E 40, E 41	Winter '94	78,00
❏	840 •	Die Baureihe E 94	NA '94	ca. 78,00
❏	831	Die Baureihe 96		68,00
❏	804 !	Die Baureihe V 60	Winter '94	78,00
❏	180 !	Die Baureihe V 180 Subpreis bis 31.07.94 nur DM 58,–	Winter '94	68,00
❏	237 •	Fliegende Züge	NA '94	68,00
❏	803	Die Reichsbahn-Triebwagen		78,00
❏	200	Die TEE-Triebwagen der DB Die Baureihe VT 11.5		68,00

Die Baureihen-Bibliothek können Sie getrennt nach Dampf-, Diesel- und Ellok-Baureihen abonnieren!

EISENBAHN-GESCHICHTE

	Nr.	Titel	Hinweis	Preis
❏	099	Verkehrsknoten Berlin		42,00
❏	870	Eisenbahnknoten Würzburg		78,00
❏	829	Grenze über deutschen Schienen		78,00
❏	673	Internationale Luxuszüge		68,00
❏	674	75 Jahre Mitropa		78,00
❏	897	Bomben auf die Reichsbahn		68,00
❏	090 !	Österreichs Staatsbahnen	Sommer '94	89,00
❏	675 !	Speisewagen in Deutschland	Sommer '94	68,00
❏	678 !	Panzerzüge in Deutschland	Herbst '94	89,00
❏	679 !	Deutsche Salonwagen	Winter '94	89,00

Klein- u. Privatbahnen in Deutschland *(Abo möglich)*

	Nr.	Titel	Hinweis	Preis
❏	651	Band 1: *Rheinland-Pfalz/Saarland*		78,00
❏	653	Band 2: *Baden*		89,00
❏	655 !	Band 3: *Württemberg*	Herbst '94	89,00

BILDBÄNDE

	Nr.	Titel	Hinweis	Preis
❏	204	Bundesbahn-Dampflokomotiven (Bellingrodt)		49,80
❏	256	Reichsbahn-Dampflokomotiven (Bellingrodt)		49,80
❏	257	Verbotene Reichsbahn		58,00
❏	258 !	Eisenbahnreise ins Erzgebirge (Sub-Preis bis 31.08.94: DM 48,00)	Herbst '94	58,00
❏	874	Dahlström: Dampf im Osten		68,00
		Meisterfotos von der Bundesbahn in Farbe		
❏	648	Bd. 4: *Einst & Jetzt 1957-87*		79,00

BAHNEN UND STRECKEN

	Nr.	Titel	Hinweis	Preis
❏	530	Die Brohltalbahn		12,80
❏	577	Eisenbahnen in Gießen		78,00
❏	579 !	Eisenbahnen im Westerwald	Herbst '94	78,00
❏	701	Die Gäubahn		78,00
❏	718 !	Die Eisenbahn in Crailsheim	Herbst '94	68,00
❏	752	Das Öchsle		24,80
❏	755	Die Eisenbahn am Hochrhein, Band 1		78,00
❏	756	Die Eisenbahn am Hochrhein, Band 2		78,00
❏	757	Die Eisenbahn am Hochrhein, Band 3		78,00
❏	758	Die Eisenbahn am Bodensee		89,00
❏	760 !	Von Basel nach Bregenz	Winter '94	78,00
❏	774	Die Schwarzwaldbahn		78,00
❏	780	Die Höllentalbahn		78,00
❏	830 •	Lokalbahn Murnau – Oberammergau	NA '94	19,80
❏	833	Die Schiefe Ebene		78,00

SONSTIGE TITEL

	Nr.	Titel	Hinweis	Preis
❏	110	Eisenbahn-Atlas DDR		49,80
❏	789	125 Jahre Strecke Basel – Waldshut		18,00
❏	800	AW München-Neuaubing		18,00
❏	070 !	Kursbuch-Reprint: DR-Sommer 1942	Sommer '94	68,00
❏	071 !	Kursbuch-Reprint: DR-Sommer 1962	Sommer '94	48,00
❏	072 !	Kursbuch-Reprint: DB-Sommer 1968	Sommer '94	68,00
❏	073 !	Kursbuch-Reprints 070-072	Sommer '94	158,00

Güterwagen-Lexikon *(Abo möglich)*

	Nr.	Titel	Hinweis	Preis
❏	649	*Offene Güterwagen der Regelbauart*		16,80
❏	654	*Die Autotransportwagen der Güterwagenbauart*		16,80
❏	657	*Zweiachsige Selbstentladewagen*		19,80
❏	658 !	*Vierachsige Selbstentladewagen*	**Neu!**	19,80
❏	659 !	*Pa-Behälter*	Herbst '94	19,80

BAHN-LEXIKA

	Nr.	Titel	Preis
❏	811	DB-Fahrzeug-Lexikon 1990	24,80
❏	812	Bahn-Lexikon Deutschland 1991/92 – Band 1: DB	26,80
❏	814	Privatbahn-Lexikon 1991	24,80
❏	815	DB-Fahrzeug-Lexikon 1992	26,80
❏	816	Bahn-Lexikon Deutschland 1993/94 – DB	26,80

Die Lexika können Sie abonnieren!

NAHVERKEHR

	Nr.	Titel	Hinweis	Preis
❏	1232 •	SV-Special: Sonderdruck – 5 Jahre ÖPNV-Niederflur-Schienenfahrzeuge		19,80
❏	1236	SV-Special: Freiburger Stadtverkehr	**Neu!**	12,50
❏	215	Straßenbahn Bremerhaven		48,00
❏	1179	Rund um Hagen (Straßenbahn)		48,00
❏	329 !	Einheitsstraßenbahnwagen	Sommer '94	68,00

STRASSEN- UND STADTBAHNEN IN DEUTSCHLAND

	Nr.	Titel	Hinweis	Preis
❏	335	Band 1: *Hessen*		58,00
❏	336	Band 2: *Niedersachsen*		68,00
❏	332	Band 3: *Westfalen* (ohne Ruhrgebiet)		58,00
❏	334 !	Band 4: *Straßenb. zw. Duisburg u. Dortmund*	**Neu!**	68,00
❏	333 !	Band 5: *Straßenb. zw. Wupper u. Sieg*	(Herbst '94)	68,00

(Im Abonnement „Straßenbahnen" enthalten!)

! Neuheit 1994   • z.Zt. nicht lieferbar (Vormerkungen werden notiert)

Ihr Bestellschein für Fax (0761/70310-50) oder Post
☎ 0761/70310-32 (rund um die Uhr)

ABSENDER

Kunden-Nummer

Vorname/Name

Straße/Hausnummer

PLZ/Ort

EK-Verlag
Bestellservice

Postfach 5560

79022 Freiburg

Hiermit bestelle ich die angekreuzten Zeitschriften/Bücher/Videos. Bitte liefern Sie

❑ mit Rechnung zzgl. Versandkosten

❑ portofrei, einen Verrechnungs-Scheck über _____ DM* habe ich beigefügt (Ausland zzgl. DM 10,– Versandkosten/Spesen):

❑ portofrei und buchen Sie bis auf Widerruf alle fälligen Rechnungsbeträge von meinem Konto ab (nur für Kunden in Deutschland möglich):

Bankleitzahl   Kontonummer

Geldinstitut

* zzgl. _____ DM Spende für die Erhaltung Ihres SVT „Fliegender Leipziger"

Datum / Unterschrift

Eisenbahn-Video-Filme

BAHNEN & STRECKEN

	Nr.	Titel	Preis
❑	5003	Xrot 9213 – Dampfschneeschleuder	98,00
❑	5021	Rail in '88 – Die große Bahnshow	68,00
❑	5027	Krokodilwinter bei der RhB	58,00
❑	5042	Brig-Visp-Zermatt	58,00
❑	5062	Die ÖBB heute I • Salzburg – Innsbruck	49,90
❑	5085	E 626 – Das ital. Krokodil im Pustertal	39,90
❑	5097	E 428 – Ellok-Oldtimer auf der Brenner-Südrampe	39,90
❑	2040	Paketangebot 5085/97 (2 Kass.)	69,90
❑	5092	Tauernbahn	49,90
❑	5093	Brennerbahn	49,90
❑	5108	! Höllentalbahn	
		Sub.-Pr. bis 31.05.94: 26,50	29,80
❑	5113	! Winter auf der Mariazellerbahn	
		Sub.-Preis bis 31.05.94 nur DM 34,00 Sommer '94	39,90
❑	5115	! Die Schafbergbahn **Neu!**	29,80

BAHN IM VIDEO

	Nr.	Titel	Preis
❑	5111	! Krokodile in Deutschland und Österreich	
		Sub.-Preis bis 31.05.94 nur DM 34,00 Sommer '94	39,90
❑	5112	! Baureihe 12 • stärkste Schnellzugdampflok Europas	
		Sub.-Preis bis 31.05.94 nur DM 34,00 Sommer '94	39,90
❑	2045	! Paket 5111 + 5112 Sommer '94	59,90
❑	5116	! Dienstende • letzte Einsätze der BR 142 und 220	
		Sub.-Preis bis 31.05.94 nur DM 34,00 Sommer '94	39,90
❑	5117	! Der Schienenbus	
		Sub.-Preis bis 31.05.94 nur DM 26,50 Sommer '94	29,80
❑	5118	! Streckenumbau für Schnelle	
		Sub.-Preis bis 31.05.94 nur DM 34,00 Sommer '94	39,90

VIDEOFILME NAHVERKEHR

	Nr.	Titel	Preis
❑	5039	Berliner U-Bahn 1989	109,00
❑	5049	Berliner S-Bahn 1989	109,00

NICK LERA'S WORLD STEAM CLASSICS

	Nr.	Titel	Preis
❑	5617	Hedschasbahn	49,90
❑	5618	Indonesien	49,90
❑	5619	Patagonia-Express	49,90
❑	5620	Paraguay	49,90
❑	5626	Blue Ridge	49,90
❑	5627	! Dampf im Land der Maharadschas Sommer '94	49,90
❑	5628	! Vom Kap bis Kairo	
		Sub.-Preis bis 31.07.94 nur DM 44,– Sommer '94	49,90
❑	5629	! Pakistan	
		Sub.-Preis bis 31.07.94 nur DM 44,– Sommer '94	49,90
❑	5630	! Schmalspurdampf in Sachsen	
		Sub.-Preis bis 31.07.94 nur DM 44,– Sommer '94	49,90
❑	5632	! Dampfkaleidoskop – Großbritannien	
		Sub.-Preis bis 31.07.94 nur DM 44,– Sommer '94	49,90

SCHWEIZER BAHNEN

	Nr.	Titel	Preis
❑	5607	SBB-Brünigbahn I	59,00
❑	5608	SBB-Brünigbahn II	59,00
❑	5609	MOB Schweizer Bergbahn	59,00
❑	5610	Arosa-Strecke	59,00
❑	5611	Davos-Strecke	59,00
❑	5612	Albula-Strecke	59,00
❑	5613	Solothurn – Emmental	59,00
❑	5621	Bodensee – Toggenburg	59,00
❑	5622	Die Appenzeller Bahn	59,00

! Neuheit 1994   • z.Zt. nicht lieferbar (Vormerkungen werden notiert)

DAMPFLOK-VIDEOS

	Nr.	Titel	Preis
❏	5001	Traktion mit Tradition	68,00
❏	5004	Unvergessene Schmalspurromantik	68,00
❏	5016	Schmalspurig durch die DDR	98,00
❏	5038	Zauber der Dampflok	48,00
❏	5046	Dampflokwinter im Erzgebirge	39,90
❏	5047	Wintermärchen mit der Dampfeisenbahn	39,90
❏	5050	Dampfwolken über der Lausitz	39,90
❏	5053	Geliebte Dampflok	39,90
❏	5058	Dampfspektakel im Thüringer Wald	39,90
❏	5061	Dampfreise nach Blumenberg	39,90
❏	5063	Die Harzquerbahn	39,90
❏	5052	Raw Meiningen	58,00
❏	5067	Die Selketalbahn	39,90
❏	5064	Dampflokhochburg Saalfeld	39,90
❏	5065	Dampflokerinnerungen	49,90
❏	5068	Schnellzugdampfloks in Aktion	39,90
❏	5070	Dampfspektakel in der Lausitz	39,90
❏	5071	Dampflokhochburg Dresden	39,90
❏	5072	Viva Magistrale 1	39,90
❏	5073	Viva Magistrale 2	39,90
❏	5074	Gex 2909 – Der schnelle Post-Expreß	49,90
❏	5075	Die Fichtelbergbahn Cranzahl – Oberwiesenthal	39,90
❏	5077	D 901 – Dampf-Expreß nach Görlitz	39,90
❏	5078	Die Dampflokzeit	39,90
❏	5081	Mit der P8 durchs Wartheland (Polen)	49,90
❏	5082	Deutsche Kriegslok in Polen	49,90
❏	5083	Glück auf Dampf – Plandampf im Erzgebirge	39,90
❏	5084	Opas Dampfeisenbahn	39,90
❏	5087	Liebelei mit der Kleinbahn	39,90
❏	5094	Nordpfeil – Mit Dampf nach Westerland	39,90
❏	2038	Paket 5087+ 5094 (2 Kassetten)	69,90
❏	5088	Das Zittauer Netz	39,90
❏	5089	Radebeul – Radeburg	39,90
❏	2018	Paket 5088/89 (auf einer Kassette)	59,90
❏	5090	Oschatz – Mügeln	39,90
❏	5091	Freital-Hainsberg – Kipsdorf	39,90
❏	2019	Paket 5090/91 (auf einer Kassette)	59,90
❏	5098	„Rasender Roland" Putbus – Göhren	39,90
❏	5099	„Molli" Bad Doberan – Kühlungsborn	39,90
❏	2021	Paket 5098/99 (auf einer Kassette)	59,90
❏	5100	Volldampf auf der Alb – 20 Jahre EFZ	39,90
❏	5102	Dampfabschied in Saalfeld Sommer '94	39,90
❏	5105	Dampfromantik in Mecklenburg	49,90
❏	5106	Dreikönigsdampf	29,80
❏	5127	**!** Metropol 1 Sub.-Preis bis 30.06.94 nur DM 29,95 Sommer '94	39,90
❏	5128	**!** Metropol 2 Sub.-Preis bis 30.06.94 nur DM 29,95 Sommer '94	39,90
❏	2046	**!** Paket Metropol 1 + 2 Sub.-Preis bis 30.06.94 nur DM 49,90 Sommer '94	59,70

VIDEO-CLASSICS

	Nr.	Titel	Preis
❏	7001	Vom Zeppelin zum Fliegenden Hamburger	39,95
❏	7002	Eisenbahnen in den ehem. deutschen Kolonien	39,90

EISENBAHNJUBILÄEN

	Nr.	Titel	Preis
❏	5009	100 Jahre Sauschwänzlebahn	98,00
❏	5010	Die große ÖBB-Cavalcade 1987	98,00
❏	5026	Es begann mit der Saxonia	98,00
❏	5028	100 Jahre Schmalspurbahnen in Österreich	68,00
❏	5034	Züge durch die Zeit – 150 Jahre Eisenb. in den Niederlanden	98,00
❏	5045	Vom Adler zum Intercity • 150 Jahre Eisenbahnen in Deutschland	168,00

GLOBETROTTER VIDEO

	Nr.	Titel	Preis
❏	5012	Im Land der Garratts (Zimbabwe)	78,00
❏	5013	Winterdampf am Kap I	98,00
❏	5017	Winterdampf am Kap II	98,00
❏	5014	Big Steam – Dampfloks in den USA	98,00
❏	5015	Lokomotivii – Finnische Dampfloks	75,00
❏	5023	Dampfabenteuer im Libanongebirge	89,00
❏	5029	Mustafas Dampfroß I (Türkei)	98,00
❏	5030	Mustafas Dampfroß II (Türkei)	98,00
❏	5035	Lissabons Tramveteranen	78,00
❏	5037	Daylight – Big Steam in the West	89,00
❏	5043	Goito – Dampf in Sardinien	98,00
❏	5056	Dampflokgiganten der Welt	39,90
❏	5066	Mit dem Challenger durch die Rocky Mountains	68,00
❏	5104	Desert Wind	39,90
❏	5119	**!** Winterdampf im Karpatenwald (Sub.-Pr. bis 31.05.94: 26,50) *Neu!*	29,80
❏	5120	**!** ICE on Tour - ICE in Amerika Sub.-Preis bis 30.06.94 nur DM 34,00 Sommer '94	39,90

EISENBAHNEN IN ALLER WELT

	Nr.	Titel	Preis
❏	6001	Mit der Dampfkleinbahn durch den Harz	39,90
❏	6002	Rocky Mountain Expreß	39,90
❏	6003	Glacier-Expreß	39,90
❏	6004	Bernina-Expreß	39,90
❏	6005	Rio Grande Sommer '94	49,90
❏	6008	Feuerland-Expreß Sommer '94	49,90
❏	6011	Glacier-Expreß 2	79,00

DEUTSCHE LOKOMOTIVEN

	Nr.	Titel	Preis
❏	5041	01 150 – Schwarzer Renner unter Dampf	78,00
❏	5006	01 1100 – Dampflokstar der DB	98,00
❏	5024	23 105 – Und ab geht die Post	98,00
❏	5020	41 360 – Starke Lok für schnelle Züge	98,00
❏	5054	62 015 – Die kleine 01	78,00
❏	5036	95 027 – Mit Dampf über Bergstrecken	98,00
❏	5022	E 94 – Das deutsche Krokodil	68,00
❏	5018	221 127 – Die große V 200	68,00
❏	5051	VT 11.5 – Der legendäre TEE-Triebwagen	89,00
❏	5059	01 519 – Eine Dampflok entsteht	58,00
❏	5076	03 001 – Die leichte Pazifik	78,00
❏	5080	**!** 44 1093 – 1000 t und drei Jumbos Sommer '94	125,00
❏	5109	**!** 95 1016 Sub.-Preis bis 31.05.94 nur DM 34,00 Sommer '94	39,90

Ihr Bestellschein für Fax (0761/70310-50) oder Post
ABSENDER
☎ 0761/70310-32 (rund um die Uhr)

Kunden-Nummer

Vorname/Name

Straße/Hausnummer

PLZ/Ort

EK-Verlag
Bestellservice

Postfach 5560

79022 Freiburg

Hiermit bestelle ich die angekreuzten Zeitschriften/Bücher/Videos. Bitte liefern Sie

❏ mit Rechnung zzgl. Versandkosten

❏ portofrei, einen Verrechnungs-Scheck über _____ DM* habe ich beigefügt (Ausland zzgl. DM 10,– Versandkosten/Spesen):

❏ portofrei und buchen Sie bis auf Widerruf alle fälligen Rechnungsbeträge von meinem Konto ab (nur für Kunden in Deutschland möglich):

Bankleitzahl   Kontonummer

Geldinstitut

* zzgl. _____ DM Spende für die Erhaltung Ihres SVT „Fliegender Leipziger"

Datum / Unterschrift

EISENBAHN-VIDEO-KURIER

Einzelne frühere EK-Video-Kuriere sind noch lieferbar; bitte anfragen.
❏ 5107 **!** EK-Video-Kurier Nr. 19   Sommer '94   29,80

USA-VIDEOS Green Frog

❏	1208	The California Zephyr (englisch)	79,00
❏	1213	Union Pacific Odyssey (deutsch)	98,00
❏	1215	Santa Fe Odyssey, Teil 1 (deutsch)	98,00
❏	1216	Santa Fe Odyssey, Teil 2 (deutsch)	98,00
❏	5601	Santa Fe Odyssey, Teil 3 (deutsch)	98,00
❏	5602	New York Central, Teil 1 (deutsch)	98,00
❏	5603	Die Mikados der Rio Grande (deutsch)	78,00
❏	5606	Union Pacific Odyssey II (deutsch)	98,00

EK-VERSAND-VIDEOTHEK

❏	5604	Transsibirien-Expreß	39,90
❏	5605	Eisenbahnen gestern & heute	39,90

S-BAHN BERLIN (FÜHRERSTANDSMITFAHRT)

❏	5614	S-Bahn Berlin: Erkner – Potsdam	39,90
❏	5615	S-Bahn Berlin: Grünau – Bernau	39,90
❏	5616	S-Bahn Berlin: Südring	39,90

EISENBAHN-SPIELFILME

❏	5501	Ein Zug für zwei Halunken	39,95
❏	5502	Trans-Amerika Expreß	39,90
❏	5503	Mord im Orient-Expreß	29,90
❏	5504	Die Zugmaus	19,90
❏	5505	Berlin-Expreß	39,90
❏	5506	Der große Eisenbahnraub	34,00
❏	5507	Marx Brothers – go West	34,00
❏	5508	The wild bunch	44,00
❏	5509	Die Brücke am Kwai	49,90
❏	5510	Butch Cassidy – Doppelpack	69,90
❏	5511	Dino	34,00
❏	5512	Der General	39,90
❏	5513	Titfield Express – limitierte Auflage –	49,90
❏	5514	Durchbruch Lok 234	49,90

MC'S & CD'S

❏	3201	Thundering Narrow Gauge	(MC)	29,80
❏	3203	Remembering Steam	(MC)	29,80
❏	3204	Klassische Lokomotiv-Musik I	(CD)	39,90
❏	3205	Klassische Lokomotiv-Musik II	(CD)	39,90

SVT-BOUTIQUE

❏	1400	Postkartenserie SVT	19,80
❏	1401	SVT-Krawattennadel	15,00
❏	1402	SVT-Pin	9,00

Unser neuer Bestellschein:
auf vielfachen Wunsch

 übersichtlich    faxfreundlich

und keineswegs teurer als unsere alte vierfarbige Bestellkarte.

Ihr Bestellschein für Fax (0761 / 70 310-50) oder Post
☎ 0761 / 70 310-32 (rund um die Uhr)

ABSENDER

Kunden-Nummer

Vorname/Name

Straße/Hausnummer

PLZ/Ort

EK-Verlag
Bestellservice

Postfach 5560

79022 Freiburg

Hiermit bestelle ich die angekreuzten Zeitschriften/Bücher/Videos. Bitte liefern Sie

❏ mit Rechnung zzgl. Versandkosten

❏ portofrei, einen Verrechnungs-Scheck über _____ DM* habe ich beigefügt (Ausland zzgl. DM 10,– Versandkosten/Spesen):

❏ portofrei und buchen Sie bis auf Widerruf alle fälligen Rechnungsbeträge von meinem Konto ab (nur für Kunden in Deutschland möglich):

Bankleitzahl   Kontonummer

Geldinstitut

* zzgl. _____ DM Spende für die Erhaltung Ihres SVT „Fliegender Leipziger"

Datum / Unterschrift

EK-VERSANDBUCHHANDLUNG

	Nr.	Titel	Preis
❏	3035	**Trains de rêve – Rêves de trains** (Die Sammlung des französischen Eisenbahnmuseums in Mulhouse)	98,00
❏	3034	Missmann: **Bahnhöfe in Berlin**	48,00
❏	3055	Dahlström: **Vapeur au Portugal** (Text frz.)	48,00
❏	3056	Winkler: **Ostpreußen – Vergessene Schätze**	58,00
❏	3057	Ferris: **Irish Railways**	48,00
❏	3058	Naumann: **Würzburger Straßenbahn**	39,80
❏	3060	**NMBS/SNCB Retro 1991 & 1966**	84,00
❏	3061	**NMBS/SNCB Tractiematerieel**	84,00
❏	1233	Miba Rep. 17: **Signale – Haupt- und Vorsignale**	48,00
❏	1234	Miba Rep. 18: **Signale – sonstige Signale**	48,00
❏	1235	**Die Schiffe der Eisenbahn**	69,80

Quadratisch. Praktisch. Zug!
Städteverbindungen auf Diskette

Vom EK-Verlag können Sie jetzt auch Fahrplanauskünfte unter Windows oder DOS am Einzelplatz oder im Netzwerk erhalten. Unter der Bezeichnung „Elektronische Städteverbindungen" bieten wir Ihnen auf 3,5" HD-Disketten schnelle Zugverbindungen unter 1000 Bahnhöfen Deutschlands an. 24.000 Züge stehen am Bildschirm für Sie zur Verfügung.

Die wichtigsten Funktionen:
- *Ausdruck des persönlichen Fahrplans*
- *Auswahl der Zuggattungen*
- *Individuelle Reiseplanung (Umwege)*
- *Grafische Anzeige Zuglauf, Statistik*
- *Berücksichtigung der Reisetage*
- *Angabe der individuellen Zugmerkmale*
- *kompletter Zuglauf*
- *Ankunfts- und Abfahrtstabellen der Bahnhöfe*
- *Grenzübergreifende Verbindungen*
- *Einfache Installation*

Bereits erhältlich!

Bestellen Sie gleich! Nur 29,80 DM · Best.-Nr.: 3206
EK-Verlag GmbH · Postfach 5560 · 79022 Freiburg · Fax 0761-7031050

EISENBAHNBÜCHER VOM ORELL FÜSSLI-VERLAG
zu besonders günstigen Preisen
mit leichten Lagerschäden

	Nr.	Titel	Preis
❏	3102	**Train Bleu**	49,80
❏	3103	**Bahnen in Süddeutschland**	49,80
❏	3104	**Bahnerlebnis Frankreich**	39,80
❏	3141	*Eisenbahnen der Welt: Band 1:* **Südeuropa**	12,80
❏	3127	*Eisenbahnen der Welt: Band 2:* **Mitteleuropa**	12,80
❏	3129	*Eisenbahnen der Welt: Band 3:* **Nordamerika**	12,80
❏	3130	*Eisenbahnen der Welt: Band 4:* **Osteuropa**	12,80
❏	3105	*Eisenbahnen der Welt* **4 Bände zusammen**	39,80
❏	3109	**Direttissima Italien**	29,80
❏	3110	**Erlebnis Rhätische Bahn**	48,00
❏	3111	**Erlebnis Furka-Oberalp-Bahn**	39,80
❏	3112	**S-Bahn Zürich**	29,80
❏	3113	**Bahnen in Norddeutschland**	49,80
❏	3114	**ICE– Neue Züge für neue Strecken**	49,80
❏	3115	**Die Südostbahn**	48,00
❏	3116	**Schmalspurige Privatbahnen in der Schweiz**	49,80
❏	3117	**Eisenbahn-Erlebnisreisen**	9,80
❏	3118	**Museumsbahnen Deutschland – Österr. – Schweiz**	9,80
❏	3119	**Eisenbahn-Museen Deutschland – Österr. – Schweiz**	9,80
❏	3120	**Zwischen Ostsee und Erzgebirge** (Reiseführer)	9,80
❏	3121	**Schienen-Triebfahrzeuge und Wagen aus aller Welt**	12,80
❏	3122	**China auf Schienen**	39,80
❏	3123	**Bahnland Schweiz**	68,00
❏	3124	**Dampfromantik in der Schweiz**	49,80
❏	3125	**Erlebnis Glacier- und Bernina-Expreß**	58,00
❏	3126	**Impressionen Deutsche Reichsbahn**	58,00
❏	3128	**USA – Die Züge und die Träume**	39,80
❏	3131	**Flieg weiter, Ju 52**	19,80
❏	3143	**China – Mit der Bahn durchs Reich der Mitte**	68,00
❏	3145	**Schweizer Bergbahnen**	16,80

Ihr Abo-Bestellschein für Fax (0761 / 70 310-50) oder Post

ABSENDER

Kunden-Nummer

Vorname/Name

Straße/Hausnummer

PLZ/Ort

EK-Verlag
Abo-Service

Postfach 5560

79022 Freiburg

Ich bezahle das Abonnement:
- ❏ nach Erhalt der Rechnung (jährlich im Voraus)
- ❏ durch Bankabbuchung (nicht bei Ausland):

	Eisenbahn-Kurier		stadtverkehr
	großes Abo	kleines Abo	
❏ jährlich	204,–	144,–	80,–
❏ 1/2jährlich	102,–	72,–	
❏ 1/4jährlich	51,–	36,–	

Buchen Sie bis auf Widerruf alle fälligen Rechnungsbeträge von meinem Konto ab:

Bankleitzahl   Kontonummer

Geldinstitut

Eine Abbuchung ist nur von deutschen Konten möglich.

Datum / Unterschrift

Das Abonnement des **Eisenbahn-Kurier** und **Stadtverkehr** verlängert sich um ein Jahr, wenn es nicht 6 Wochen vor Ende des Kalenderjahres gekündigt wird.

ABO EISENBAHN-KURIER

❏ **Ja,** ich abonniere hiermit den **Eisenbahn-Kurier** ab Ausgabe ___/94. Ich erhalte jährlich
- ❏ 12 Hefte **Eisenbahn-Kurier** und 4 Ausgaben **EK-Special** (Großes Abo) zum **Vorzugspreis** von DM 204,–
- ❏ 12 Hefte **Eisenbahn-Kurier** (Kleines Abo) zum Preis von DM 144,– frei Haus; Ausland zzgl. Portoanteil

ABO STADTVERKEHR

❏ **Ja,** ich möchte Geld sparen und abonniere hiermit den **stadtverkehr** ab Ausgabe ___/94. Ich erhalte jährlich 10 Hefte zum Vorzugspreis von DM 80,– (Ausland zzgl. DM 7,– Portoanteil)

ABO VIDEO-KURIER

❏ **Ja,** ich möchte Geld sparen (ca. 17%) und abonniere hiermit den **Eisenbahn-Video-Kurier** ab Ausgabe Nr. ___. Ich erhalte jährlich 4–6 Kassetten mit Preisvorteil ins Haus geschickt (DM 24,80/Video)

✘ Widerrufs-Garantie:

Die Bestellung des Abos *Eisenbahn-Kurier*, *EK-Video-Kurier* oder *Stadtverkehr* kann ich innerhalb von 10 Tagen durch eine kurze Nachricht an den EK-Verlag, Postfach 5560, 79022 Freiburg widerrufen. Zur Wahrung der Frist genügt die Absendung des Widerrufs. Die Kenntnis hiervon bestätige ich durch meine zweite Unterschrift.

STRECKEN-ARCHIV-DEUTSCHE EISENBAHNEN

❏ **Ja,** ich bestelle hiermit das Strecken-Archiv-Deutsche Eisenbahnen zum Preis von DM 68,– (ab 1. Juli 1994: DM 78,–), erscheint Sommer '94

Das Grundwerk

wird etwa 400 Seiten im Format DIN A 4 mit ca. 350 Abbildungen (z.T. in Farbe), Plänen und Karten umfassen. Dazu wird ein praktischer Sammelordner mit vier farbigen Streckenkarten im Großformat 85 x 120 cm geliefert.

Die informativen Ergänzungsausgaben

werden dann alle zwei bis drei Monat erscheinen: Umfang ca. 100 bis 120 Seiten mit vielen z.T. farbigen Abbildungen und Illustrationen. Seitenpreis nur 32 Pfennig.

Unsere Garantie:

Wenn Sie eines Tages aus welchen Gründen auch immer Ihre Sammelwerk nicht weiterführen wollen, ist eine Abbestellung jederzeit und ohne Einhaltung einer Frist möglich!

❏ **Ja,** ich möchte regelmäßig die EK-Neuerscheinungen beziehen und bestelle hiermit im Abo:

Baureihen-Bücher	Buch-Reihen	Kalender
❏ Dampfloks	❏ Kleinbahnen	❏ Deutschlandreise
❏ Elloks	❏ Güterwagen-Lexikon	❏ Alpenbahnen
❏ Dieselloks	❏ Straßen und Stadtbahnen	❏ Bellingrodt
		❏ Stadtverkehr

✘ Widerrufs-Garantie:

Die Abos *Baureihen-Bücher*, *Kalender*, *Bellingrodt-Postkarten* und *Streckenarchiv-Deutsche Eisenbahnen* kann ich jederzeit durch eine kurze Nachricht an den EK-Verlag, Postfach 5560, 79022 Freiburg abbestellen. Die Kenntnis hiervon bestätige ich durch meine zweite Unterschrift.

Ihr Bestellschein für Fax (0761 / 70 310-50) oder Post

ABSENDER ☎ 0761 / 70 310-32 (rund um die Uhr)

Kunden-Nummer

Vorname/Name

Straße/Hausnummer

PLZ/Ort

EK-Verlag
Bestellservice

Postfach 5560

79022 Freiburg

Hiermit bestelle ich die angekreuzten Zeitschriften/Bücher/Videos. Bitte liefern Sie

❏ mit Rechnung zzgl. Versandkosten

❏ portofrei, einen Verrechnungs-Scheck über _____ DM* habe ich beigefügt (Ausland zzgl. DM 10,– Versandkosten/Spesen):

❏ portofrei und buchen Sie bis auf Widerruf alle fälligen Rechnungsbeträge von meinem Konto ab (nur für Kunden in Deutschland möglich):

Bankleitzahl   Kontonummer

Geldinstitut

* zzgl. _____ DM Spende für die Erhaltung Ihres SVT „Fliegender Leipziger"

Datum / Unterschrift

Eisenbahn-Postkarten zum Sammeln
AUS CARL BELLINGRODTS SCHATZKAMMER

Postkarten-Serien mit je 15 Motiven, Einzelpreis je Serie: DM 9,80 – Abo-Möglichkeit, Preis dann nur DM 7,35 je Serie

- ❏ 2 Lokporträt BR 38.10
- ❏ 3 Dampf auf Steilstrecken
- ❏ 4 Einheitsdampflokomotiven der DR
- ❏ 5 Dampfzüge am Main
- ❏ 6 Dampfzüge an der Lahn – 1
- ❏ 7 Lokporträt BR 01.10
- ❏ 8 Dampfzüge am Rhein – 2
- ❏ 9 Lokporträt BR E 18
- ❏ 10 Lokporträt BR V 200
- ❏ 11 Württembergische Schmalspurbahnen
- ❏ 12 Privatbahnen 1 (Schleswig-Holstein)
- ❏ 13 Lokporträt BR E 16/E 17
- ❏ 14 Höllentalbahn 1 – Dampf
- ❏ 15 Höllentalbahn 2 – Elektr.
- ❏ 16 Lokporträt BR 23
- ❏ 17 Lokporträt BR 18.4-6
- ❏ 18 Lokporträt BR 52
- ❏ 19 Stromlinen-Dampfloks DR – 1
- ❏ 20 Dampf-FD der DB
- ❏ 21 Lokporträt BR V 65
- ❏ 22 Lokporträt BR V 80
- ❏ 23 Porträt BR VT 08
- ❏ 24 Schienenbusse VT 95/VT 98
- ❏ 25 Lokporträt BR E 10
- ❏ 26 Lokporträt BR 86
- ❏ 27 Lokporträt BR 62
- ❏ 28 S-Bahn Berlin
- ❏ 29 Privatbahnen 2 (OHE)
- ❏ 30 Privatbahnen 3 (Baden-Württemberg)
- ❏ 31 Lokporträt BR V 100
- ❏ 32 Lokporträt BR E 50
- ❏ 33 Porträt Speichertriebwagen
- ❏ 34 Lokporträt BR 10
- ❏ 35 Lokporträt BR 78
- ❏ 36 Stromliniendampfloks DR – 2
- ❏ 37 Eisenbahnen in Hamburg
- ❏ 38 Privatbahnen 4 (Bayern)
- ❏ 39 Privatbahnen 5 (KAE)
- ❏ 40 Privatbahnen 6 (Moselbahn)
- ❏ 41 Lokporträt BR V 36
- ❏ 42 Lokporträt BR E 40
- ❏ 43 Lokporträt preußische Schnellzugloks
- ❏ 44 Lokporträt BR 39
- ❏ 45 Lokporträt BR 42.90/BR 50.40
- ❏ 46 Zahnraddampflokomotiven
- ❏ 47 Schmalspurlokomotiven 1
- ❏ 48 Privatbahn 7 (Hessen)
- ❏ 49 Privatbahn 8 (Brohltal)
- ❏ 50 Privatbahnen 9 (KBE-Dampfloks)

- ❏ 51 Privatbahnen 10 (KBE-Triebwagen)
- ❏ 52 Lokporträt BR 98.3 (Glaskasten)
- ❏ 53 Lokporträt BR E 94
- ❏ 54 Lokporträt BR E 44.5
- ❏ 55 Reichsbahn-Güterwagen
- ❏ 56 Lokporträt BR 03.10 (DB)
- ❏ 57 Lokporträt BR 38.10 (DRG)
- ❏ 58 Lokporträt BR 93.0/93.5
- ❏ 59 Abteilwagen
- ❏ 60 Stuttgart mit ET 65/ET 25
- ❏ 61 Dampfzüge in der Pfalz
- ❏ 62 Dampf Rhein-Neckar
- ❏ 63 Walhallabahn
- ❏ 64 DR-Einheitswagen
- ❏ 65 Der alte Rheingold
- ❏ 66 Lokporträt BR E 60/E 63
- ❏ 67 Dampftriebwagen
- ❏ 68 Lokporträt BR 24
- ❏ 69 Lokporträt BR 74.4-11
- ❏ 70 Lokporträt BR 98 (bay.)
- ❏ 71 Dampfzüge Rhein-Main
- ❏ 72 Dampfzüge an der Lahn – 2
- ❏ 73 Dampfzüge Eifelstrecke
- ❏ 74 Dampfzüge in Altenhundem und im Lennetal
- ❏ 75 Dampfzüge am Bodensee
- ❏ 76 Lokporträt BR 55.16-22/G 8
- ❏ 77 Lokporträt BR 57.10-35/G 10
- ❏ 78 Triebwagen der Vorkriegszeit
- ❏ 79 Länderbahn-Reisezugwagen
- ❏ 80 Länderbahn-Reisezugwagen
- ❏ 81 Dampfzüge in Thüringen
- ❏ 82 Privatbahnen der ex-DDR
- ❏ 83 DR-Tw-Raritäten nach 1945
- ❏ 84 Schmalspurbahnen in Sachsen
- ❏ 85 Dampfzüge in Mecklenburg
- ❏ 86 SVT aus der Vorkriegszeit
- ❏ 87 Dampfzüge in Dresden
- ❏ 88 Lokporträt BR 19.0
- ❏ 89 Lokporträt preuß. T 3
- ❏ 90 Lokporträt BR E 44.0
- ❏ 91 Lokporträt BR 95
- ❏ 92 Lokporträt BR 65
- ❏ 93 Lokporträt BR 41
- ❏ 94 Lokporträt BR E 41
- ❏ 95 Loks des LVA Minden
- ❏ 96 Reisezugwagen der DB
- ❏ 97 Privatbahnen 11 (WLE)
- ❏ 98 BR 50 bei der DB (50er Jahre)
- ❏ 99 01.10 auf der Nord-Süd-Strecke
- ❏ 100 Meisterfotos von Carl Bellingrodt

- ❏ 101 Lokporträt preußische Loks – 2
- ❏ 102 Lokporträt BR 64
- ❏ 103 Eisenbahnen in München
- ❏ 104 Lokporträt württ. C
- ❏ 105 Lokporträt BR 80/81/89.0
- ❏ 106 Lokporträt BR 82/87
- ❏ 107 Dampfzüge in Baden
- ❏ 108 Lokporträt bayerische Länderbahn-Loks
- ❏ 109 Länderbahn-Elloks
- ❏ 110 Eisenbahnen in Passau
- ❏ 111 Lokporträt preuß. P 4
- ❏ 112 Lokporträt BR 42 (Kriegslok)
- ❏ 113 Lokporträt BR 56.2 (G 8.1 Umbau)
- ❏ 114 Dampf im Ruhrgebiet – 1
- ❏ 115 Köln zur Reichsbahnzeit – 1
- ❏ 116 Die P 8 bei der DB (50er Jahre)
- ❏ 117 Dampf auf der Spessartrampe – 1
- ❏ 118 Wuppertal zur Weimarer Zeit
- ❏ 119 Blitzzüge am Rhein
- ❏ 120 Wuppertal nach dem Krieg
- ❏ 121 Lokporträt BR 05 bei der DB
- ❏ 122 Lokporträt BR 76.0 (preuß. T 10)
- ❏ 123 Porträt ET 30
- ❏ 124 Eisenbahnknoten Bingerbrück
- ❏ 125 Schwarzwaldbahn – Dampf- und Dieselzüge
- ❏ 126 Dampfzüge auf der linken Rheinseite
- ❏ 127 Dampf auf der Spessartrampe – 2
- ❏ 128 Dampfbetrieb an der Mosel
- ❏ 129 Wuppertal in den dreißiger Jahren – 1
- ❏ 130 Die Hamburger S-Bahn

Serien 131 – 150 erscheinen im Laufe des Jahres 1994
- ❏ 131 Lokporträt BR 01
- ❏ 132 Lokporträt BR 64
- ❏ 133 Köln zur Reichsbahnzeit – 2
- ❏ 134 Die Eisenbahn in Hamburg – 2
- ❏ 135 Dampfbetrieb in Hagen
- ❏ 136 Wuppertal in den dreißiger Jahren – 2
- ❏ 137 Dampfbetrieb im Ruhrgebiet – 2
- ❏ 138 Dampfzüge in Altenhundem und i. Lennetal – 2
- ❏ 139 Dampfzüge auf der rechten Rheinseite
- ❏ 140 Die Eisenbahn in Bonn
- ❏ 141 Lokporträt BR 03
- ❏ 142 Lokporträt BR 58 (G 12)
- ❏ 143 Eisenbahnen in München – 2
- ❏ 144 Dampfbetrieb in Siegen
- ❏ 145 Dampfbetrieb im Allgäu
- ❏ 146 Wuppertal in den fünfziger Jahren
- ❏ 146 Die Eisenbahn in Köln (50er Jahre)
- ❏ 148 Dampfbetrieb in Gemünden am Main
- ❏ 149 Die Eisenbahn in Düsseldorf
- ❏ 150 An der Geislinger Steige

❗ **Neuheit 1994** • z.Zt. nicht lieferbar (Vormerkungen werden notiert)

Bereits erhältlich!

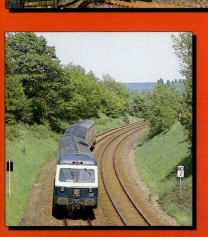

26,80

Bahn-Lexikon Deutschland '93/'94

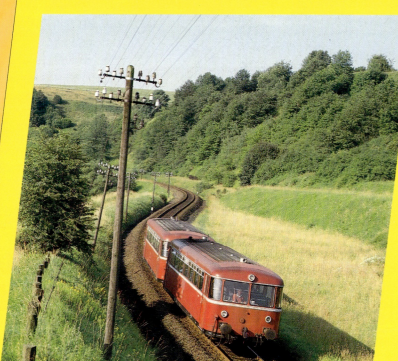

Bundesbahn-Reiseführer mit aktuellen Daten für den Jahresfahrplan 1993/94 und DB-Triebfahrzeug-Verzeichnis (Stand 31.12.1993)

EK-VERLAG

Bestellen Sie gleich!
EK-Verlag GmbH
Postfach 5560
79022 Freiburg
Fax (0761) 703 10 50
Best.-Nr. 816

Kompetenz in Sachen Bahn!

- Aktuelles Triebfahrzeug-Verzeichnis, geordnet nach Baureihen und Bahnbetriebswerken
- Reiseführer mit vielen Fototips
- Übergabe-Fahrtzeiten für fast alle DB-Strecken, Stand Anfang 1994
- Aktuelle Daten zum Geschehen bei der Bundesbahn

DAS BAHNBETRIEBSWERK DRESDEN AB 1967

Diesel- und Ellok-Einsatz im Bahnbetriebswerk Dresden ab 1967

Mit der Bildung des Bw Dresden aus den beiden bis dahin selbständigen Bahnbetriebswerken Altstadt und Friedrichstadt im Jahr 1967 sollte der 1960 begonnene Traktionswechsel in der Zugförderung durch neue Organisationsformen in den Dresdener Bahnbetriebswerken planmäßig weitergeführt werden. Bereits Anfang 1967 gehörte das Bw Dresden zu den Bahnbetriebswerken der DR, die eine beachtliche Anzahl Diesellokomotiven beheimatete. Dennoch umfaßten die ca. 70 Neubaudiesselloks der Baureihen V 15, V 60 und V 180 zu diesem Zeitpunkt erst 1/3 des Dresdner Triebfahrzeugbestandes. Nachdem am 25. September 1966 die Bahnhöfe Dresden Hbf und Dresden-Friedrichstadt an das elektrische Streckennetz angeschlossen worden waren, besetzte das Bw Dresden ab 1. Januar 1967 sechs Elektrolokomotiven der BR E 42 des Bw Karl-Marx-Stadt. Stammloks des Jahres 1967 waren E 42 009, 010, 011, 015, 016 und 018. Eingesetzt wurden sie von der Personaleinsatzstelle Dresden Hbf.

Dennoch dauerte es noch zehn Jahre, bis im Bw Dresden elektrische Lokomotiven beheimatet wurden. Eine Besonderheit, an die man sich heute ungern erinnert, weil erst Millionen Mark an Investitionsmitteln zur Schaffung der baulichen Voraussetzungen bei der Umgestaltung der Anlagen im Betriebsteil Friedrichstadt fließen mußten. Im Winterfahrplan 1966/67 setzte das Bw Dresden täglich 105 Lokomotiven planmäßig ein. Die Disposition des gesamten V-Lok-Betriebs erfolgte zu diesem Zeitpunkt bereits über die Lokleitung im Betriebsteil Zwickauer Straße. Die Zusammenfassung im Betriebsteil Zwickauer Straße (BTZ, Altstadt) hatte seine Ursache darin, daß auf Grund des überwiegenden Einsatzes der Dieselloks im Reisezugdienst auch von dort die Dampflokersatzstellungen erfolgen mußten. Die Disposition der Elektroloks für die Strecke Dresden – Reichenbach geschah dagegen in der Lokleitung des Betriebsteils Hamburger Straße (BTH, Friedrichstadt).

Übersicht des Lokbedarfs für den Sommerfahrplan 1967

BETRIEBSTEIL FRIEDRICHSTADT (BTH)

1. Elektrische Triebfahrzeuge
- 5 Loks   E 42   auf der Strecke Dresden-Reichenbach

2. Diesel-Triebfahrzeuge
- 1 Lok   V 15   als Bw-Verschub
- 8 Loks   V 60   im Rangierdienst
- 5 Loks   V 180 im gemischten Reise- und Güterzugdienst

3. Dampflokomotiven
- 14 Loks BR 50   im Güterzugdienst
- 15 Loks BR 58   im Rangierdienst und zur Beförderung von Üb
- 15 Loks BR 58[30]   im Güterzugdienst

BETRIEBSTEIL ALTSTADT (BTZ)

1. Diesel-Triebfahrzeuge
- 7 Loks   V 15   im Arbeitszug- und Rangierdienst
- 10 Loks V 60   im Rangierdienst
- 9 Loks   V 180 im gemischten Reisezug- und Güterzugdienst

2. Dampflokomotiven
- 3 Loks   BR 01   im Schnellzugdienst
- 5 Loks   BR 23[10]   im Reisezugdienst
- 2 Loks   BR 38[10-40]   im Reisezugdienst
- 3 Loks   BR 65[10]   im gemischten Reise- und Güterzugdienst
- 1 Lok   BR 58   als Dispolok
- 1 Lok   BR 50   im Reisezugdienst

DIESEL- UND ELEKTRISCHE LOKOMOTIVEN

Um die Ablösung der Dampflokomotiven weiter voranzutreiben, war man im Bw Dresden vorrangig auf Diesellokomotiven angewiesen. Nachdem am 4. Juli 1967 mit einer Karl-Marx-Städter Maschine der BR V 100 vor einer Lok der BR 86 eine erste Probefahrt auf der Müglitztalbahn absolvierte, stationierte das Bw Dresden ab 1968 auch diese Dieselloks. Die am 3. April 1968 gelieferten Loks V 100 047 und 048 bespannten zunächst Nahverkehrszüge nach Meißen-Triebischthal und kamen ab Sommerfahrplan 1968 auch in der Einsatzstelle Bad Schandau zum Einsatz. Damit konnten die Lokbehandlungsanlagen (Bekohlung, Ausschlackkanal) in Bad Schandau ab 1. Juli 1968 stillgelegt werden. Ab dem Sommerfahrplan 1968 kam die V 100 auch vor Reisezügen von Dresden nach Altenberg zum Einsatz. Aber erst die Auflösung des Bw Pirna bewirkte, daß mit dem weiteren Zugang der V 100 (1969 17 Loks, 1970 neun Loks) beim Bw Dresden vorrangig die Einsatzstelle Pirna bedacht wurde. Bereits zum Sommerfahrplan 1970 war der gesamte Pirnaer/Bad Schandauer Raum verdieselt. Das endgültige Aus für die Dampfloks der BR 50 und 86 brachte schließlich der ab 1969 beginnende Einsatz der LVT-Triebwagen von Pirna aus auf den Nebenstrecken im Raum Arnsdorf-Neustadt/Sa (siehe auch EK 5/93). In nur zwei Jahren war damit der Traktionswechsel in der Einsatzstelle Pirna vollzogen. In den letzten 23 Jahren hat sich das Bild in der Zugförderung der Einsatzstelle Pirna nicht geändert. Dieselloks der Baureihe 202 und LVT versehen den gesamten Zugdienst. Insgesamt 40 Dieselloks der BR V 100 (später BR 110) wurden fabrikneu an das Bw Dresden geliefert. Als vorletzte Serienlokomotive wurde 110 895-0 am 13. März 1978 beim Bw Dresden in Dienst gestellt.

Jahrelang Paradepferde des Bw Dresden waren die Großdieselloks der BR V 180, die zeitweise im Langslauf überwiegend auf den Strecken

- Dresden – Berlin – Schwerin
- Dresden – Seddin
- Dresden – Berlin – Rostock
- Dresden – Frankfurt/Oder – Angermünde – Binz (Saisonverkehr)

liefen und außerdem den gesamten grenzüberschreitenden Verkehr nach Bad Schandau/Decin abwickelten. In der Einsatzstelle Bad Schandau waren dazu ständig vier V 180 stationiert. Am 30. Juni 1968 beförderte die Dresdner V 180 281 zur Aufnahme des Container-Transportsystem in der ehemaligen DDR den ersten Containerzug von Dresden-Neustadt Gbf über Berlin nach Rostock-Überseehafen.

Auf dem Streckenabschnitt Dresden – Berlin war dabei der Betrieb mit Indusi-Triebfahrzeugen unbedingt erforderlich. Der überwiegende Teil der ständig über 30 in Dresden stationierten V 180 besaß diese Ausrüstung. Zu den Maschinen gehörten mit V 180 059 und 131 auch zwei Sonderausführungen der BR V 180, die versuchsweise Stirnpartien aus glasfaserverstärktem Polyurethan erhalten hatten. V 180 059 wurde der Öffentlichkeit mit der Werksbezeichnung V 200 1001 auf der Leipziger Messe 1965 präsentiert. Bei der Übernahme durch das Bw Dresden-Friedrichstadt am 11. März 1966 hatte die Lok bereits keine blaue Messelackierung mehr. Auch die zweite Lok mit Plastführerstand, V 180 131, war im März 1966 zur Leipziger Messe ausgestellt und trug die Werksbezeichnung V 200 117.

Nach nur drei Dienstjahren schied V 180 081 aus. Bei der Beförderung eines Eilgüterzuges mit 2 x V 180 von Seddin nach Dresden brannte die Lok am 15. Juni 1968 bei Jüterbog vollkom-

Oben: In der damals neuen orangen Lackierung mit einem Zierstreifen rangiert V 60 1330 im Vorfeld des Dresdner Hauptbahnhofs. Diese Lackierung, verbunden mit den weißen Radreifen, standen den Loks gut zu Gesicht.

Rechts: V 180 059 war gemeinsam mit V 180 131 eine der auffälligsten und damals auch modernsten Lokomotiven, die das Bw Dresden einsetzte. Während eines Zwischenaufenthaltes auf der Fahrt nach Seddin entstand diese Aufnahme.

Linke Seite oben: V 180 079 mit einem Personenzug im Elbtal. Diese Strecke war jahrelang eine Stammstrecke der Dresdner V 180, die dort vor allen Zuggattungen eingesetzt wurde.

Aufnahmen: Georg Otte

DAS BAHNBETRIEBSWERK DRESDEN AB 1967

Am 30. Juni 1968 begann bei der DR der Containerverkehr. Den ersten Zug von Dresden nach Rostock bespannte V 180 281 vom Bw Dresden Aufnahme: DR/Bw Dresden

men aus. Kurz vor Beendigung der Produktion der BR V 180 wurde als letzte Lok beim Bw Dresden V 180 396 am 16. Januar 1970 in Dienst gestellt. Von insgesamt 373 an die DR gelieferten Dieselloks der BR V 180 hatten 53 Loks in Dresdner Bw Betriebsanlauf (Bw Dr-Pie 25 Loks, Bw Dr-Frie 8 Loks, Bw Dre 20 Loks). Nahezu 1/3 aller V 180 der DR (genau 110 Loks) waren einmal in Dresden beheimatet.

Allerdings reichte die Stückzahl der Streckenlokomotiven aus der DDR-Produktion nicht aus, um das notwendige Tempo beim Traktionswechsel zu erreichen. Das wurde erst mit dem Import von Großdiesellokomotiven aus der UdSSR möglich. Für das Bw Dresden ist charakteristisch, daß es zu den wenigen Groß-Bw der DR gehörte, in dem zu keiner Zeit Diesellokomotiven der BR 130/131/132 beheimatet waren. Nur die BR V 200, eine dieselelektrische Lokomotive für den Güterzugdienst, wurde ab 1970 in Dresden heimisch. Wenige Wochen vor der Einführung des neuen EDV-Nummernplans rollte am 30. April 1970 als erste Lok V 200 259 ins Bw Dresden. Die Maschine war zuvor bereits bei den Bw Karl-Marx-Stadt und Reichenbach im Dienst gewesen. So wie in Karl-Marx-Stadt und Reichenbach die neuen Loks der BR 130 und 132 angeliefert wurden, erhielt das Bw Dresden aus diesen Bahnbetriebswerken weitere Loks der BR 120 zugeteilt. Gehörten am 1. Januar 1971 zehn Loks der BR 120 zum Bestand, waren es am 1. Januar 1977 bereits 34 Maschinen. Ab Sommerfahrplan 1970 löste die BR 120 die BR 118 im Güterzugdienst auf der Strecke Dresden – Bad Schandau – Decin ab. Nach der Elektrifizierung der Elbtalbahn im Juni 1976 verlagerte sich das Haupteinsatzgebiet der Dresdner 120er in das Lausitzer Kohlenrevier. Zeitweise liefen bis zu 16 Loks in Dresdener Güterzugplänen und weitere fünf im Rangierdienst. 1986 endete der Einsatz dieser Loks im planmäßigen Zugdienst. Im September 1993 können die Dresdner 220 auf ein kleine Jubiläum zurückblicken, denn vor 20 Jahren, am 30. September 1973, begann ihr planmäßiger Einsatz als Schlepplok auf dem Bahnhof Dresden-Friedrichstadt. Damit schieden die alten Schlepploks der BR 58·10-21 aus dem Dienst. Um den Einmannbetrieb (ohne Beimann) der Diesellok im Schleppdienst zu gewährleisten, wurde eine automatische Rangierkupplung entwickelt. Im März 1973 konnte das Funktionsmuster der automatischen Rangierkupplung an der Lok 120 282-9 erprobt werden.

Seit September 1973 kamen täglich vier 120 als Bergschlepploks und eine als Schlepppreserve auf dem Bahnhof Dresden-Friedrichstadt zum Einsatz. Aufgrund ihrer technischen Ausrüstung mit Rangierkupplung und Funk waren die Lokomotiven an ihr Dresdner Einsatzgebiet gebunden. Zu den jahrelangen Stammloks zählen 120 101, 105, 144, 218, 241, 259, 265, 272, 282 und 283. Seit Ausscheiden der BR 52 ist auch eine 120er mit automatischer Rangierkupplung in Dresden-Neustadt zum Nachschieben der Züge nach Dresden-Klotzsche stationiert. Gegenwärtig beheimatet das Bw Dresden noch 13 Lokomotiven der heutigen BR 220. Ihre Ablösung als Schlepplok auf dem Bahnhof Dresden-Friedrichstadt durch die BR 232 oder BR 298 ist demnächst zu erwarten.

Durch den gleichbleibend hohen Bestand von 50 Lokomotiven der Baureihe V 60 zu Ende der sechziger Jahre konnten bis 1970 sämtliche Rangierleistungen im Bereich des Eisenbahnknotens Dresden, mit Ausnahme der Schlepploks auf dem Bf Dresden-Friedrichstadt, verdieselt werden. Die letzte Rangierdampflok des Bw Dresden, eine Lok der BR 86, war 1970 auf dem Bf Pirna im Dienst. Im Zeitraum der letzten 30 Jahre beheimatete das Bw Dresden über 200 verschiedene V 60. Darunter aber auch Maschinen, die ihr erstes Bahnbetriebswerk nie gewechselt haben. Die heute als BR 345/346 bezeichneten Loks leisten auf über 30 Einsatzorten des Raumes Dresden Rangierdienst. Nachteilig wirkt sich dabei die Unterhaltung aus, die heute ausschließlich im Betriebsteil Altstadt durchgeführt wird. Über Jahre wurden fünf Rangierdieselloks der BR 346 im Zugdienst eingesetzt. Zu nennen sind dafür die Dienstpläne auf den Strecken Freital – Dresden-Gittersee und Pirna – Rottwerndorf jeweils im Wismut-Erzverkehr und von Dresden-Friedrichstadt nach Dresden-Hafen. Infolge des rückläufigen Güterverkehr sind in den letzten Jahren traditionelle Einsatzorte der BR 346 bereits auf die BR 202 übergegangen. Eine weitere Reduzierung wird durch den zukünftigen Einsatz der BR 298 erfolgen.

Die kürzeste Dienstzeit aller Diesellokbaureihen verbrachte die Maschinen der BR 119/219 im Bw Dresden. Ganze elf Jahre lang, von 1981 bis 1992, gehörte sie zum Bestand des Bw Dresden. Mit der Ablösung der Dampfloks hatte sie im Bw Dresden bereits nicht mehr zu tun. Dem allgemeinen Trend folgend, Reisezugwagen aus ökonomischen Gründen nur noch mit einem Heizungssystem – der elektrischen Heizung – auszurüsten, erforderte auch im Bw Dresden die Vorhaltung von Dielselloklomotiven mit elektrischer Zugheizung. Das Bw Dresden war im besonderen Maße auf die BR 119 angewiesen, da es über keine Loks der BR 132 verfügte. Der gesamte internationale Reisezugverkehr zwischen Berlin und den südeuropäischen Ländern über den Grenzübergang Bad Schandau mußte von 1976 bis 1991 im nichtelektrifizierten Streckenabschnitt Bad Schandau – Decin mit Dieselloks gefahren werden. Die 118 des Bw Dresden, die nur über Dampfheizung verfügten, konnten dafür nicht mehr eingesetzt werden. Da sich die Lieferung der BR 119 aus Rumänien verzögerte, setzte das Bw Dresden nach Ausscheiden der BR 01 ab September 1977 fünf Loks der BR 132 des Bw Berlin Ostbahnhof ein, mit denen vorrangig die internationalen Züge in der Relation Berlin – Dresden – Decin und der Städteexpresszug „Elbflorenz" bespannt wurden.

DIESEL- UND ELEKTRISCHE LOKOMOTIVEN

Mit 119 004-0 vom Bw Probstzella erhielt das Bw Dresden am 25. September 1980 die erste Lok der neuen Baureihe zur Personalschulung. Für die geplante Neulieferung der BR 119 richtete die Rbd Dresden bereits am 27. November 1978 im Bw Dresden einen Kundendienststützpunkt ein. 119 029-7 war dann am 18. Januar 1981 die erste zur Abnahme aus Rumänien kommende 119 im Bw Dresden. Insgesamt 34 Diesellokomotiven der BR 119 erhielten hier ihre Abnahmeuntersuchung, zuletzt 119 190-7 am 17. Juni 1985. Bereits Ende 1981 verfügte das Bw Dresden über 23 Neubauloks der BR 119, ein Bestand, der bis 1991 konstant blieb.

Die 118er waren damit entbehrlich geworden. Zuletzt rollte 118 395 am 1. Oktober 1982 zum Bw Aue. Wegen der hohen Störanfälligkeit der neuen rumänischen Dieselloks mußte die BR 118 noch ein Jahr als Reserve-Triebfahrzeug vorgehalten werden. Bereits im Januar 1981 begann in der Einsatzstelle Bad Schandau der Austausch der 118 gegen die neuen 119.

Ab Winterfahrplan 1981/82 wurden im Bw Dresden planmäßig 13 Loks der BR 119 eingesetzt, davon vier in Bad Schandau und neun vom Bw Dresden selbst. Mit einem Sportsonderzug kam erstmals am 20. Dezember 1981 119 070 über die Müglitztalbahn nach Altenberg. Die Dresdner 119 waren in den folgenden Jahren u.a. im D-Zugverkehr nach Görlitz, von Güterzügen nach Bischofswerda, Bautzen und Ottendorf – Okrilla im Einsatz. Im Berufsverkehr bespannten sie Nahverkehrszüge bis Dresden-Grenzstraße. Nach dem Lückenschluß der elektrischen Fahrleitung zwischen Schöna und

**Oben: Mit den ab 1968 angelieferten Dieselloks der Baureihe V 100 wurden die Dampfloks der BR 86 aus ihren Diensten verdrängt. Die neu gelieferte V 100 068 wurde mit alten sächsischen Abteilwagen am 6. August 1968 in Bad Schandau aufgenommen. Aufn.: Georg Otte
Unten: Die BR 120 wurde auf der Elbtalstrecke auch vor Schnellzügen eingesetzt. Im Sommer 1971 hatte 120 241 den Autoreisezug „Tourex" bei Rathen am Haken. Aufn.: Bw Dresden**

Decin konnte seit dem 1. Juni 1991 zwischen Dresden und Prag durchgehend mit Zweisystem E-Loks gefahren werden. Für die 119er des Bw Dresden bedeutete es das „Aus". Nach 1991 verließen die meisten 119er Dresden und fanden in den Bw Aue und Zittau eine neue Heimat.

Den zweiten Eckpfeiler in der Traktionsumstellung beim Bw Dresden bildeten die elektrische Lokomotiven. Im Gegensatz zu den Diesellokomotiven kam der Einsatz der Elektroloks weit langsamer voran. Der 1966 erfolgte Anschluß Dresdens aus Richtung Freiberg an das

DAS BAHNBETRIEBSWERK DRESDEN AB 1967

elektrische Streckennetz war ein erster Schritt, dem dann jahrelange Pausen folgten.

Ein wichtiges Ereignis für die Leistungsfähigkeit der Eisenbahnstrecken im Knoten Dresden und für den Traktionswechsel war die Elektrifizierung des sogenannten „sächsischen Dreiecks" Leipzig – Reichenbach – Karl-Marx-Stadt – Dresden – Leipzig, die im Jahr 1970 abgeschlossen wurde und eine Gesamtlänge von 415 km umfaßte. Die Elektrifizierung in Richtung Berlin begann aber erst zehn Jahre später. Die Dresdner 243 113 fuhr am 31. Mai 1987 mit dem Gex 2670 als erste elektrische Lokomotive in den damaligen Berliner Ostbahnhof ein

Mit der Aufnahme des elektrischen Zugbetriebes auf der Strecke Dresden – Riesa im September 1969 wurden weitere sieben E 42 mit Personal aus Dresden besetzt. Auch nach der Fertigstellung des sächsischen Dreiecks ab Sommerfahrplan 1970 beheimatete das Bw Dresden immer noch keine Elloks. Dresdner Personale besetzten zu diesem Zeitpunkt aber schon 16 E 42 des Bw Karl-Marx-Stadt. Die seit 1966 unverändert vom Bw Karl-Marx-Stadt gestellten und in Dresden zum Einsatz kommenden E 42 wurden auch dort unterhalten. Diese Technologie war aber mit der zunehmenden Ausdehnung des E-Lok Einsatzes ab 1970 wirtschaftlich nicht mehr vertretbar. Nachdem Teile des Bw Dresden-Friedrichstadt mit Fahrleitung überspannt wurden, konnten ab September 1970 elektrische Triebfahrzeuge bis in das Bw mit angelegtem Stromabnehmer fahren.

Ab 18. Dezember 1970 verkehrten planmäßig zwischen Tharandt, Dresden Hbf und Meißen-Triebischtal Wendezüge, die aus einer Doppelstockeinheit gebildet und mit einer Ellok der BR 242 bespannt waren. Am 30. September 1973 kam es zur Einführung des angenäherten starren Fahrplans mit 30- bzw. 60-Minuten-Zugfolge, jedoch zunächst nur auf den elektrischen Streckenabschnitten und im Vorortverkehr bis Pirna. Seit der Aufnahme des elektrischen Zugbetriebes auf der Strecke Dresden – Schöna gab es seit dem 30. Mai 1976 durchgehende Vorortzüge zwischen Meißen und Schöna, bzw. zwischen Tharandt und Pirna. Zum Betriebspark gehörten E 42 001 – 011, die ab 1970 20 Jahre lang planmäßig zur Bespannung der Dresdener Wendezüge eingesetzt wurden. Nach dem Ausbau des elektrischen S-Bahn Netzes in Dresden waren davon ab 1976 ständig acht Maschinen im Einsatz. Mit den im S-Bahnverkehr verwendeten E-Loks der BR 242 wurde am 30. März 1980 auch der Probebetrieb mit Zugfunkanlage auf der Strecke Dresden – Schöna aufgenommen. Ab Winterfahrplan 1972/73 besetzten Dresdener Personale auch zwei Elloks der BR 211 des Bw Leipzig Hbf West. In den folgenden Jahren, in einer Zeit, als sich im Bestand des Bw Dresden durch den Zugang von Neubaudiesel- loks in nahezu jedem Fahrplanabschnitt Veränderungen ergaben, stagnierte jedoch die Beheimatung der Elektrolokomotiven.

Das änderte sich erst im Jahr 1976. In diesem Jahr begann der entscheidende Durchbruch bei der Traktionsumstellung des Bw Dresden zugunsten der Elektrolokomotiven. Das Bw Dresden entwickelte sich ab diesem Zeitpunkt nicht nur zu einer der größten Dienststellen der Deutschen Reichsbahn für Ellok-Unterhaltung, sondern wurde zugleich eine Drehscheibe des Lokomotiveinsatzes im gesamten elektrifizierten Streckennetz der Rbd Dresden sowie der angrenzender Reichsbahndirektionen. Weitere Bedeutung erlangte das Bw Dresden durch Einrichtung eines Kundendienststützpunktes des VEB Lokomotivbau „Hans Beimler" Hennigsdorf. Seit 1977 wurden im Bw Dresden ein Großteil der Neubau Elloks der heutigen Baureihen 143, 155, 156 und der Import-Loks der BR 180 in Dienst gestellt.

Oben: Jahrelang waren die ersten Loks der einstigen Baureihe E 42 im Wendezugdienst im Dresdner Raum eingesetzt. 242 001 verläßt im Sommer 1985 den Bf Radebeul Ost.
Aufnahme: R. Heinrich

Unten: Alle 20 Zweisystemloks der Baureihe 180 sind in Dresden stationiert. Sie kommen auf der Elbtalstrecke auch vor IC/EC-Zügen zum Einsatz. 180 004 verläßt am 10. Juni 1993 mit EC 171 „Comenius" nach Prag den Dresdner Hbf.
Aufnahme: T. Frister

DIESEL- UND ELEKTRISCHE LOKOMOTIVEN

Am 1. Januar 1976 begann die Beheimatung von Elektrolokomotiven beim Bw Dresden. Erste Elloks des Bw Dresden waren die im Wendezugdienst eingesetzten 242 001 bis 011. Am 29. Mai 1976 erfolgte die Inbetriebnahme des 49 km langen elektrifizierten Streckenabschnittes von Dresden nach Schöna. Der Eröffnungszug, gezogen von der Lok 250 003, war ein Vorgeschmack auf die neue Generation von Elektrolokomotiven, die ab 1977 im Bw Dresden Einzug hielten. Ebenfalls mit dem Fahrplanwechsel bekam das Bw Dresden am 30. Mai 1976 zunächst weitere Maschinen der BR 242 zugeteilt: 242 160, 163, 164, 165, 166, 167, 200, 201, 202, 203, denen am 25. September 1976 noch 242 170, 172, 173, 174, 175 folgten.

Der so seit Sommerfahrplan 1976 erhöhte 242-Bestand des Bw Dresden verdoppelte sich ab Winterfahrplan 1976/77 nochmals. Ursache war der Einsatz der BR 242 des Bw Dresden mit Vielfachsteuerung in Doppeltraktion. Die Vielfachsteuerung der BR 242 ist nur einmal in größerem Umfang planmäßig eingesetzt worden. Als ab Sommerfahrplan 1976 der elektrische Zugverkehr von Dresden nach Bad Schandau eröffnet wurde, waren auf diesem Streckenabschnitt 2000-t-Züge zu befördern. Die Abgangsbahnhöfe Dresden-Neustadt Gbf und Dresden-Friedrichstadt besitzen Ausfahrgruppen in Richtung Bad Schandau mit 6 % Steigung. Da die Leistungstafel der BR 242 für 6% nur 1400 t Anfahrmasse zuließ und zu jener Zeit erst die 250 003 als Baumuster zur Verfügung stand, ein Nachschieben aber aus betrieblichen Gründen ausschied, entschloß sich die Reichsbahndirektion Dresden, die BR 242 planmäßig in Doppeltraktion zu fahren. So wählte man aus dem Baulos 242 158 bis 242 186 des Lieferjahres 1969 acht „Pärchen" benachbarter Ordnungsnummern aus und setzte sie auf der 40 km langen Strecke in Doppeltraktion ein. Die Verwendung der BR 242 in Doppeltraktion dauerte nur einen Fahrplanabschnitt und wechselte ab Sommerfahrplan 1977 auf die neuen Loks der BR 250. Bereits am 20. Dezember 1976 erhielt das Bw Dresden mit 250 002-3 vom Bw Halle-P eine der ersten Baumusterlokomotiven zur Personalschulung zugeteilt. Ab 5. Februar 1977 begann im Bw Dresden mit 250 004-9 die Indienststellung der ersten Serienlokomotive der BR 250. Bis 1984 erhielten 95 Loks der BR 250 beim Bw Dresden den Betriebsanlauf.

Jahr	1977	1978	1979	1980	1981	1982	1983	1984
Anzahl	16	9	16	5	13	9	17	10

Bis zu 30 Maschinen der heutigen Baureihe 155 gehören seitdem ständig zum Bestand des Bw Dresden. Die ersten Maschinen der BR 250 verließen bereits 1978 wieder das Bw Dresden und wurden zu den Bw Karl-Marx-Stadt und Zwickau umbeheimatet. Mit der weiteren Ausdehnung des elektrischen Streckennetzes der DR wurden parallel zur Indienststellung der Dresdner 250 ab 1982/83 Loks an das Bw Seddin, 1984 an das Bw Neustrelitz und 1988 an das Bw Senftenberg umgesetzt.

Immerhin neun Jahre, von 1977 bis 1985, gehörten die elektrischen Loks der BR 211 zum Bestand des Bw Dresden. Am 13. Januar 1977 kamen als erste 211 035-1 und 211 041-9 vom Bw Leipzig-West nach Dresden, nachdem Dresdener Personale bereits seit 1972 auf Leipziger 211 fuhren. Zum Einsatz kamen die 120 km/h schnellen Maschinen im Schnellzugdienst auf der Strecke Dresden-Leipzig. Zum Sommerfahrplan 1977 trafen weitere vier 211 (211 005, 015, 021, 033) vom Bw Zwickau in Dresden ein. Von 1977 bis 1980 gehörten sechs BR 211

Oben: Die vier Loks der Baureihe 156 sind alle im Bw Dresden beheimatet und haben einen eigenen Umlauf. Die Loks kommen bis Reichenbach/V (Aufnahme im August 1992), Frankfurt/Oder und zu den um Berlin gelegenen Güterbahnhöfen.
Aufnahme: T. Frister

Links: Obwohl Dresden keine 112 besitzt, werden sechs Maschinen von Dresdner Personalen besetzt. 112 033 am 30. April 1993 in Dresden Mitte
Aufnahme: R. Heinrich

DAS BAHNBETRIEBSWERK DRESDEN AB 1967

zum Bestand des Bw Dresden, aber nur zwei Maschinen liefen planmäßig und zwei weitere 211er im Sonderdienst. Mit der weiteren Elektrifizierung in Richtung Berlin erweiterte sich nicht nur das Einsatzgebiet der Dresdener 211, sondern es führte zugleich zu einer Bestandserhöhung. Aus der Rbd Halle und Erfurt kamen weitere Loks zum Bw Dresden. Am 1. Oktober 1983 gehörten 14 Loks zum Bestand:

211 006, 007, 009, 033, 035, 036, 039, 041, 072, 073, 075, 083, 085, 086

Sieben Loks setzte das Bw Dresden im Zugdienst ein, drei weitere 211 wurden durch Personal des Bw Berlin Ostbf besetzt. Infolge Leistungsverlagerung an die Rbd Berlin nahm seit September 1983 der Dresdner 211-Bestand wieder ab und war bis Anfang 1985 ganz abgebaut. Als letzte Dresdener 211 wurden 211 041, 072, 083, 085 im April/Mai 1983 an das Bw Berlin-Schöneweide umgesetzt.

Die Ablösung der Dresdner 211 übernahm die BR 243. Dazu beheimatete das Bw Dresden Anfang 1984 das Vorserienfahrzeug 243 001-5 („Weiße Lady") zur Betriebserprobung. Im Rahmen der Prüfung unter Alltagsbedingungen war die Lok vom 7. März bis 29. März 1984 dem Bw Dresden zugeordnet. Sie wurde überwiegend in leichten Plänen der BR 250 (Schnellzugdienst) und in Güterzugplänen der BR 242 verwendet. Dazu kam die Lok hauptsächlich in Richtung Karl-Marx-Stadt/Reichenbach und auf der Strecke Berlin – Bad Schandau zum Einsatz. Noch während der Erprobung der 243 001 wurde die Serienfertigung aufgenommen, wobei das Bw Dresden mit 243 006, 007, 008 und 017 im November und Dezember 1984 die ersten Neubauloks der BR 243 erhielt. Nach dem Auslauf der Produktion der BR 250 im Jahr 1984 wurde das Bw Dresden von 1984 bis 1990 nun zu einem Abnahme-Bw für die BR 243.

Jahr	1984	1985	1986	1987	1988	1989	1990
Anzahl der ID	4	26	41	24	24	5	8
Summe							= 132

Letzte beim Bw Dresden in Dienst gestellte 243 war am 3. April 1990 Lok 243 584. Ein Großteil der 243er, die fabrikneu zum Bw Dresden kamen, verließ nach Ablauf der Garantiefrist, spätestens nach zwei Jahren, wieder diese Dienststelle. Regelrechte Großserien von diesen Lokomotiven wurden wie folgt umbeheimatet:

1985	an Bw Rostock	10 Loks
1986	an Bw Reichenbach	22 Loks
1986	an Bw Berlin Ostbf	7 Loks
1987	an Bw Senftenberg	11 Loks
1987	an Bw Neustrelitz	5 Loks
1987/88	an Bw Elsterwerda	15 Loks
1988	an Bw Hoyerswerda	5 Loks
1991	an Bw Erfurt	11 Loks

Noch bevor die Berliner Bahnhöfe an das elektrische Streckennetz angeschlossen wurden, erreichte der Fahrdraht am 18. Mai 1985 Rostock Hbf. Die Lok 243 042-9 des Dresdener führte den Sonderzug D 21120 zur Einweihungsfahrt von Berlin-Lichtenberg nach Rostock. Das waren keine Einzelleistungen, denn seit Jahren rollten Dresdener Lokomotiven planmäßig vor Reisezügen bis zur Ostseeküste. Mit der Auslieferung des fünften Bauloses (243 299 – 370) von Dezember 1987 bis Juli 1988 wurde die BR 243 des Bw Dresden erstmals auch vor den Dresdener Wendezügen eingesetzt. Seit dem Jahresfahrplan 1992/93 bewältigt die BR 143 fast vollständig den gesamten elektrischen S-Bahn-Verkehr im Raum Dresden. Das Bw Dresden beheimatete bis 1991 ständig zwischen 40 und 50 Lokomotiven der BR 243. Erst mit Zugang der Zweisystem-Elloks der BR 230/180 reduzierte sich der Bestand im Sommer 1991 auf 30 Maschinen.

Zur Aufnahme eines durchgehenden elektrischen Zugbetriebes im grenzüberschreitenden Verkehr mit der CSD (3 kV Gleichstrom) zwischen den Bahnhöfen Bad Schandau und Decin traf am 25. Februar 1988 im Bw Dresden die erste neue Zweisystemlokomotive 230 001 ein. Sie wurde am 8. April 1988 in Dienst gestellt. Von März bis April 1991 erfolgte die Auslieferung der bei den Skoda-Werken in Pilsen gebauten 19 Serienlokomotiven 230 002-020 an das Bw Dresden. Mit Fahrplanwechsel am 2. Juni 1991 bespannten die 230er (ab 1992 Baureihe 180) zwischen Decin und Dresden alle Schnell- und Güterzüge. Elf Maschinen sind ständig im Dienst. Durch den Einsatz dieser Zweisystemloks wurde die BR 119 im grenzüberschreitenden Verkehr und damit beim Bw Dresden entbehrlich.

Seit Fahrplanwechsel 1992/93 werden auf der Strecke Dresden – Berlin erstmalig nach dem Krieg bei der DR wieder fahrplanmäßig Geschwindigkeiten von 160 km/h gefahren. Zum Einsatz zwischen Berlin und Dresden, insbesondere für den neu eingerichteten IC-Verkehr, kommen Lokomotiven der Baureihe 112 des Bw Berlin Hbf. Von Ende Mai 1992 an sind täglich 14 Lokomotiven im Umlauf. Das Bw Dresden beheimatet zwar keine Loks der BR 112, besetzt aber sechs Maschinen mit seinem Personal.

Mit dem Einsatz der 112 endete zugleich das einjährige „Gastspiel" der Zweisystemloks zwischen Berlin und Dresden, da die Höchstgeschwindigkeit der BR 180 lediglich 120 km/h beträgt. Dennoch bleibt die BR 180 in Berlin gegenwärtig noch präsent. Die häufig als „Manitschka" bezeichneten Loks werden seit Juni 1992 im grenzüberschreitenden Verkehr zur PKP eingesetzt. Auf der Strecke Berlin – Frankfurt/Oder – Reppen in Polen bespannen die Loks den EC 42/43 „Berolina" und das D-Zugpaar 340/341. Da die PKP dasselbe Stromsystem wie die CSD besitzt (3 kV Gleichstrom), kann die BR 180 die neuen Leistungen fahren. Die Lok rollt nachts mit einem Postzug von Dresden nach Berlin und zurück. Personale des Bw Berlin-Schöneweide absolvieren dann die vier Fahrten zwischen Berlin und Reppen. Da gegenwärtig nur die Hälfte der beim Bw Dresden vorhandenen Maschinen benötigt wird, ist zukünftig mit einer rentableren Umlaufgestaltung für diese Triebfahrzeuge zu rechnen.

Das vorläufige Ende einer 15 Jahre dauernden Indienststellung von Neubau-Elektrolokomotiven beim Bw Dresden bildete 1991/92 die Beheimatung der BR 156. 156 002 rollte am 1. Dezember 1991 als erste Lok dieser Baureihe im das Bw Dresden. Seit Anfang März 1992 befinden sich alle vier Loks der BR 156 in Dresden, so daß ab Jahresfahrplan 1992/93 die Loks in einem eigenen Umlauf eingesetzt werden.

Der Eisenbahnknoten Dresden, 1993 nun bereits 27 Jahre an das elektrische Streckennetz der Deutschen Reichsbahn angeschlossen, war immer nur Stationierungsort für die modernen elektrischen Loks. Zu keiner Zeit beheimatete das Bw Dresden (außer der Museumslok E 77 10) Altbau Elloks. Auch die am 28. November 1976 dem Bw Dresden zugeordnete 204 005 (E 04 05) gehörte nie zum Betriebspark. 15 Jahre lang wurde sie als Weichenheizlok unter der Nossener Brücke, unmittelbar neben dem Bw Dresden-Altstadt abgestellt, genutzt. Im Herbst 1991 kam die schrottreife Weichenheizlok in den Betriebsteil Friedrichstadt und wurde dort zerlegt. ❏

Bereits Geschichte sind die vierteiligen Doppelstockeinheiten im Wendezugdienst, die ab 19. April 1993 durch neue Steuer- und Einzelwagen abgelöst wurden. Aufn.: R. Heinrich

Dampfgeschichten!

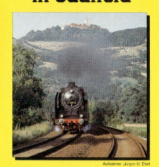

Dampfabschied in Saalfeld
Best.-Nr.: 5102 • DM 39,90

Noch immer dampfen in Rumänien die Waldbahnen. Meist mit Holz gefeuert, dienen sie überwiegend dem Transport von Schnittholz aus den großen Wäldern der Karpaten. Die älteste ist die Strecke von Covasna nach Comandau, daneben wird aber auch die einzige für den Holztransport gebaute Standseilbahn Rumäniens in schönen Winterbildern vorgestellt.

Zum Glück gab es „die letzte Fahrt" bis jetzt noch nie. Und im Bw Saalfeld sind viele Eisenbahner froh, daß doch gelegentlich bei Sonderfahrten und Plandampfveranstaltungen wieder einmal ein Fünkchen einstiger Stimmung aufflammen kann. In und um die „Steinerne Chronik Thüringens" entstanden die Aufnahmen für diesen herrlichen Film, gestern und heute.

WINTERDAMPF IM KARPATENWALD
Best.-Nr.: 5119 • DM 29,80 • ersch. 5/1994
Subskript.-Preis bis 31. Mai 1994: DM 26,50

Gleich bestellen!

EK-Verlag GmbH
Pf. 5560 • 79022 Freiburg
Fax 0761-7031050

Best.-Nr.: 658
144 Seiten
ca. 110 s/w-Abb.
Preis: DM 19,80

Gerd Wolff
EK-Güterwagen-Lexikon DB:
Die vierachsigen Selbstentladewagen
Die Staubbehälterwagen

Mit den vierachsigen offenen und geschlossenen DB-Selbstentladewagen befaßt sich der vierte Band aus der Reihe „EK-Güterwagenlexikon DB". Dipl.-Ing. Gerd Wolff stellt die Entwicklungsgeschichte der verschiedenen Bauarten vor. So werden die Vorkriegsentwicklungen wie z.B. die Bauarten OOt 22 und 41, KKt 27 und 45 ebenso dargestellt wie die Nachkriegsentwicklungen, die mit den Serienbauarten OOt 50 und KKt 57 ab 1952 begann. Kennzeichend für die DB-Entwicklungen ist die universelle Verwendbarkeit der Wagen für Kohle, Koks oder Erz (im Gegensatz zum Wagenbau in der Vorkriegszeit, als die unterschiedlichen spezifischen Gewichte der Schüttgüter berücksichtigt wurde). Auch die neuesten Bauarten Falns [121-123] und Talns [969] werden vorgestellt. Auch zeigt der Autor die Geschichte der Staubbehälterwagen, die bei der DB mit der Bauart KKd 49 (ehemalige amerikanische Kesselwagen) begann und mit der Bauart Kds 56 (= Ucs [909]) endete. Eigene Kapitel zeigen die unterschiedlichen Drehgestell-Bauarten.

Ab April 1994 in der EK-Bibliothek erhältlich ...

DAS BAHNBETRIEBSWERK DRESDEN-PIESCHEN

Das Bahnbetriebswerk Dresden-Pieschen

Vom Maschinenbahnhof des Leipziger Bahnhofs in Dresden zum Bahnbetriebswerk

Zu Unrecht wurde das Bw Dresden-Pieschen in der Vergangenheit zum kleinen Vorort-Bw und somit zum Außenseiter unter den Dresdener Bahnbetriebswerken abgestempelt. Selbst in den jüngsten Publikationen, die aus Anlaß des Jubiläums 150 Jahre Erste Deutsche Ferneisenbahn Leipzig – Dresden im Jahr 1989 erschienen, wurde bezeichnenderweise nicht auf dieses ehemalige Bahnbetriebswerk eingegangen. Dabei war der Lokbahnhof Pieschen, bis 1899 als „Maschinenbahnhof Dresden Leipziger Bahnhof" bezeichnet, untrennbar mit der geschichtlichen Entwicklung der Leipzig-Dresdener-Eisenbahn (LDE) verbunden.

Der Leipziger Bahnhof war seit 1839 der Endpunkt der LDE in Dresden auf dem Neustädter Elbufer. Seine erste Anlage war von 1839 bis 1869 in Betrieb. Heute existieren keine Bauten des ersten Bahnhofes mehr. Zwischen 1857 und 1869 wurde die zweite Anlage errichtet und die ersten abgerissen. Beim Bau der zweiten Anlage entstand auch der Lokomotivbahnhof des Leipziger Bahnhofs auf der Flur der damaligen Vorortgemeinde Pieschen neu. Der „Maschinenbahnhof" umfaßte einen Rechteckschuppen mit fünf Gleisen und 28 Ständen sowie einen Halbrundschuppen mit zwölf Ständen, eine achtgleisige Werkstatt mit Schiebebühnenfeld und 20 Maschinenständen, einen Kohleschuppen und einen zweiseitigen, 73 m langen Kohleperron. Für den Fahrbetrieb standen 45 einsatzbereite sowie zwölf in Reserve oder in Reparatur befindliche Lokomotiven zur Verfügung. Der Lokbahnhof Pieschen ging

Oben: Lokomotive „Mars" der sächsischen Gattung H II kurz vor der Jahrhundertwende in der Lokomotivstation Pieschen.

Rechts: Die ebenfalls in Dresden-Pieschen um die Jahrhundertwende fotografierte Lokomotive „Hochkirch" der Gattung V I wurde von Hartmann im Jahr 1870 erbaut und im Eilzugdienst eingesetzt.

Aufnahmen: Sammlung Otte/EK-Archiv

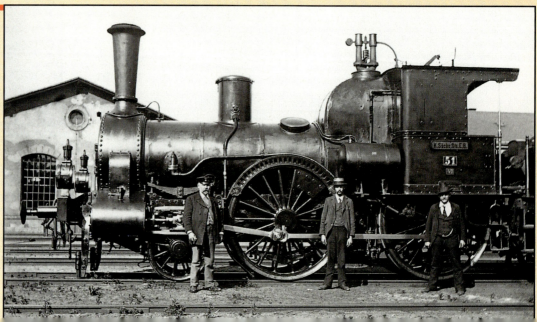

DIE GESCHICHTE DES BW DRESDEN-PIESCHEN

1868 in Betrieb. Der Rundschuppen und die ehemalige Betriebswerkstatt, deren Fassaden zum größten Teil noch im Orginal erhalten sind, gehören seit 1966 zu den Anlagen des Kraftwagenbetriebswerks (Kbw) Dresden. Damit sind sie heute die ältesten erhaltenen Bahnhofsbauten für den Maschinendienst in Dresden!

Nach der Übernahme der LDE durch die Sächsische Staatseisenbahn 1876 errichtete man in Pieschen folgende Erweiterungsbauten:

● 1876 Einbau von sechs Rostgruben im zweiten Anheizgebäude (Rundschuppen),
● 1879 Überdachung des Kohleperrons und Aufstellung von weiteren Kohlestapelkästen,
● 1882 Wasserstationsgebäude vergrößert und Aufstellung zweier Zysternen und Ölgasanstalt Umbau auf das System Pintsch,
● 1886 Erbauung eines Gasometers und Kohleausgebergebäudes,
● 1890 – 1892 Überdachung des Schiebebühnenfeldes zwischen Betriebswerkstatt und Magazin/Verwaltungsgebäude.

Entscheidende Veränderungen und Neugestaltungen des Pieschener Maschinenbahnhofs enthielt der Plan zum Umbau der Dresdener Bahnhofsanlagen aus dem Jahr 1889. Damals sollte neben dem bereits bestehenden Lokomotivschuppen noch ein zweiter Halbrundschuppen mit zwölf Ständen gebaut werden. Diese Erweiterungen im Lokbahnhof Dresden-Pieschen wurden aber aus Kostengründen nicht mehr ausgeführt.

Zur Ausführung kam dafür der viergleisige Neubau der Personenzuggleise vom Abzweig Dresden-Pieschen zum Personenbahnhof Dresden-Neustadt, der am 1. März 1901 in Betrieb ging. Die bis zu fünf Meter hohe Dammschüttung zur Verlegung der Personenzuggleise verlief auf der Nordseite unmittelbar hinter Lokschuppen und Werkstattgebäude des Pieschener Lokbahnhofs. Aber auch auf der Südseite des Pieschener Lokbahnhofs mußten die bestehenden Güterzuggleise zum ehemaligen Leipziger Bahnhof, dem späteren Güterbahnhof Dresden-Neustadt, höher gelegt werden. Schließlich kam im Zusammenhang mit dem Umbau der Dresdener Bahnhöfe am 1. Mai 1902 auf der Ostseite noch eine 2,57 km lange Strecke hinzu, welche den Güterbahnhof Dresden-Neustadt mit den beiden Strecken nach Leipzig und Berlin verband.

Oben: Lok 286 der Gattung III b, aufgenommen in der Lokomotivstation Dresden-Pieschen. Bemerkenswert ist das damals sicherlich hochmoderne Fahrrad des Lokführers.

Unten: Eine Tenderlok der Gattung VII T mit der Bahnnummer 1440 und dem Namen „Haydn", ebenfalls in Dresden-Pieschen fotografiert. Die Maschine erhielt von der DRG die Nummer 98 7062 und wurde erst 1962 bei der DR ausgemustert!

Aufnahmen:
Sammlung Otte/EK-Archiv

DAS BAHNBETRIEBSWERK DRESDEN-PIESCHEN

Dadurch war der Lokbahnhof Pieschen zwischen diesen beiden Dammschüttungen und der Verbindungsbahn regelrecht „eingebaut" und hatte betrieblich gesehen im Netz der Dresdner Eisenbahnanlagen einen denkbar ungünstigen Standort erhalten. Mit der Inbetriebnahme der neuen Heizhausanlagen in Dresden-Altstadt und Dresden-Friedrichstadt 1894 hatten sich nicht nur der Lokpark, sondern auch die Aufgaben des Maschinenbahnhofs Pieschen verändert. Die in der Betriebswerkstatt untergebrachte Tenderreparatur wurde stillgelegt und in die neue Hauptwerkstatt Friedrichstadt verlagert. Nach Inbetriebnahme des Personenbahnhofs Dresden-Neustadt 1901 wurde der ehemalige Leipziger Bahnhof bis 1907 in einen Eilgutbahnhof umgebaut.

Mit Inkrafttreten der neuen Verwaltungsordnung ab 1. Januar 1899 gehörte der Maschinenbahnhof Pieschen zur Heizhausverwaltung Dresden-Neustadt. Ebenfalls ab diesem Zeitpunkt taucht erstmalig die Bezeichnung Maschinenbahnhof Dresden-Pieschen auf, anstelle der bis dahin geführten Bezeichnung „Maschinenbahnhof Dresden Leipziger Bahnhof". Bereits am 29. Januar 1916 wurde das inzwischen nach Dresden eingemeindete Pieschen bis 1928 wieder selbständige Heizhausverwaltung und stationierte neben Rangierlokomotiven besonders Lokomotiven für den Vorortverkehr. Diese Aufgabe teilt sich das Bw Dresden-Pieschen bis 1933 mit dem ihm unterstellten Lokbahnhof Meißen. Das Bw Dresden-Pieschen zählte im Jahr 1929 lediglich 80 Beschäftigte. Auch 1941 lag die Zahl der Beschäftigten noch in dieser Höhe.

Der 14. November 1933 war ein weiteres bedeutendes Datum in der Geschichte des Bw Dresden-Pieschen. An diesem Tag endete die nur 55 Jahre dauernde Dampfzeit. Die noch vorhandenen acht Dampfloks wurden nach Dresden-Altstadt umgesetzt. Die Anlagen des Bw Dresden-Pieschen wurden, begünstigt durch den fünfgleisigen großen Rechteckschuppen, zum Triebwagen-Bw umfunktioniert. Der weitere Werdegang dieser Dienststelle ist im Kapitel des Bw Dresden-Pieschen als Triebwagen- und Kraftfahrzeugbetriebswerk niedergeschrieben.

Die Nachkriegsgeschichte bis zur Auflösung

Zur Nachkriegsgeschichte des Bw Dresden-Pieschen sollen die oft spektakulären Einsätze der Culemeyer-Transportbrigade nicht unerwähnt bleiben. Insbesondere mit dem Transport von Lokomotiven durch die Straßen Dresdens rückte die Pieschener Kraftwagengruppe immer wieder in das Interesse der Öffentlichkeit. Mit der Eröffnung des Dresdner Verkehrsmuseums im Juni 1956 wurden schrittweise alle heute dort vorhandenen Schienenfahrzeuge vom Bw Dresden-Pieschen auf dem Straßenweg ins Museum transportiert. Den Anfang machte 1956 die Lok MULDENTAL. Und als vorerst letzte Dampflok traf 1972 im Stammhaus des Verkehrsmuseums am „Johanneum" die sächsische VII T, ex DR 98 7056, ein.

Nach dem provisorischen Wiederaufbau des Bw Dresden-Pieschen bis zu seiner Auflösung am 31. Dezember 1965 fanden keine nennenswerten baulichen Veränderungen mehr statt. So blieb auch die 1964 begonnene Instandhaltung von Diesellokomotiven der BR V 180 nur ein Provisorium. Da keine geeigneten Hebezeuge in der Werkstatt zur Verfügung standen, mußte für einen erforderlichen Motortausch jedesmal ein Eisenbahndrehkran angefordert werden.

Nach der Umwandlung in ein Kraftwagenbetriebswerk blieben die bestehenden Gleisanlagen und Gebäude bis heute im wesentlichen erhalten. Entfernt und mit Betonplatten ausgelegt wurden 1966 lediglich die beiden Gleise zwischen Verwaltungsgebäude und Triebwagenschuppen, weil damit die Zufahrt zur Garage im Rundschuppen verbessert wurde. Ebenfalls noch voll in Nutzung befindet sich der ehemalige Triebwagenschuppen, wo seit Jahren das Verkehrsmuseum Dresden einen Teil seiner historisch wertvollen Fahrzeuge hinterstellt. Nach Abzug der Triebwagen wurden die Gleisanlagen des ehemaligen Bw Dresden-Pieschen Ende der 60er Jahre lange Zeit zum Abstellen von Dampflokomotiven benutzt. So manche Rarität an Dampfrössern verbrachte hier ihre letzten Jahre vor dem Verschrotten.

Eigentlich hatte die Dampflokzeit im Bw Dresden-Pieschen seit der Umstrukturierung zum Triebwagen Bw nie so richtig aufgehört. Mit Dampfspendern für die Gebäudeheizung blieben von 1933 bis 1991, anhezu 60 Jahre lang, Heizlokomotiven im Dresden-Pieschen noch präsent. So ist ab 1936 die sächsische Schnellzuglok 17 604 viele Jahre als Pieschener Heizlok bekannt. Erst 1956 verschrottete man die Lok. Bis in die 70er Jahre kamen überwiegend selbstfahrende Heizlokomotiven der BR 38, 50, 56 und 58 in Pieschen zum Einsatz. Standort für die Heizlokomotive war der ehemalige Kohlebansen. Deshalb blieb auch der Ruge-Kohlekran noch erhalten.

Mit der Bildung des Bw Dresden wechselte der Heizlokstand auf ein Gleis gegenüber dem Halbrundschuppen. In den letzten Jahren kamen dort ausschließlich 50[35] zum Einsatz. Die Bekohlung des Tenders erfolgte mittels Greiferdrehkran aus einem Güterwagen. Im Jahr 1991 erhielt das Kbw Dresden-Pieschen ein modernes Ölheizwerk. Damit verschwanden auch die letzten eisenbahntypischen Merkmale, welche das ehemalige Vorort-Bw noch lange Zeit prägten. In der gegenwärtigen Struktur sind dem Kbw Dresden-Pieschen alle Kraftfahrzeuge zugeteilt, die in den Dienststellen des Reichsbahndirektionsbezirk Dresden eingesetzt werden.

Am 13. Dezember 1965 beantragte die Rbd Dresden die Auflösung des Bw Dresden-Pieschen beim Ministerium für Verkehrswesen. Genau ein Jahr später trifft aus Berlin das Antwortschreiben ein, welches im folgenden auszugsweise wiedergegeben wird:

**Ministerrat der
Deutschen Demokratischen Republik
Ministerium für Verkehrswesen
Der Minister**

Berlin, den 14.12.1966

Betr.: Auflösung des Bahnbetriebswerkes Dresden-Pieschen und Bildung des Kraftwagenbetriebswerkes Dresden als örtliche Dienststelle des Hauptdienstzweiges Maschinenwirtschaft im Bereich Eisenbahntransport der Deutschen Reichsbahn.

Auf der Grundlage der von der Hauptverwaltung der Maschinenwirtschaft der DR vorgelegten Konzeption über Rationalisierungsmaßnahmen im Hauptdienstzweig Maschinenwirtschaft genehmige ich hiermit die Auflösung des Bahnbetriebswerkes Dresden-Pieschen und die Bildung des Kraftwagenbetriebswerkes Dresden als örtliche Dienststelle des Hauptdienstzweiges Maschinenwirtschaft.

Mit der Auflösung des Bahnbetriebswerkes Dresden-Pieschen sind die Aufgaben des betrieblichen Einsatzes des Triebfahrzeugparkes der BR V 180 vom Bw Dresden-Altstadt und aller bisher beim Bw Dresden-Pieschen beheimateten Triebfahrzeuge der BR V 15, Kö und VT vom Bw Dresden-Friedrichstadt zu übernehmen. Die bisher zum Bw Dresden-Pieschen gehörende Lok-Einsatzstelle Flöha ist mit allen vorhandenen Triebfahrzeugen und Arbeitskräften dem Bw Karl-Marx-Stadt Hbf zuzuordnen.

Die weiterhin beim Kbw Dresden verbleibende Werkstatt für die Instandhaltung der Triebfahrzeuge der BR V 180 wird dem Bw Dresden-Friedrichstadt angegliedert. Mit der Entwicklung des Bw Dresden-Friedrichstadt zum Unterhaltungswerk ist die gesamte Instandhaltung der Triebfahrzeuge der BR V 180 des Dresdener Raumes in diesem Werk zu konzentrieren. Mit der Herauslösung des Triebfahrzeugbetriebes und der Triebfahrzeuginstandsetzung vom Bw Dresden-Pieschen sind die Voraussetzungen zur Bildung eines Kbw Dresden gegeben.

Das bisherige Bw Dresden-Pieschen wird nur noch aus den Betriebsteilen
– Kraftfahrzeugbetrieb,
– Kraftfahrzeuginstandhaltung und
– Werkstatt für Feuerlöschgeräte
bestehen und entsprechend des Rahmenstrukturplanes alle Forderungen für die Bildung eines Kraftfahrzeugbetriebswerkes erfüllen.

Auch unter Berücksichtigung der Perspektive für diese Dienststelle nach 1970 ist die Bildung eines Kbw gerechtfertigt. Bei der Durchführung der organisatorischen Veränderungen im Zusammenhang mit der Auflösung des Bahnbetriebswerkes Dresden-Pieschen ist im besonderen zu beachten, daß
a) die vorhandenen Gleisanlagen und die Drehscheibe voll betriebssicher erhalten bleiben,
b) die Arbeitsgruben nicht verfüllt und im betriebsfähigen Zustand erhalten werden,
c) die Anlagen des bisherigen Bahnbetriebswerkes, den anderen Reichsbahndienststellen zur Nutzung überlassen werden, im alten Zustand erhalten bleiben und bei notwendigem Bedarf kurzfristig betriebsfähig hergerichtet werden können und
d) sämtliche geplanten Veränderungen an Gebäuden und maschinellen Anlagen vorher mit dem Leiter des Büros des Präsidenten der Rbd Dresden abgestimmt sind.

gez.: Kramer

DER DAMPFLOKEINSATZ IN PIESCHEN

Das Bw Dresden-Pieschen zur Dampflokzeit

Als einziges der drei Dresdner Bahnbetriebswerke durchlief das Bw Dresden-Pieschen zur Dampflokzeit drei verschiedene Verwaltungsformen:
- 1868 – 1876 Leipzig-Dresdener-Eisenbahn (LDE – Privatbahn),
- 1876 – 1920 Königlich-Sächsische Staatseisenbahn,
- 1920 – 1933 Deutsche Reichsbahn Gesellschaft.

Diese prägten auch das Bild des Lokomotivparkes, der heute in seinen Gründerjahren nur noch im groben Umfang rekonstruiert werden kann. Als Maschinenstation des Leipziger Bahnhofs in Dresden waren in Pieschen zunächst vorrangig alle Dampflokomotiv-Gattungen der LDE zu finden. Selbst mit der Verstaatlichung der LDE nach 1876 dürfte sich daran nur wenig geändert haben.

Der Stationierungsumfang von etwa 50 Dampflokomotiven im „Leipziger Maschinenbahnhof" änderte sich 1894 mit der Inbetriebnahme der Heizhäuser in Dresden-Altstadt für den Reisezugdienst und in Friedrichstadt für den Güterzugdienst, wo fortan die entsprechenden Lokomotivgattungen aufgeteilt wurden. Der Pieschener Lokbestand reduzierte sich auf ca. 15 Betriebsloks. Von 1894 – 1920 waren überwiegend Maschinen der Gattung IIIb und V für den gemischten Zugdienst in Pieschen stationiert. Auch nach der Aufteilung des Lokomotivparkes auf die zwei großen Dresdener Bahnbetriebswerke blieb Pieschen im Lokaustausch mit Dresden-Altstadt (Personenzugloks) und Dresden-Friedrichstadt (Güterzugloks).

Betriebsbuchauszüge belegen, daß z.B. die Lok mit der Betriebsnummer 2854 „SIMPLON" vom 6. Februar 1901 bis zum 17. März 1911 und die Lok Nr. 991 „TELLKOPPE" vom 14. November 1907 bis zum 5. August 1916 zum Heizhaus Pieschen gehörten. Beide Lokomotiven waren zuvor in Dresden-Friedrichstadt beheimatet. Die Lok „TELLKOPPE" wechselte 1916 zur Lokstation Meißen.

Auch der Einsatz der Lokomotive der Gattung VI Nr. 51 „HOCHKIRCH" von der Sächsisch-Schlesischen-Eisenbahn war nach 1894 belegt. Die 1859 gebaute Lok Nr. 11 „MARS", welche der Gattung H II zuzuordnen war, wurde nach 35 Dienstjahren um 1894 in Pieschen ausgemustert. Von der Zugehörigkeit der 1'B-Personenzuglok der sächsischen Gattung IIIb zum Heizhaus Pieschen sind folgende Maschinen bekannt:

sä. Bahnnummer	Namen der Lok	stationiert in Pieschen	
247	Sorau	1920	
253	Marienbad	1923,	+1923
254	Düppel	1920 – 1924	
268	Thann	1920	
274	Brünn	1922 – 1925	+1925
276	Deutschland	1922	
286	Harta	?	+1909
288	Eibenstock	1923 – 1924	
320	Madeira	1922	
361	Texas	1923	
364	Cordora	1921 – 1922	
377	Essen	1919	
379	Nossen	1919, 1922	
381	Utica	1923 – 1924, DRG 34 7737	
466	Großbothen	1919	
487	Reichenberg	ca. 1910	

Oben: Die spätere 98 012 wurde fabrikneu als sächsische I TV mit der Bahnnummer 1381 am 4. Juli 1914 an das Heizhaus in Pieschen geliefert. Fast 18 Jahre blieb die Maschine in diesem Bahnbetriebswerk, bis sie am 7. April 1932 nach Dresden-Friedrichstadt umbeheimatet wurde.

Unten: Vom Lokbahnhof Oelsnitz kam 91 1557 am 7. August 1935 zum Bw Pieschen, bis sie dieses ein Jahr später, am 5. Oktober 1935, ebenfalls nach Dresden-Friedrichstadt, wieder verließ. Die Aufnahme entstand 1935 am Rundhaus in Pieschen.

Aufnahmen: Georg Otte

DAS BAHNBETRIEBSWERK DRESDEN-PIESCHEN

Die Lokomotive 75 562 gehörte zu den wenigen Dampfloks der sächsischen Gattung XIV HT, die nach Gründung der Deutschen Reichsbahn im Bw Dresden-Pieschen beheimatet waren. Als Ersatz für die sächsischen 71 hatte Pieschen von 1929 bis zur Abgabe fast aller Dampfloks im Jahre 1933 nochmals vier dieser Lokomotiven im Bestand, die danach größtenteils nach Dresden-Altstadt abgegeben wurden.

Aufnahme: Dieter Wünschmann

Zu den relativ modernen Loks der Sächsischen Staatsbahn gehörte die ab 1897 in 91 Exemplaren beschaffte Gattung IV T (DR 71³). Von dieser Gattung, die bevorzugt im Dresdener Vorortverkehr nach Meißen und Pirna eingesetzt wurde, verfügte Pieschen über mindestens fünf Maschinen, die bis 1927/28 dort blieben. Bekannt sind:

sä. Nr. 1749	DRG 71 343	1923
sä. Nr. 1770	DRG 71 364	1924-1925
sä. Nr. 1774	DRG 71 368	1924-1925

Nachdem um 1920 in Dresden-Altstadt moderne Reisezuglokomotiven Einzug hielten, wurde Pieschen für einige Altstädter Loks der Gattung VIII V₂ zum Auslauf-Bw. Mit 36 903 und 36 990 erhielten noch zwei dieser leistungsfähigen 2'B Schlepptenderloks die neue DRG-Betriebsnummer und wurden erst 1928 ausgemustert. Zum Park der Güterzuglokomotiven zählten in den 20er Jahren überwiegend Maschinen der sä. Gattung V V und der bauartähnlichen preußischen G 3. Auch von diesen Gattungen sind noch mehrere Maschinen in das DR-Nummernschema übernommen worden:

Sächs. Gattung V V

1014	53 602	1926
1016	53 604	1925
1019	53 607	1925-1926
1026	53 612	1926
1035	53 628	1925-1928
1041	53 634	1925-1927
1055	53 648	1927
1057	53 649	1925,1927

| 1068 | 53 656 | 1925 |
| 1153 | 53 720 | 1926 |

Preußische Gattung G 3

Erf 3154	53 7102	1925
Erf 3158		1923
Bsl 3210		1922
Bsl 3221		1922
Bsl 3365	53 7146	1925

Als Einzelgänger war 1925 die pr. G 7 Fft 4627/55 857 in Pieschen stationiert.

Wie in allen anderen Dresdener Bw wurde auch in Pieschen die zweiachsige Gattung VII T zum Rangierdienst auf dem Neustädter Güterbahnhof vorgehalten. Bekannt ist die Lok Nr. 1440 „HAYDEN", die spätere DR 98 7062. Um 1930 wurde die Maschine als Werklok 1 vom Bw Dresden-Friedrichstadt übernommen. Im Jahr 1910 lieferte Hartmann die ersten zehn Gelenklokomotiven der Bauart Meyer Gattung I TV (DR 98⁰) an die sächsische Staatsbahn ab. Davon wurden im November 1910 vier Loks (die späteren 98 003, 005-007) in Dresden-Pieschen angeliefert. 1913 (spätere 98 010) und im Juli 1914 (spätere 98 012 und 015) folgten weitere drei Loks fabrikneu. 20 Jahre lang zählten diese sieben Maschinen zu den Pieschener Stammloks und waren im Güterzug- und Rangierdienst sowie auf den Anschlußbahnen und der Hafenbahn auf der Neustädter Seite mit seinen engen Gleisbögen im Einsatz.

Im Gegensatz dazu setzte das Bw Dresden-Friedrichstadt seine Lokomotiven dieser Gattung auf der Windbergbahn Freital – Possendorf ein. Bis 1932 wurden 98 003, 007 und 015 in Pieschen ausgemustert. 1932 verließen auch die restlichen 98er Pieschen, 98 005 und 006 zum Bw Bautzen sowie 98 010 und 012 zum Bw Dresden-Friedrichstadt. Neben Dresden-Altstadt beheimatete Pieschen ab dem 6. März 1915 die mit der Bahnnummer 1845 von Hartmann neu gelieferte Personenzugtenderlok der Gattung XIV HT (später DR 75 546). Es ist anzunehmen, daß seit März 1917 auch die spätere 75 551 in Pieschen beheimatet war. Am 15. März 1929 wechselten mit 75 559 und 562 vom Bw Dresden-Altstadt noch zwei Loks in den Pieschener Bestand. Damit waren die Tenderloks der BR 71³ bereits entbehrlich. Die vier 75er blieben bis November 1933 in Pieschen, 75 551 laut Betriebsbuch sogar bis zum 25. Juli 1934. Ab 1926 vollzieht sich überhaupt ein Wechsel im Betriebspark des Bw Dresden-Pieschen. Durch die verstärkte Ausmusterung der überalterten Länderbahnloks sächsischer Splittergattungen, für die Pieschen bis zuletzt ein „Abschiebe-Bw" war, fanden sich ab der zweiten Hälfte der 20er Jahre nun auch preußische Lokomotiven in Pieschen. 38 1220 und 1221 von 1928 bis 1931 und die T 9 91 1800, die aus Breslau kommend vom Juli 1926 bis zum 30. September 1933 in Pieschen stationiert war.

Lediglich ein kurzes Gastspiel für wenige Monate gaben 91 1705 (1931) und 91 1557. Die ex-Glauchauer 91 1557 war überhaupt die letzte Dampflok, die bereits nach der Umstrukturie-

DIE TRIEBWAGEN IM VORKRIEGSEINSATZ

Rechts: Diese Aufnahme des Bw Dresden-Pieschen entstand im Winter 1939/40 und vermittelt eine gute Blick über die Anlagen des Betriebswerkes. Neben VT der Bauart „Ruhr" und anderen Triebwagen sind auch einige Steuerwagen, darunter die der VT-Einsatzstelle Flöha, abgestellt.

Unten: Im Vorfeld des Leipziger Hauptbahnhofes wartet diese Pieschener Triebwageneinheit auf den nächsten Einsatz (1935/36).

Aufnahmen: Georg Otte

(ein Eilzug) und Leipzig – Chemnitz befahren. Auf der Strecke Dresden – Döbeln – Leipzig und Dresden – Zittau wurden alle Eilzüge als Triebwagen und auf der Strecke Leipzig-Chemnitz nahezu alle Eilzüge als Triebwagen gefahren. Vom Bw Chemnitz Hbf wurden dabei zwei Triebwageneinheiten des Bw Dresden-Pieschen eingesetzt. Die Fahrzeuge des Bw Dresden-Pieschen leisteten täglich etwa 4000 km. Auf den Strecke Dresden – Riesa – Leipzig und Görlitz – Dresden trugen diese Fahrzeuge zur Verdichtung des schnellen Reiseverkehrs bei. Zusätzlich zu diesen genannten Leistungen kamen noch ein Personenzug am Tag auf den Strecken Dresden – Oschatz, Dresden – Bad Schandau sowie zwei Personenzüge zwischen Dresden und Pirna hinzu.

In der Zeit vom 12. August 1937 bis 6. Januar 1938 erhielt die neugeschaffene VT-Einsatzstelle Flöha des Bw Chemnitz Hbf neun 265-kW/360-PS-VT mit Steuerwagen, so daß die Eilzüge auf der Strecke Chemnitz – Leipzig von dieser Einsatzstelle übernommen werden konnten. Die Einsätze des Bw Dresden-Pieschen verlagerten sich aus diesem Grund von der Strecke Chemnitz – Leipzig auf die Strecke Leipzig – Plauen. Es wurden dort einige Eilzüge als Triebwagen gefahren. Ein Eilzug kam auf der Strecke Chemnitz – Elsterwerda und je ein Personenzug zwischen Elsterwerda und Riesa sowie zwischen Riesa und Dresden hinzu. Die übrigen Einsätze blieben unverändert.

Die Reisegeschwindigkeit der Eilzüge lag 1936 je nach Trassierung der Strecken zwischen 54 km/h und 73 km/h. Spitzenwerte mit 86 km/h wurden dabei zwischen Dresden-Neustadt und Riesa erreicht. Aus der Vorkriegszeit gibt es auch ein Foto eines Eiltriebwagens auf der Strecke Dresden – Chemnitz. Ein planmäßiger Einsatz auf dieser Strecke geht aber aus den Unterlagen nicht hervor.

Zwischen dem 19. Juni und dem 25. August 1938 gingen dem Bw Dresden-Pieschen von den Bw Jünkerath, Gemünden und Oppeln die zweiachsigen VT 135 024, 135 028 und 135 052 mit 99 kW/135 PS Leistung zu. Sie boten bei 14,9 bzw. 15,4 t Dienstmasse 40 Sitzplätze und erreichten als Höchstgeschwindigkeit 72 bzw. 75 km/h. Die zugehörigen Beiwagen VB 140 026 und 140 027 mit 54 Sitzplätzen und 13,5 t Eigenmasse waren schon 1937 beim Bw Dresden-Pieschen beheimatet. Der Einsatz dieser VT erfolgte vermutlich auf der Strecke Dresden – Straßgräbchen-Bernsdorf.

In den Monaten April und Mai 1939 erhielt das Bw Dresden-Pieschen weiterhin vom Bw Darmstadt die VT 137 066 – 067, VS 145 030 und VS 145 033 im Austausch gegen die VT 137 204 – 205 und VS 145 136 – 137.

Am 2. August 1938 traf aus Neulieferung zum Einsatz auf landschaftlich reizvollen Strecken Sachsens der dieselhydraulische Aussichtstriebwagen VT 137 463 mit 265 kW/360 PS Leistung und 120 km/h Höchstgeschwindigkeit beim Bw Dresden-Pieschen ein. Sein Einsatz sollte von Dresden aus erfolgen. Auch durch die VT-Einsatzstelle Flöha sollten die von

DAS BAHNBETRIEBSWERK DRESDEN-PIESCHEN

Links: Im Kriegswinter 1939/40 kamen die Triebwagen der Bauart „Ruhr" des Bw Dresden-Pieschen noch einmal kurzzeitig zum Einsatz. Die Aufnahme zeigt zwei dreiteilige dieselhydraulische Triebwagen dieser Bauart (aus der Serie VT 137 283 – 137 287) auf einem unbekannten Bahnhof.

Mitte: Ein aus sechs Wagen bestehender Eiltriebwagen etwa 1935/36 in Leipzig Hbf.

Aufnahmen: Georg Otte

Chemnitz ausgehenden landschaftlich reizvollen Strecken des Erzgebirges befahren werden. Er hatte 60 Sitzplätze und eine Dienstmasse von 44 t. Die Antriebsanlage war unter dem Wagenfußboden angeordnet.

Ab 4. August 1939 bis etwa zum Jahresende kamen die dreiteiligen Triebzüge der Bauart „Ruhr" mit den Nummern VT 137 283-137 287 aus Neulieferung von der Firma Westwaggon zum Bw Dresden-Pieschen. Sie waren ursprünglich für den Ruhr-Schnellverkehr vorgesehen. Da sich aber dort durch die zwischenzeitlich erfolgte stärkere Verkehrszunahme infolge zu geringer Platzkapazität und einer zu geringen Zahl von Türen die bereits ein Jahr zuvor gelieferten zweiteiligen VT der Bauart „Ruhr" mit den Nummern 137 288-137 295 nicht bewährten, sah man von einer Beheimatung dieser fünf dreiteiligen Fahrzeuge im Ruhr-Gebiet ab, so daß die Beheimatung in Dresden erfolgte. Diese Fahrzeuge besaßen elektro-pneumatisch zu schließende Schiebetüren, boten 30/108 Sitz-

Selten sind Betriebsaufnahmen der 410-PS-Einheitstriebwagen aus der Vorkriegszeit. Die Aufnahme zeigt eine sechsteilige Einheit während eines Vorkriegswinters im Eilzugeinsatz. Die Triebwagen liefen von Dresden nach Görlitz und Zittau sowie über Leipzig nach Chemnitz und Plauen.

Aufnahme: Georg Otte

DIE TRIEBWAGEN IM VORKRIEGSEINSATZ

Rechts: Die Steuerwagen der Baureihe VS 145 waren Dank der eleganten Schürze auf den ersten Blick von den Motorwagen kaum zu unterscheiden. VS 145 026 mit einem Triebwagen 1935 auf der Drehscheibe in Pieschen.
Aufnahme: Georg Otte

Mitte: Carl Bellingrodt hat an der bekannten Dresdner Tabak-Moschee am 31. Mai 1936 den Et 158 nach Leipzig abgelichtet. Es führt VT 137 058.
Aufnahme: Bellingrodt/EK-Archiv

plätze 2./3. Klasse und erreichten 120 km/h. Sie zeichneten sich durch ein hohes Beschleunigungsvermögen aus. Diese letztgenannten VT kamen aber infolge ihrer späten Ablieferung kaum vor Ausbruch des Zweiten Weltkrieges noch zum Einsatz, weil Ende August 1939 der gesamte Verkehr mit Verbrennungsmotortriebwagen der Reichsbahn wegen Kraftstoffmangels eingestellt werden mußte, da der Kraftstoff für militärische Zwecke benötigt wurde.

Die Triebwagen wurden meist abgestellt, die Fahrzeuge mit elektrischer Leistungsübertragung in der Regel für Zwecke der Wehrmacht, z.B. als Notstromaggregate, Befehlshaberwagen und Lazarettwagen eingesetzt. Einige VT des Bw Dresden-Pieschen sollen noch einmal kurzzeitig im Weihnachtsverkehr 1939 eingesetzt worden sein, wobei auch das Foto eines VT „Ruhr" in Grottau an der Strecke Zittau – Reichenberg entstanden sein könnte. Es könnte aber auch leihweise ein Einsatz während des Krieges auf ehemaligen CSD-Strecken erfolgt

Nochmals eine Winteraufnahme einer siebenteiligen (!) Einheit im Eilzugdienst, die ebenfalls vor dem Zweiten Weltkrieg aufgenommen wurde. Die damals hochmodernen Fahrzeuge boten den Reisenden einen deutlich besseren Komfort als die im Eilzugverkehr verwendeten meist älteren Schnellzugwagen.
Aufnahme: Georg Otte

DAS BAHNBETRIEBSWERK DRESDEN-PIESCHEN

Oben: Im Winter 1935/36 passiert eine dreiteilige Eiltriebwageneinheit den Haltepunkt Dresden-Pieschen.
Mitte: Drei für den militärische Einsatz auf Überführungsfahrt befindliche VT aus der Reihe 137 058 bis 137 067 und 137 075 bis 137 079 im Herbst 1940. Die sichtbaren Zettel an den Fenstern weisen offensichtlich auf den Sondereinsatz hin.
Unten: Dresden Hbf vor dem Zweiten Weltkrieg. Die Vielfalt der damals dort anzutreffenden Lokomotiven und Triebwagen ist unwiederholbar. Da trafen sich 61 001, die SVT der Bauart „Hamburg", sächsische 18 und 19 – und die 410-PS-Einheitstriebwagen ... Aufn.: G. Otte

falls kurzzeitig im Bw Dresden-Pieschen betreut, ehe man ihre Unterhaltung wegen der bedrohlichen Luftkriegssituation nach Flöha verlegt wurde. Vom 1. Juli 1944 an wurde auch die Gruppe Kraftwagenbetrieb des Bw Dresden-Friedrichstadt dem Bw in Pieschen unterstellt.

Bei den beiden großen Luftangriffen am 13. Februar und am 17. April 1945 wurde der Triebwagenschuppen und einige darin abgestellten Triebwagen völlig zerstört. Diesen Angriffen fielen sicher auch einige Steuerwagen zum Opfer. Vorher wurden aber zum Glück viele Fahrzeuge ausgelagert und auf anderen Bahnhöfen abgestellt. Bei Kriegsende blieb, wie bei vielen anderen Eisenbahnanlagen, ein einziges Chaos zurück.

Neben dem sofort nach Kriegsende begonnenen Aufräumungsarbeiten zog man die zum Bw Dresden-Pieschen gehörenden Fahrzeuge dort wieder zusammen. Es waren nur noch wenige Fahrzeuge betriebsfähig. Die meisten Fahrzeuge waren mehr oder weniger schwer beschädigt und wurden zum größten Teil nach und nach wieder hergerichtet, obwohl eine Reihe davon zur Ausmusterung vorgesehen war. Bei einigen Fahrzeugen erfolgte die Aufarbeitung erst relativ spät.

Bestandsentwicklung nach 1945

Zum ersten Nachkriegsbestand des Bw Dresden-Pieschen gehörten folgende dort abgestellte Fahrzeuge (37 VT, 11 VB, 21 VS):

AT	259/260,
VT 702, VT 856	
VT 137	058*, 060, 061, 063, 064*, 065, 067, 069, 071, 088, 099, 155, 166*, 191*, 198*, 273, 268, 290, 291, 293, 294, 295, 348, 387
VB 140	001, 084, 129, 156, 158, 168*, 169*, 170*, 180, 182, 200*
VS 145	014, 015*, 029, 049, 052*, 072, 073, 092, 122, 123*, 137, 139, 152, 184, 187, 190, 194, 218*, 296, 303, 310

* betriebsfähig

Später kamen zu diesem Bestand noch der VT 137 078 als Lazaretttriebwagen und der VS 145 044 (Wuppertal) hinzu. Die VT 137 058,

sein, da dort Fahrzeuge mit niedriger Achslast knapp waren. Die nicht im Kriegseinsatz stehenden VT und VS wurden im Bw Dresden-Pieschen abgestellt. Dazu kamen auch die Steuerwagen der VT-Einsatzstelle Flöha. Ab Ende 1939 wurden auch noch die acht zweiteiligen Triebwagen der Bauart „Ruhr" 137 288 bis 137 295 von Trier zum Bw Dresden-Pieschen umbeheimatet und dort abgestellt.

1941 wurden vor der Lokleitung des Bw Dresden-Pieschen drei weitere unterirdische Tankanlagen mit je 50 000 Litern Dieselkraftstoff errichtet. Die Wehrmacht hatte u.a. auch noch etwa 180 Triebwagen mit überwiegend mechanischer oder hydraulischer Leistungsübertragung für ihre Zwecke im Einsatz. Diese Fahrzeuge wurden während des Krieges eben-

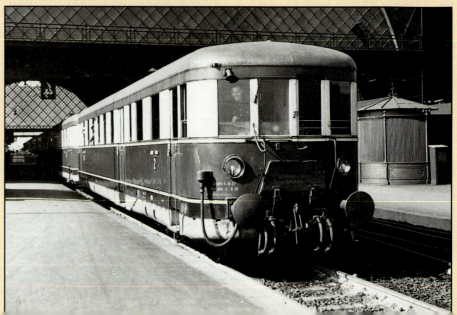

DIE TRIEBWAGEN IN DEN NACHKRIEGSJAHREN

137 069, 137 078, 137 191, die VS 145 014, 145 044, 145 073, 145 092 und 145 137 waren noch im Juni 1950 zur Ausmusterung vorgesehen. Sie wurden dann aber bis auf VT 137 078 und 137 191 doch wieder aufgearbeitet. Der Verbleib der Fahrzeuge aus der Vorkriegszeit im Jahre 1939 des Bw Dresden-Pieschen war nach Kriegsende folgender:

VT 137	058	DR
	059	Verlust
	060	DR
	061	DR
	062	Verlust
	063	DR, Umb. zu Salon-VT*
	064	DR
	065	DR
	066	DB, später VT 33 106
VT 137	283	CSD
	284	DR
	285	DR
	286	DR
	287	DR
VT 137	463	DB, später VT 90 5011
VS 145	022	Verlust
	023	Verlust
	024	Verlust
	025	Verlust
	026	Verlust
	027	DR
	028	DR
	029	DR
	030	DR

* ab 1958 Funkmeßtriebwagen VT 137 700

Der zerstörte Pieschener Triebwagenschuppen wurde als Provisorium in hölzerner Bauweise mit vier Gleisen wieder aufgebaut. Im Januar 1946 waren bereits zwei Gleise wieder überdacht. Auch die Arbeitsgruben mußten wiederhergestellt werden. 1947 wurde Gleise und Drehscheibe am Ringlokschuppen ausgebaut. Die hierdurch gewonnene Fläche im Schuppen wurde als Kfz-Garage genutzt. Anstelle der Drehscheibe trat eine einfache Weiche mit Gleisführung in den Lokschuppenstand 1 und 2. Dort befanden sich nach 1947 die Reparaturstände für die Kö-Kleinloks und für die inzwischen hinzugekommenen drei V 36.

Zum Sommerfahrplan 1947 waren die Anlagen und ein Teil der Fahrzeuge wieder soweit hergestellt, daß die ersten Nachkriegseinsätze der Dresdener Triebwagen erfolgen konnten. Ein großer Teil der Trieb-, Steuer- und Beiwagen hatte den Krieg noch im zweifarbigen Vorkriegsanstrich rot/elfenbein überstanden, sofern sich die Fahrzeuge nicht im militärischen Einsatz befunden hatten. Besonders die Triebwagen aus der Reihe 137 058 – 137 067 und nahezu alle Steuerwagen büßten im Krieg ihre seitlichen Schürzen und damit ein markantes Teil im Äußeren ihrer zur Entstehungszeit eleganten Erscheinung ein. Allerdings erleichterten die entfernten Schürzen Wartung und Kontrolle der Fahrzeuge. Der Anstrich der wieder in Dienst gestellten Fahrzeuge war zunächst bis auf geringe Ausnahmen wie bei den Reisezugwagen grün ausgeführt, mit einer schwarzen Linie unter den Fenstern und schwarzem Anstrich im Bereich des Untergestells. Nur ganz wenige Fahrzeuge, bei denen eine Anstricherneuerung noch nicht fällig war, wurden zunächst noch mit ihrem ursprünglichen zweifarbigen Anstrich eingesetzt.

Mitte der fünfziger Jahre waren für den Reiseverkehr nach und nach folgende Fahrzeuge wiederhergestellt und im Bw Dresden-Pieschen wieder in Betrieb:

- VT 135 062, 109, 110
- VT 137 058, 060, 061, 064, 065, 067, 069, 071, 092, 198, 284, 287
- VB 140 209, 312
- VS 145 015, 028, 029, 044, 049, 072, 073, 092, 122, 136, 139, 152

An neu hinzugekommenen Fahrzeugbauarten waren beim Bw Dresden-Pieschen nach 1945 zunächst folgende vorhanden:

Die VT 137 069 und 137 071 aus der Reihe 137 068 – 073, sie entsprachen im Grundriß bzw. in ihrer Innenraumaufteilung etwa den VT 137 094 – 137 110 und 137 164 – 137 223, hatten aber bei sonst gleichen Hauptabmessungen keinen zusätzlichen Mitteleinstieg und dabei 16/50 Sitzplätze 2./3.Klasse mit vier zusätzlichen Klappsitzen. Sie erreichten 100 km/h. Als Steuerung war die RZM-Einfachsteuerung vorhanden. Die Eigenmasse lag bei rund 43 t und die Leistung war mit 302 kW/410 PS den anderen VT gleich. Der VT 137 092 bot mit seinem sogenannten „Essener Grundriß" 16/45 Sitzplätze und zwei Klappsitze bei 44,5 t Eigenmasse. Er erreichte 110 km/h, hatte die RZM-Mehrfachsteuerung der Bauart 1934 und gehörte der Reihe VT 137 080 – 137 093 an. Die Leistung war ebenfalls 302 kW/410 PS. Der VS 145 044 entsprach dem „Essener Grundriß". Er

Eine letzte Aufnahme aus der Vorkriegszeit soll den Reigen der einmaligen Aufnahmen aus diesem Zeitabschnitt beenden, obwohl sie keinen Pieschner Triebwagen zeigt. Aufgenommen wurde das Bild des SVT der Bauart „Hamburg" aber unmittelbar am Rundhaus des Bw Pieschen, und zwar im Frühsommer 1939, was wir wiederum Georg Otte aus Dresden zu verdanken haben. Der Schnelltriebwagen befuhr die am 10. Mai 1939 eröffnete Verbindung Dresden – Hamburg über Leipzig – Magdeburg. Angesichts der damals gefahrenen Geschwindigkeiten – der Zug verließ Dresden um 6.56 Uhr und erreichte Hamburg nach 4 Stunden und 45 Minuten (!) um 11.41 Uhr – verblassen die heutigen Fahrplantabellen von DR und DB. Ein IC benötigt heute reichlich 6 Stunden …   Aufnahme: Georg Otte

bot bei 20110 mm LüP und der Eigenmasse von 20,7 t 16/52 Sitzplätze 2./3. Klasse sowie vier Klappsitze und stammte aus der Reihe 145 004 – 146 008 und 145 034 – 145 047. Die übrigen Steuerwagen 145 049, 145 052, 145 072, 145 073, 145 092 und 145 152 entsprachen den VS 145 009 – 145 033, waren von vornherein mit Sitzplätzen der früheren 2. Klasse versehen und boten 16/59 Sitzplätze. Bei den VS 145 092 und 145 152 waren die Fenster der 2. Klasse mit 1000 mm breiter als die der anderen Fahrzeuge mit 800 mm Breite. Bei den als Übergangswagen mit Scharfenbergkupplung zu den VT „Ruhr" und SVT „Leipzig" verwendeten VS 145 015, 145 028, 145 029 und 145 052 wurde der Grundriß modernisiert. So erhielten:

VS 145 015 12/48 Sitzplätze der späteren 1./2. Klasse
VS 145 028 14/45 Sitzplätze der späteren 1./2. Klasse
VS 145 029 12/46 Sitzplätze der späteren 1./2. Klasse
VS 145 052 12/46 Sitzplätze der späteren 1./2 .Klasse

Die zweiachsigen VT 135 062, 135 109 und 135 110 hatten eine unter dem Wagenfußboden angeordnete Antriebsanlage. Der Motor ragte in den Wagenkasten hinein, und zwar durch eine Sitzbank abgedeckt. Sie hatten 16,4 t Dienstmasse, 40 Sitzplätze, sechs Klappsitze und erreichten 75 km/h. Der Beiwagen VB 140 312 bot bei 9,3, t Eigenmasse 41 Sitzplätze und neun Klappsitze.

Der VT 137 166 wurde ebenfalls von 1947 bis 1949 eingesetzt und dann nach einem Unfall mit einem eingedrückten Führerstand im Raw Dessau abgestellt worden. Noch 1965 war er dort, wobei 1963 sein Wiederaufbau mit einem CKD-Dieselmotor vorgesehen war. Die übrigen

DAS BAHNBETRIEBSWERK DRESDEN-PIESCHEN

VT oder VS blieben entweder abgestellt oder kamen zu anderen Einsatzstellen.

Bei den dreiteiligen Triebwagen der Bauart „Ruhr" war die Nachkriegssituation folgende:

Der VT 137 283 verblieb zunächst als M 493.001 bei der CSD. Die VT 137 284 und VT 137 287 waren nach dem Krieg zunächst in Flöha stationiert, und es erfolgte dort mit ihnen 1946 die Wiederaufnahme des Schnellzugverkehrs auf der Strecke Chemnitz – Leipzig. Der VT 137 285 hatte an der Nossener Brücke in Dresden einen Unfall und wurde von Juli bis Ende Oktober 1949 im Bw Dresden-Pieschen wieder instandgesetzt. Anschließend kam er vermutlich in den Bestand der CSD, da dort nach 1945 zwei VT der Bauart „Ruhr" in Betrieb waren (lt. einem Foto stand 1960 ein M 493.002 im Raw Wittenberge). Der VT 137 286 kommt für einen Einsatz bei der CSD mit seiner letzten Bremsuntersuchung vom August 1941 nicht in Betracht.

VT 137 286 war noch 1966 mit ausgeschnittenen Blechteilen im Raw Wittenberge abgestellt. Mit diesen Teilen wurde 1961 der aus der CSSR zurückgekommene VT 137 283 wiederhergestellt. Der VT 137 286 hatte im August 1941 seine letzte Bremsuntersuchung. Er blieb also etwa seit Februar 1942 bis zur endgültigen Zerlegung abgestellt.

Ein dreiteiliger, als „Friedenszug" gestalteter VT „Ruhr", besaß um 1950 einen eigenartigen mittelbraunen Anstrich. Anfang der fünfziger Jahre erhielten die Fahrzeuge nach und nach wieder den verkehrswerbenden zweifarbigen Anstrich der Vorkriegszeit. Im Gegensatz zum früheren Anstrich erhielten die Dächer und Schürzen – sofern noch vorhanden – einen hellgraue Farbgebung. Bei den VT aus der Reihe 137 058 – 067 und einer ganzen Reihe von Steuerwagen (bis VS 145 073) wurde der vordere Teil des Daches eigenartigerweise grau gestrichen, was die Fahrzeuge neben den entfallenen Schürzen noch mehr entstellte. Auch die dreiteiligen VT „Ruhr" erhielten etwa ab Mitte der fünfziger Jahre einen zweifarbigen Anstrich.

In den Bestand des Bw Dresden-Pieschen kamen noch drei Wehrmachts-Diesellloks mit den Nummern V 36 105 (ab 1957 V 36 019), V 36 103 (ab 1957 V 36 025) und V 36 107 (ab 1957 V 36 026). Sie fuhren im Stückgut-Schnellverkehr (Leig), leisteten gelegentlich Arbeitszugdienst, und überführten bei Bedarf schadhafte Triebwagen oder Steuerwagen ins Raw. Auch wurden ausgebesserte Steuerwagen mit ihnen aus dem Raw geholt. Zu Anfang der 50er Jahre wurden sie mitunter auch bei Triebwagenmangel ersatzweise aus Steuerwagen gebildeten Zügen vorgespannt.

Ab 1950 wurde im Bw Dresden-Pieschen aus zuvor im Bf Wolkenstein abgestellten beschädigten dreiteiligen lettischen Triebzügen für 750-mm-Schmalspur der VT 137 600 aufgebaut. Die Abnahmefahrt fand am 16. August 1951 auf der Strecke Freital-Potschappel – Nossen statt. Die Übergabe dieses Fahrzeuges erfolgte am 24. August 1951 im Bf Freital-Potschappel.

Im Jahre 1952 kam noch der zum Salon-VT für den Präsidenten der Rbd Dresden umgebaute VT 137 100 von Berlin-Karlshorst zum Bw Dresden-Pieschen. Der VT 135 110 wurde 1956 zum Dienst-VT umgebaut und danach bei der Rbd Halle eingesetzt.

Etwa in den Jahren 1958/59 gelangten noch die VT 137 167 und 137 199 von der Wiederaufarbeitung in Form einer Hauptuntersuchung zum Bw Dresden-Pieschen. Ihr Grundriß wurde beim Wiederaufbau in der nunmehrigen 2. Klasse modernisiert. Die zweite Klasse erhielt dabei die Sitzteilung 2+2 mit nur noch 32 Sitzplätzen. Die nunmerige 1. Klasse erhielt bei diesen Fahrzeugen 15 bzw. 16 Sitzplätze.

Am 20. Dezember 1958 kam der dieselhydraulische Schnelltriebwagen der Bauart

Oben: Der seit Kriegsende in Dresden-Pieschen abgestellte VT 137 191, aufgenommen im Jahr 1961. Das Fahrzeug gehörte früher zum Bw Dortmund Bbf.

Unten: Der dreiteilige VT 137 287 der Bauart „Ruhr" 1951 vor dem in Holzbauweise wiedererrichteten Triebwagenschuppen in Pieschen. Neben der Anschrift „Friedenszug", trägt er am Mittelwagen den Schriftzug „Unsere DDR in der Friedensfront".

Aufnahmen: Georg Otte

DIE TRIEBWAGENEINSÄTZE AB 1947

„Leipzig" VT 137 154 mit dem VS 145 052 von Berlin-Karlshorst nach Dresden-Pieschen, und etwa 1963 bzw. am 28. Juli 1960 wurde der Fahrzeugpark noch durch die VT 137 212 und 137 213 ergänzt.

Die Triebwageneinsätze ab 1947

Der Nachkriegseinsatz der Triebwagen war gegenüber der Vorkriegszeit etwas anders geartet. Vor allem die Dieselmotoren der im militärischen Einsatz genutzten Triebwagen wurden recht hart beansprucht, was ihrer Lebensdauer natürlich keinesfalls zuträglich war. Die Dieselmotoren waren schon vor dem Krieg nicht ganz problemfrei und eigentlich die schwächste Stelle der Fahrzeuge. Längeren ausbau- und reparaturfreien Laufleistungen standen plötzliche Einbrüche mit größeren Reparaturen gegenüber. Diese Tendenz setzte sich auch in der Nachkriegszeit fort. Zur Schonung gab man im allgemeinen jedem Triebwagen nur noch einen Steuerwagen bei. Zwei mit einem VT gekuppelte Steuerwagen waren recht selten anzutreffen. Spätestens ab 1950 hätte ein Austausch der Dieselmotoren erfolgen müssen. Doch die Hersteller dieser Motoren lagen im Westen Deutschlands, so daß die knappe Devisensituation nur die Beschaffung der wichtigsten Ersatzteile ermöglichte. In der ersten Nachkriegszeit war man zunächst recht euphorisch und übernahm sich augenscheinlich bezüglich der Einsätze mit den noch in geringer Zahl zur Verfügung stehenden Fahrzeugen. Ausfälle waren nicht selten, sie machten den Einsatz von dampflokbespannten Ersatzzügen erforderlich. In einzelnen Fällen wurden den Steuerwagen auch die 265-kW/360-PS-dieselhydraulischen ehemaligen-Wehrmachtsdiesellolks der BR V 36 vorgespannt. Für diesen Einsatz war aber diese Lokomotive aus mehreren Gründen denkbar ungünstig. Die Steuerwagen benötigten für die Beleuchtung und die Umwälzpumpe der Warm-

wasserheizung eine Versorgung mit 110 V Gleichstrom, die normalerweise vom zugehörigen Triebwagen erfolgte. Die Geschwindigkeit der V 36 war mit 60 km/h für die Schnellzüge zu niedrig, und ihre Laufeigenschaften waren bei Höchstgeschwindigkeit durch den großen Übergang schlecht. Günstig war es beim Einsatz der V 36, wenn man dem Zug, aus mehreren Steuerwagen bestehend, zur Stromversorgung und zur schnelleren Beschleunigung einen Triebwagen mitgeben konnte.

Eine gute Stütze waren für das Bw Dresden-Pieschen in der Nachkriegszeit die stark motorisierten dreiteiligen VT der Bauart „Ruhr". Zur Bildung größerer Züge und zum Zusammenlauf mit den anderen Fahrzeugen erhielten die Steuerwagen VS 145 015, 145 028 und 145 029 auf einer Seite eine Scharfenbergkupplung. Die Einsätze der VT des Bw Dresden-Pieschen erfolgten nach dem Krieg seit Sommerfahrplan 1947 auf verschiedenen Strecken. Zunächst reichten in der ersten Nachkriegszeit nur wenige Züge auf den einzelnen Strecken aus. Die Züge bestanden meist aus vier Wagen, wenn sie mit Triebwagen gefahren wurden. Aus nur zwei Wagen (einer VT-Einheit) oder aus einer Triebwageneinheit der Bauart „Ruhr" waren die Zühe wegen des notwendigen Platzbedarfs seltener gebildet. Später nahm insbesondere der Urlaubsreiseverkehr zu, so daß oft recht lange Züge gebildet wurden (z.B. zeigt das Foto des Triebwagenzuges im Bf Tharandt einen derartig langen Zug, wobei dieser Umlauf im Berufsverkehr mit eingesetzt war).

Die einzelnen Umläufe wurden aus allen zur Verfügung stehenden vier- oder mehrachsigen Fahrzeugen (BA Ruhr) gebildet. Die Einsatzstrecken änderten sich häufig, so daß die einzelnen Züge für den jeweiligen Fahrplanabschnitt aufgeführt werden sollen, für den sich eine Änderung ergab. Gefahren wurden jeweils folgende Züge vom Bw Dresden-Pieschen:

Oben: Eine Rarität ist dieses Foto der Pieschener Diesellok V 36 107 (1957 in V 36 027 umgezeichnet) vor einem Leig im Jahr 1953 in Radeberg, einer heute fast vergessenen Zuggattung. Hinter der Lok zwei Wagen der Gattung „Bromberg" mit der Aufschrift „Stückgut-Schnellverkehr".
Aufnahme: G. Otte/Sammlung Dietz

Rechts: Vor dem Pieschener Rundhaus wird der gerade fertiggestellte Schmalspur-VT 137 600 über eine Notrampe auf einen Transportwagen verladen, Juli 1951.
Aufnahmen: Georg Otte

DAS BAHNBETRIEBSWERK DRESDEN-PIESCHEN

Die Nachkriegseinsätze der Triebwagen des Bw Dresden-Pieschen

Sommerfahrplan 1948
- Dt 106/107   Dresden-Neustadt – Chemnitz – Plauen-Bad Elster u.z.
- Dt 142/143   Dresden-Neustadt – Riesa – Leipzig u.z.
- Dt 179/178   Dresden-Neustadt – Cottbus – Frankfurt/O – Berlin-Schles. Bf u.z. (nur W)
- Dt 225/220   Dresden – Bischofswerda – Ebersbach – Zittau u.z.
- Dt 320/325   Dresden – Bischofswerda – Bautzen – Görlitz u.z.(bis Bischofswerda mit Dt 225)

Winterfahrplan 1948/49
- Dt 96/95   Dresden-Neustadt – Gera – Erfurt u.z. (nur Mo, Mi, Fr, Sa)
- Dt 106/107   Dresden-Neustadt – Plauen – Bad Brambach u.z.
- Dt 142/143   Dresden-Neustadt – Riesa – Leipzig u.z.
- Dt 179/178   Dresden – Cottbus – Frankfurt/Oder – Berlin Schlesischer Bf
- Dt 225/220   Dresden-Neust. – Bischofswerda – Zittau

Sommerfahrplan 1949 bis Sommerfahrplan 1950
- Dt 96/95   Dresden-Neustadt – Gera – Erfurt u.z. (nur Mo, Mi, Fr, Sa)
- Dt 106/107   Dresden-Neustadt – Plauen – Bad Brambach u.z.
- Dt 142/143   Dresden-Neustadt – Döbeln – Leipzig u.z.
- Dt 225/220   Dresden-Neustadt – Bischofswerda – Zittau u.z.

Sommerfahrplan 1951
- Dt 85/80   Dresden-Neustadt – Bischofswerda – Zittau u.z.
- Dt 96/95   Dresden-Neustadt – Gera – Erfurt (nur W) u.z.
- Dt 142/143   Dresden-Neustadt – Döbeln – Leipzig u.z.
- Dt 180/179   Dresden-Neustadt – Döbeln – Leipzig u.z.
- Dt 196/195   Dresden-Neustadt – Chemnitz – Zwickau u.z. (nur Sa)

Winterfahrplan 1951/52
wie Sommerfahrplan 1951, aber zusätzlich
- Dt 102/101   Dresden – Riesa – Leipzig u.z. und Dt 195/196 entfallen am Sa

Sommerfahrplan 1952
- Dt 95/ 96   entfallen, sonst wie Winterfahrpl. 1951/52

Winterfahrplan 1952/53
Kein VT-Einsatz des Bw Dresden-Pieschen

Sommerfahrplan 1953 und Winterfahrplan 1953/54
- Et 342/341   Dresden – Döbeln – Leipzig u.z.
- Et 344/343   Dresden – Döbeln – Leipzig u.z.
- Et 353/354   Dresden – Görlitz u.z.
- Et 355/356   Dresden – Görlitz u.z.

Sommerfahrplan 1954
- Et 341/342   Dresden – Döbeln – Leipzig u.z.
- Et 344/343   Dresden-Neustadt – Döbeln – Leipzig u.z.
- Et 363/364   Dresden – Bischofswerda – Zittau u.z.
- Et 365/366   Dresden – Bischofswerda – Zittau u.z.
- Et 370/371   Dresden-Neustadt – Bad Schandau u.z.
- Et 393/394   Dresden-Neustadt – Bischofswerda – Zittau u.z.

Winterfahrplan 1954/55
- Et 260   Dresden – Karl-Marx-Stadt u.z.
- Et 261   Plauen – Karl-Marx-Stadt – Dresden
- Et 262   Dresden – Karl-Marx-Stadt – Adorf
- Et 267   Karl-Marx-Stadt – Dresden – Bischofswerda – Zittau
- Et 363/364   Dresden – Bischofswerda – Zittau u.z.
- Et 366   Zittau – Bischofswerda – Dresden
- Et 370/371   Dresden – Bad Schandau u.z.
- Et 393/394   Dresden – Bischofswerda – Zittau u.z.

Sommerfahrplan 1955
- FDt 179/180   Dresden – Berlin-Lichtenbg. – Stralsund u.z.
- Et 393/394   Dresden – Bischofswerda – Zittau u.z.

Winterfahrplan 1955/1956
- Dt 179/180   Dresden – Berlin-Lichtenbg. – Stralsund u.z.
- Et 268/361   Dresden-Neustadt – Zwickau u.z. (nur Fr. und So.)
- Et 263/264   Dresden – Bischofswerda – Zittau u.z. (nur Sa.)
- Et 365/366   Dresden – Bischofswerda – Zittau u.z.
- Et 368/369   Dresden-Neust. – Bad Schandau u.z.

Sommerfahrplan 1956
- FDt 179/180   Dresden – Berlin-Lichtenberg – Stralsund u.z.
- Et 301/302   Dresden-Neustadt – Cottbus u.z.

- Et 363/364   Dresden-Neustadt – Bischofswerda – Zittau u.z.

Winterfahrplan 1956/57
- Dt 179/180   Dresden – Bln.-Lichtenbg. – Stralsund u.z.

Winterfahrplan 1957/58
- Dt 179/ 180   Dresden – Berlin-Lichtenberg – Stralsund u.z.
- Et 363/ 364   Dresden-N. – Bischofswerda – Zittau u.z.
- Et 365/ 366   Dresden-N. – Bischofswerda – Zittau u.z.
- Dt 1096/1095   Dresden – Gera u.z.

Sommerfahrplan 1958
Dt 1096/1095 entfallen, sonst wie Winterfahrplan 57/58

Winterfahrplan 1958/59
- Dt 179/180   Dresden – Berlin-Lichtenberg – Rostock u.z.
- Et 363/364   Dresden-N. – Bischofswerda – Zittau u.z.
- Et 365/366   Dresden-N. – Bischofswerda – Zittau u.z.

Sommerfahrplan 1959 und Winterfahrplan 1959/60
- Et 301/302   Dresden-Neustadt – Cottbus u.z.
- Et 309/310   Dresden – Cottbus – Frankfurt/Oder u.z. (Freitag bis Stralsund, im Winterfahrplan 59/60 entfallen)
- Et 363/364   Dresden-N. – Bischofswerda – Zittau u.z.
- Et 365/363   Dresden-N. – Bischofswerda – Zittau u.z.

Ab **Sommerfahrplan 1960** blieb der Einsatz bis zur Einstellung des VT-Betriebes am 25. September 1965 fast unverändert:
- Dt 194   Dresden-Neustadt – Görlitz (bis Ende Winterfahrplan 1961/62)
- Dt 281   Leipzig – Riesa – Dresden-Neustadt (bis Ende Winterfahrplan 1962/63)
- Et 309/310   Dresden – Cottbus – Frankfurt/Oder – Angermünde u.z.
- Et 363/364   Dresden-Neust. – Bischofswerda – Zittau
- Et 365/366   Dresden-Neust. – Bischofswerda – Zittau
- Et 367   Dresden – Bischofsw. – Zittau (bis Winterfahrplan 61/62, dann anstatt Et 367:
- Et 395   Dresden – Bischofswerda – Zittau (bis Ende Winterfahrplan 1964/65)
- P 823 /822   Zittau – Bischofswerda – Dresden Dt 392 Bad Schandau – Dresden – Döbeln – Leipzig (bis Ende Winterfahrplan 1962/63)

DIE TRIEBWAGENEINSÄTZE AB 1947

Der Einsatz im Eilzugdienst erfolgte also in den letzten Jahren bis zur Aufgabe des VT Betriebes nur noch auf den Strecken Dresden – Cottbus – Frankfurt/Oder – Angermünde und Dresden – Zittau.

Im Winterfahrplan 1957/58 wurde zur Verkehrsverbesserung im Raum Dresden bis zur Einstellung des VT Betriebes ein sogenannter Vorortschnellverkehr zwischen Meißen und Pirna sowie mit einem Zugpaar Meißen – Bad Schandau aufgenommen. Eine Triebwageneinheit, die zeitweilig mit einer weiteren Einheit verstärkt wurde, erreichte hierbei täglich beachtliche 534 km Laufleistung. Ab Sommerfahrplan 1958 bis Winterfahrplan 1963/64 wurde nachts auch Karl-Marx-Stadt angefahren. Hierbei erreichte die Triebwageneinheit sogar täglich 563 km. Auch Tharandt wurde teilweise in diesen Vorortverkehr mit VT einbezogen.

Auf der Strecke Bad Schandau – Sebnitz wurden ab 29. Juni 1957 bis 30. Mai 1964 die zweiachsigen Triebwagen eingesetzt. Bei Triebwagenmangel kam auf dieser Strecke auch eine V 36 mit einem Beiwagen oder Steuerwagen zum Einsatz. Später verlagerte sich dieser Einsatz auf die Strecke Bad Schandau – Decin für Dienstfahrten zur Personalablösung (Eisenbahner, Grenzpolizei, Zolldienst), und es fanden noch einige Jahre 302-kW/410-PS Triebwagen Verwendung.

Nachkriegsprobleme und Ersatzmotoren

Die Einsätze des Jahres 1952 sind durch drastische Einbrüche im Fahrzeugsektor gekennzeichnet. Der Grund war die vorübergehende Einstellung der VT-Unterhaltung im Raw Dessau. Sie wurde ausschließlich in das Raw Wittenberge verlegt. Der Arbeitsanfall war aber dort nicht zu schaffen, so daß dann diese Maßnahmen wieder rückgängig gemacht werden mußten.

Am günstigsten wäre für die 302-kW/410-PS-VT die Vorhaltung von Tausch-Maschinendrehgestellen zum schnellen Austausch bei größeren Motorschäden gewesen. Diese Maßnahme scheiterte aber u.a. auch daran, daß es allein bei dieser Bauart im Bw Dresden-Pieschen vier verschiedene Ausführungen, zum Teil in nur geringen Stückzahlen, gab. So mußten die Fahrzeuge bei größeren Schäden in den meisten Fällen dem Ausbesserungswerk zugeführt werden.

Mitte der fünfziger Jahre entstanden in Vorbereitung der Einführung der Dieselzugförderung bei der DR auch leistungsfähigere Dieselmotoren. Versuchsweise kamen u.a. bei den VT 137 031, 137 101 und 137 213 diese neuen 8 KVD 21 T-Motoren zum Einbau. Sie leisteten 309 kW/420 PS. Leider bewährte sich diese Achtzylindervariante der später in zahlreichen Neubaudieseltriebfahrzeugen als 12 KVD 21 eingebauten und recht bewährten 478 kW/650 PS leistenden Motoren im Triebwagen nicht. Es traten starke Schwingungen auf. Sie führten u.a.

Oben: VT 137 064 und VS 145 092 im Jahr 1964. Georg Otte fuhr an diesem Tag den Triebwagen, als er ihn vor der Kulisse der Sächsischen Schweiz in Rathen aufnahm.

Linke Seite: Leipzig wurde von den Pieschener Triebwagen regelmäßig angelaufen. 1953/54 entstand diese Aufnahme zweier Triebwagen der Bauart „Ruhr" in der noch kriegszerstörten Halle des Leipziger Hauptbahnhofs.

Unten: Fast unglaublich erscheinen heute die Bilder der vor über dreißig Jahren im Dresdner Vorortverkehr eingesetzten Triebwageneinheiten, wie der 1960 in Tharandt fotografierte Zugverband, der aus mehreren Triebwagen, Steuerwagen und einem dreiteiligen „Ruhr"-Triebzug bestand.
Aufnahmen: Georg Otte

zum Abreißen der Motorbefestigungen im Drehgestell. Am 1. Juni 1956 wurde dem Bw Dresden-Pieschen das seit 1946 selbständige Bw Flöha mit seinem Fahrzeugpark unterstellt. Dabei kamen, obwohl die Flöhaer Fahrzeuge weiterhin eigenständig zu betrachten sind, die VT 137 096 (110 km/h), 137 189, 137 195, 137 197 (alle drei 90 km/h), 137 251, 137 446, 137 451, die VS 145 047, 145 111, 145 114, 145 159 der VB 140 130, die VB 147 014 und 147 055 zum Bw Dresden-Pieschen. Neu waren für das Bw Dresden-Pieschen die 265 kW/360 PS-VT 137 251, 137 446 und 137 451. Sie entstammen zwei Serien mit den Nummern 137 241-137 270 und 137 442 – 137 461 und besaßen neben einem langsamer laufenden Sechszylindermotor mit 900 Umdrehungen erstmalig bei einer größeren Serie der DRG hydraulische Lei-

DAS BAHNBETRIEBSWERK DRESDEN-PIESCHEN

Links: SVT 137 154 der Bauart „Leipzig" im Winter 1959 in Königstein. 1962 wurde er in Pieschen abgestellt und ausgemustert.

Mitte: VT 135 131 war auf der Strecke von Bad Schandau nach Sebnitz eingesetzt, die Aufnahme enstand 1956 in Bad Schandau.

Unten: Kurz war der Einsatz der beiden in Pieschen beheimateten Doppeltriebwagen der Bauart „Stettin". VT 137 329 mit einer weiteren VT-Einheit 1962 in Rathen.

Aufnahmen: Georg Otte

stungsübertragung der Bauart Wandler/Kupplung/Kupplung. Ihre Geschwindigkeit betrug 100 km/h. Der zugehörige Steuerwagen VS 145 159 bot bei gleicher Länge und 19,4 t Eigenmasse 16/59 Sitzplätze 2./3.Klasse und sieben Klappsitze. Die beiden VB 147 014 und 147 055 gehörten ursprünglich als Beiwagen zu den vierachsigen 129-kW-175-PS bzw. 155-kW/210-PS-Triebwagen mit mechanischer Leistungsübertragung und stammen aus der Reihe VB 147 001 – 043 und VB 147 044-068. Sie wurden bei ihrer niedrigen Eigenmasse von 18,3 t bzw. 19,5 t und 20/68 Sitzplätzen 2./3.Klasse bzw. 79 Sitzplätzen 3.Klasse bei Triebwagenmangel gern zwischen zwei Triebwageneinheiten eingestellt, um statt eines Sechswagenzuges wenigstens einen Zug mit fünf Wagen zu bieten. Dies erfolgte auch schon vom Bw Dresden-Pieschen aus vor der Zusammenlegung mit der Einsatzstelle Flöha. Ab 1957 kamen durch die Einsatzstelle Flöha noch die VT 137 253, 137 445 (beides FS-Rückkehrer aus Italien), die VS 145 184, 145 187 und der VS 145 218 (wie VS 145 096- 145 150) in den Fahrzeugbestand. Diese Steuerwagen wurden für die 302-kW/410-PS-VT verwendet. Für die 265-kW/360-PS-VT wurden 1958/59 noch die beiden ehemaligen Dampftriebwagen Dt 54 und Dt 59 zu VS 145 377 und 145 379 umgebaut. Auch die Flöhaer V 36 101 und V 36 102 (später V 36 015 und 061) kamen durch die Unterstellung Flöhas zum Bw Dresden-Pieschen. Die Fahrzeuge der Einsatzstelle Flöha fuhren neben ihrem Einsatz in Flöha den Umlauf im Vorortschnellverkehr von Dresden. Vor allem die 302-kW/410-PS-VT wurden häufig auch in den Fernzügen des Bw Dresden-Pieschen mit eingesetzt. Durch die Unterstellung der Einsatzstelle Flöha gestaltete sich der Fahrzeugaustausch günstiger. Es kam bei den Vorkriegs-VT häufig vor, daß entweder einige VT in Reserve standen und aneinerseits durch plötzlichen größeren Reparaturanfall ein Fahrzeugmangel eintrat. So konnte ein schnellerer Ausgleich erfolgen, und die Fahrzeuge konnten rationeller eingeezzt werden.

Ab 1961 konnte man die Motorsituation nach und nach grundlegend durch den Einbau von CKD-Dieselmotoren vom Typ 12 V 170 DR aus der CSSR mit 331 kW/450 PS Leistung (bei 1400 Umdrehungen) bei den 302-kW/410-PS-Triebwagen bessern. Die Einstellung der Motorleistung erfolgte auf 302 kW/410 PS. Diese

u.a. bei der CSD in größerer Zahl eingesetzten Motoren bewährten sich gut und waren robust.

Der VT 137 199 wurde am 11. September 1961 zum Bw Berlin-Karlshorst umbeheimatet und der SVT „Leipzig" 137 154 bereits am 9. Dezember 1962 abgestellt. Für kurze Zeit verstärkten die beiden für den Stettiner Vorort-

DAS ENDE DER TRIEBWAGENEINSÄTZE

verkehr gebauten zweiteiligen VT 137 329 und 137 331 den Fahrzeugpark des Bw Dresden-Pieschen. Diese Triebwagen mit 2 x 202 kW/2 x 275 PS Leistung aus der Reihe 137 326 – 137 331 und 137 367 – 137 376 boten bei 40 690 mm Länge und 78,5 t Dienstmasse 18/98 Sitzplätze der nunmehrigen 1./2.Klasse und 14 Klappsitze. Die unter dem Wagenfußboden angeordneten Dieselmotoren gaben ihre Leistung an hydraulische Getriebe der Bauart Wandler/Kupplung ab.

Das Ende der Triebwagen-Einsätze

1963 wurden beim Bw Dresden-Pieschen die ersten Neubaudiesellokomotiven der BR V 180 beheimatet. Seit dieser Zeit besserte sich der Zustand der Reisezugwagen der DR durch Neubauwagen und Rekonstruktion maßgeblich. Neue Wagen besaßen im Fernreiseverkehr zunehmend Einzelabteile mit Seitengang und nur acht Sitzplätzen 2. Klasse pro Abteil mit Polsterung. Die vorherrschende Sitzanordnung der Triebwagen in der Sitzteilung 2+3 war nun nicht ganz zeitgemäß. Dies und zunehmende feuerpolizeiliche Bedenken gegen den hölzernen Triebwagenschuppen u.a. führten zum Ende des Sommerfahrplans am 25. September 1965 zur Beendigung des Triebwageneinsatzes beim Bw Dresden-Pieschen.

Der VT 135 062 kam zum Bw Wittenberge, Einsatzstelle Perleberg. Der weitere Einsatzort des VT 135 109 ist nicht bekannt, ebenfalls der weitere Einsatz des VB 140 312. Die VT 137 058, 137 092, 137 212, VS 145 073, 145 092 und 145 136 kamen nach Flöha, das noch ein halbes Jahr Einsatzstelle des Bw Karl-Marx-Stadt Hbf wurde. In Flöha wurden zu diesem Zeitpunkt die noch vorhandenen 265-kW/360-PS-VT und ihre Steuerwagen zum Bw Aschersleben abgegeben. Die VT 137 060, 137 061, 137 065 und 137 100 gingen in den Bestand des Bw Dresden-Friedrichstadt über. Zum Bahnbetriebswerk Aschersleben kamen die VT 137 069, 137 071 und der VS 145 044. Das Bw Templin erhielt die VT 137 064, 137 067, 137 283, 137 284, 137 287, VS 145 015, 145 028, 145 029 und 145 052.

Der VT 137 198 ging zum Bw Seddin und VT 137 213 mit dem VS 145 049 an das Bw Stendal. Die VS 145 072, 145 122 und 145 152 erhielt das Bw Gotha. Der weitere Verbleib des VS 145 139 ist nicht bekannt. Die V 36 019, 025 und 026 sind zum Bw Heringsdorf auf der Insel Usedom umbeheimatet worden.

Seit 1. Januar 1966 wurden die Anlagen des ehemaligen Bw Dresden-Pieschen als Kbw genutzt. An den VT-Betrieb erinnerte bis zu seiner Zerlegung noch einige Jahre der VT 137 191, der seit 1945 hier abgestellt war.

Ab 1960 Neubaudiesellokomotiven beim Bahnbetriebswerk Dresden-Pieschen

Die Stationierung von Neubaudiesellokomotiven aus DDR-Produktion in den Dresdener Bahnbetriebswerken begann im Sommer 1960 mit zwei Rangierlokomotiven der BR V 15, die noch zu einer Kleinserie von 20 Maschinen gehörten, welche der Lokomotivbau „Karl Marx" Babelsberg als erste Neubaudiesellokomotiven an die DR auslieferte. V 15 1018 traf am 9. Juni 1960 und V 15 1019 am 13. Juli 1960 fabrikneu im Bw Dresden-Pieschen ein. Die Stationierung der ersten Diesellokomotiven im Triebwagen-Bw Pieschen war mit dem Vorhandensein einer Tankstelle und ausgebildeter Diesellokschlossern begründet. Letzteres erlangte für die Einrichtung eines Kundendienststützpunktes große Bedeutung. Deshalb waren auch in der Folgezeit bis zu seiner Auflösung am 31. Dezember 1965 alle Dresdener Neubaudiesellokomotiven der BR V 15 und V 180 ausschließlich im Bw Dresden-Pieschen beheimatet. Bis 1964 erhielten 32 Rangierdiesellokloks der BR V 15 im Bw Dresden-Pieschen ihre Abnahme-Untersuchung und wurden anschließend ihren Heimat-Bw in der Rbd Dresden zugeteilt. Erster Einsatzort der V 15 1018 und 1019 war die Postrampe in Dresden-Altstadt.

Am 6. August 1962 trafen mit V 60 1044 und 1045 fabrikneu auch die ersten 600-PS-Rangierlokomotiven in Dresden-Pieschen ein. Mit deren weiterer Anlieferung begann im großen Umfang die Ablösung der Dampflokomotiven der BR 89, 91, 94 und 98 im Dresdner Raum. Bereits 1963 begannen die Versuche, die schon

Oben: V 15 2022 bei der Anlieferung in Pieschen 1961.

Links: Diese Aufnahme vom Bw Pieschen im Sommer 1965 steht symbolisch für die großen Veränderungen jener Jahre: VT 137 064 kurz vor der Einstellung des VT-Betriebes, die in blau lackierte Baumusterlok V 180 001 und die Serien-Lok V 180 020. Wenige Monate später hörte das Bw Dresden-Pieschen als selbständige Dienststelle auf zu existieren!

Aufnahmen: Georg Otte

DAS BAHNBETRIEBSWERK DRESDEN-PIESCHEN

traf auch V 180 003 in Pieschen ein. Die beiden Loks V 180 002 und 003 wie auch die vom 19. Februar 1965 bis 4. Januar 1966 in Pieschen stationierte V 180 001 galten noch als Versuchslokomotiven und ging nach kurzer Erprobungszeit in Dresden wieder an den Hersteller zurück. Erst mit der Beheimatung der Serienlokomotiven V 180 020 und 021 ab 23. April 1964 verfügte das Bw Dresden-Pieschen über leistungsfähige Dieselloks für den Streckendienst. Die beiden Maschinen waren zudem die ersten Loks der BR V 180, die ab dem 28. April 1964 planmäßig im Schnellzugdienst zwischen Bad Schandau und Berlin eingesetzt wurden. Die beiden Maschinen erreichten bei der Beförderung der 600 t schweren internationalen Schnellzügen D 59 „Balt-Orient-Express" und D 76 „Pannonia-Express" tägliche Laufleistungen von 650 km. Im Jahr 1964 wurden bei Bw Dresden-Pieschen zehn V 180 und 1965 nochmals 15 V 180 in Dienst gestellt. Zum Zweck der Personalschulung wechselten Anfang 1965 vier Pieschener V 180 (026, 032, 033 und 050) an das Bw Reichenbach, das als zweites V 180-Bw

betagten Dampflokomotiven der BR 98^0 auf der Windbergbahn durch Diesellokomotiven der BR V 60 abzulösen. Um festzustellen, ob die Diesellok mit ihrer festen Achslagerung die engen Gleisbögen der Windbergbahn mit bis zu 85 m Halbmesser ohne betriebliche Einschränkungen befahren konnte, absolvierten die V 60 ein langwieriges Versuchsprogramm. Zu diesem Zweck lief die 98 009 mit einer V 60 aus der Nullserie des Bw Dresden-Pieschen zwischen Freital und Dresden-Gittersee im Probebetrieb. Danach wurden die V 60 aus der Serienproduktion (V 60 1209, 1221, 1222), die seit Dezember 1964 zur Verfügung standen, zur Verschleißminderung in den engen Gleiskrümmungen mit Spurkranzschmierung ausgerüstet. Entsprechend ausgestattet, kamen sie auf der Windbergbahn ab 1965 zum Stammeinsatz und lösten die 50 Jahre alten Meyer-Loks der BR 98^0 nach und nach ab.

Interessant ist, daß nur die ersten sechs 1962 gelieferten V 60 vorübergehend dem Bw Dresden-Pieschen angehörten. Mit dem Aufbau der V-Lok Unterhaltung im Bw Dresden-Friedrichstadt ab 1963 wurden alle weiteren Neubau V 60 auch in diesem Bw in Dienst gestellt, insgesamt 50 Maschinen bis 31. Dezember 1966. Das ohnehin kleine Bw Dresden-Pieschen wäre mit der „Flut" der Neuanlieferungen von V 60 vollkommen überfordert gewesen. Anders dagegen bei den Streckenlokomotiven der BR V 180, deren Dresdener Zeit von der Indienststellung über den Einsatz und Unterhaltung bis Ende 1965 ausschließlich im Bw Dresden-Pieschen konzentriert war.

Anläßlich des 7. Oktober 1963, des damaligen „Tages der Republik", wurde die Lokomotive V 180 002 vom Hersteller in Babelsberg nach Dresden geholt. Am 19. Dezember 1963

Mitte: Die Pieschener V 180 wurden auch im Wendezugdienst auf der Elbtalstrecke eingesetzt. Dabei fuhr die Maschine in der Mitte zwischen zwei Doppelstockzügen. Die Steuerung der in „Mitteltraktion" fahrenden Lok übernahmen Steuerwagen, die aus Packwagen umgebaut wurden. Die Aufnahme entstand 1965 in Rathen. Aufnahme: G. Otte

DIESELLOKOMOTIVEN IN DRESDEN-PIESCHEN

Rechts: V 180 079 vom Bw Pieschen im Elbtal 1965. Die ursprüngliche Lackierung mit den beiden Zierstreifen stand den Lokomotiven außerordentlich gut zu Gesicht.

Linke Seite oben: Die beengten Platzverhältnisse in Dresden-Pieschen erforderten während der Dieselokunterhaltung immer wieder improvisierte Lösungen. Bei einem Motortausch mußte ein Kran angefordert werden, der dann auf den Freigleisen den Motor aus dem Maschinenraum hob. Die Aufnahme zeigt V 180 020 im Jahr 1965.

Aufnahmen: Georg Otte

der Rbd Dresden ab Dezember 1965 planmäßig diese Dieselloks einsetzte.

Die Ära der Neubaudieselloks des Bw Dresden-Pieschen ging mit der Umwandlung der Dienststelle in ein Kraftwagenbetriebswerk am 31. Dezember 1965 bereits nach nur fünf Jahren zu Ende. Zu diesem Zeitpunkt verfügten die Dresdner Bahnbetriebswerke bereits über 63 Neubaudieselloks drei verschiedener Baureihen.

Diesellokbestand des Bw Dresden-Pieschen bei der Auflösung der Dienststelle am 31. Dezember 1965

V 15 2031, 2037, 2059, 2100, 2215, 2224, 2229, 2230, 2267, 2285, 2292, 2294, 2307, 2309, 2313, 2315, 2319, 2321, 2325 (=19 Loks)

V 60 1055, 1097, 1163, 1211, 1212, 1213, 1221, 1222, 1245, 1246, 1247, 1253, 1255, 1256, 1257, 1260, 1261, 1290, 1291, 1298 (=20 Loks)

V 180 001, 013, 020, 021, 040, 043, 050, 053, 057, 060, 065, 076, 079, 080, 081, 085, 086, 087, 101, 113, 118, 124, 125, 128 (=24 Loks)

Rechts: V 180 053 mit einer weiteren Schwestermaschine vor dem Triebwagenschuppen in Dresden-Pieschen ebenfalls im Jahr 1965. Die beiden Frauen im Vordergrund waren sicherlich die damals bei der Reichsbahn noch anzutreffenden Lokputzerinnen.

Linke Seite unten: 1963 weilte die zweite Baumusterlokomotive, V 180 002, im Bw Dreden-Pieschen.

Aufnahmen: Georg Otte

DIE KÖ-KLEINLOKOMOTIVEN DER DRESDNER BW

Oben: Dresdner Kleinloks der Baureihe 310 abgestellt am Schiebebühnenfeld in Dresden-Altstadt im Frühjahr 1992. Aufnahme: Rainer Heinrich
Unten: Die Dresdner Kö 0170 gehörte zur Leistungsgruppe I. Aufnahme (1967): G. Otte

Die Kö-Kleinlokomotiven der Dresdener Bahnbetriebswerke

Weitgehend unbeachtet haben in den letzten 60 Jahren auch in den Dresdener Bahnbetriebswerken Kö-Kleinlokomotiven ihren Dienst verrichtet. Einsatz- und Unterhaltungs-Bw wurde von Anfang an das Bw Dresden-Pieschen. Als eines der ersten der DRG erhielt dieses Bw ab 1930 Kö-Kleinloks zugeteilt und besetzte damit bis 1945 mindestens zehn Bahnhöfe im Großraum Dresden. Bekannt sind Arnsdorf, Cossebaude, Dresden-Hafen, Dresden-Neustadt Gbf, Dürröhrsdorf, Meißen, Meißen-Triebischthal, Radeberg, Radebeul Ost sowie die Bahnbetriebswerke Dresden-Pieschen und Dresden-Altstadt. Die Baumusterlokomotive der BMAG Kö 4000, ab 1930 im Bw Dresden-Altstadt eingesetzt, wurde bereits 1937 ausgemustert. Waren bis 1945 ausschließlich Kö der Leistungsgruppe II beheimatet, so finden sich bei Kriegsende im Bestand des Bw Dresden-Pieschen mit Kö 0006 und Kö 0170 auch zwei Kleinloks der Leistungsgruppe I. Kö 0006 gelangte 1953 zum Bw Chemnitz. Kö 0170 als langjährige Bw-Verschublok in Pieschen, wurde am 1. Januar 1968 an die Malzfabrik Landsberg/Mark verkauft.

Nach zahlreichen Zu- und Abgängen beheimatet das Bw Dresden-Pieschen am 1. Januar 1955 folgende zwölf Kö:

Kö 0170, 4186, 4229, 4506, 4507, 4513, 4533, 4594, 4652, 4798, 5230, 5749

Bis 1965 blieben im wesentlichen die Vorkriegseinsatzbahnhöfe erhalten. Am Stichtag 31. Dezember 1965 gelangten von den Pieschener Kö vier Loks an das Bw Karl-Marx-Stadt und zwölf Loks an das Bw Dresden-Friedrichstadt. Letztere gingen am 1. Januar 1967 auf das Bw Dresden über. Unterhaltungs-Bw ist seitdem der Betriebsteil Altstadt. Am 13. März 1974 stürzte die zum Bw-Verschub eingesetzte Kö 100 799-9 in eine Drehscheibengrube des Betriebsteils Friedrichstadt und mußte noch 1974 ausgemustert werden. Von 1974 bis 1988 verfügte das Bw Dresden ständig über sechs Kleinloks der Baureihe 100. Dazu eine Einsatzübersicht von Oktober 1985:

100 406-8	Reserve in der Est Pirna
100 500-8	Reserve, Betriebsteil Altstadt
100 507-3	Wagenausbesserung Bad Schandau
100 652-7	Wismut Pirna-Rottwendorf
100 830-9	Reserve in der Einsatzstelle Pirna
100 863-0	Reserve, Betriebsteil Altstadt

Auch im Jahresfahrplan 1992/93 hat das Bw Dresden noch drei Kö in Bad Schandau, Pirna und bei der Gleisbaumechanik Radebeul im Einsatz. Die Ablösung durch die BR 312 ist zu erwarten, womit auch die letzten Dresdner Kö auf das Abstellgleis wandern werden. ❏

Entdecken Sie die Schweiz!

Erleben Sie herrliche Strecken in einer atemberaubenden Landschaft. Freuen Sie sich auf einmalige Aufnahmen von interessanten Fahrzeugen. „Fahren sie mit" und wählen Sie aus unserem großen Programm an Schweiz-Videos:

Die Brünigbahn - Teil 1 – Eine herrliche Fahrt von Interlaken bis Meiringen, Best.-Nr.: 5607

Die Brünigbahn - Teil 2 – Durch das Herz der schweizerischen Seenlandschaft von Meiringen bis Luzern mit Besuch des Verkehrsmuseums, Best.-Nr.: 5608

Montreux – Oberland Bernois – Eine aufregende Fahrt von Montreux nach Zweisimmen mit Besuch der Museumsbahn Blonay – Chamby, Best.-Nr.: 5609

Die Arosa-Strecke – Eine charmante Sommerfahrt zwischen Chur und Arosa im Panoramawagen, Best.-Nr.: 5610

Die Davos-Strecke – Eine märchenhafte Fahrt vor strahlender Herbstkulisse mit Besuch der Jahrhundertfeier der RhB, Best.-Nr.: 5611

Spieldauer: jeweils ca. 50 Minuten!
Preis je Film: nur DM 59,—!

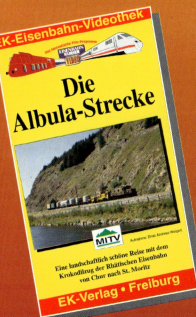

Die Albula-Strecke – Eine eindrucksvolle Reise von Chur nach St. Moritz hinter dem Rhätischen Krokodil mit Besuch der Jahrhundertfeier der RhB – ein unvergessliches Erlebnis, Best.-Nr.: 5612

Die EBT-Bahnen – Eine Abenteuerreise durch das schöne Emmental zur phantastischen Seenlandschaft des Berner Oberlandes mit Besuch der letzten Dampflok der Emmental-Burgdorf-Thun-Bahn, Best.-Nr.: 5613

EK-Verlag GmbH
Postfach 5560

Fax 0761 70 31050
79022 Freiburg